介助者たちは、どう生きていくのか

障害者の地域自立生活と介助という営み

渡邉琢

生活書院

介助者たちは、どう生きていくのか

目次

第1章 とぼとぼと介助をつづけること、つづけさすこと

第2章　障害者ホームヘルプ制度——その簡単な説明と課題

第3章　障害者介護保障運動史そのラフスケッチ①——七〇年代青い芝の会とその運動の盛衰

第4章
障害者介護保障運動史そのラフスケッチ②
――公的介護保障要求運動・自立生活センター・そして現在へ

第5章
障害者運動に対する労働運動の位置と介護保障における「労働」という課題

第6章
障害者自立生活の現在的諸相
――介助者・介護者との関わりのあり方から見て

2008 年夏　京都・鴨川河岸

第1章

とぼとぼと介助をつづけること、
つづけさすこと

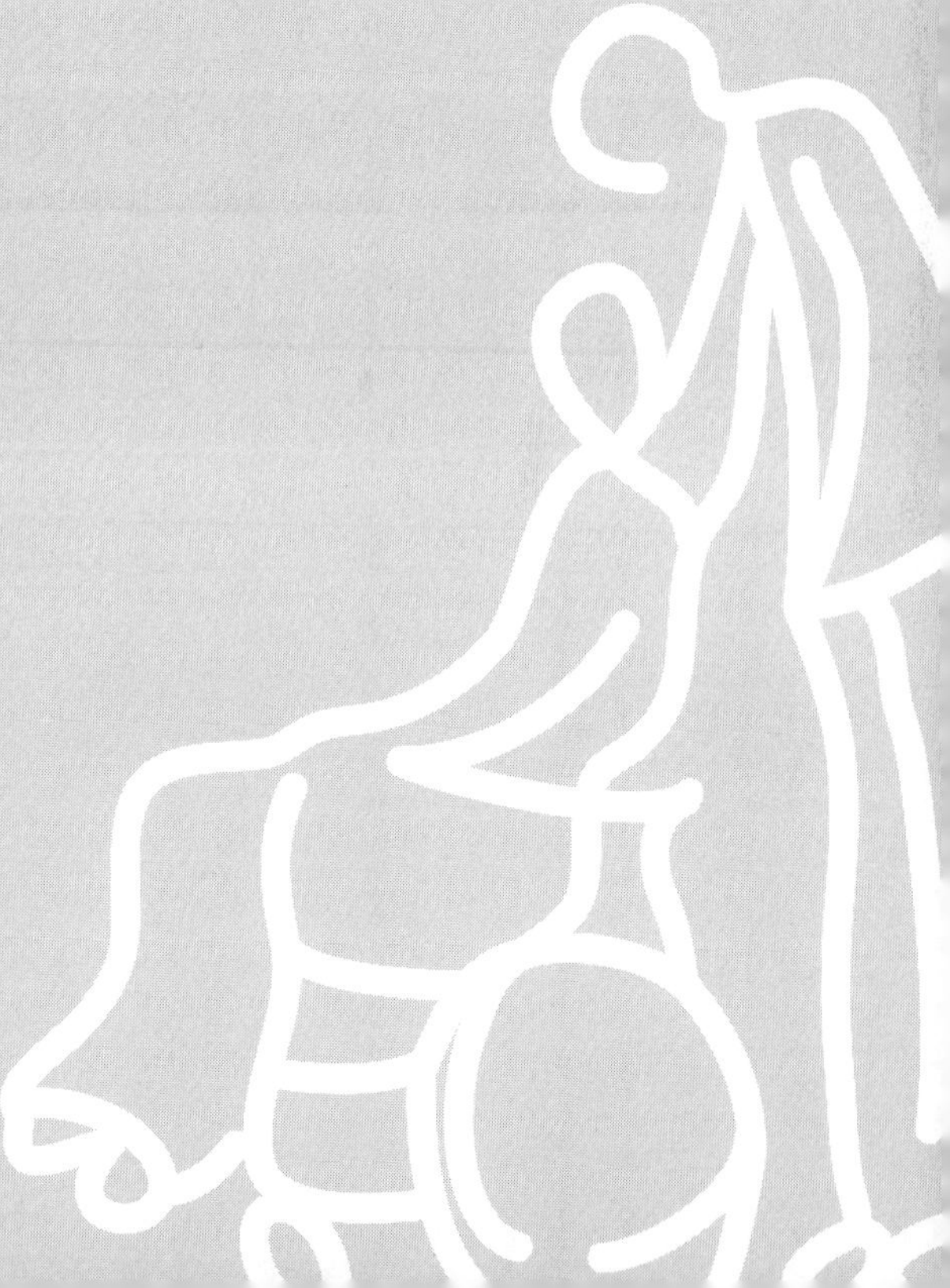

昔ボランティアで入ってたころは、それでもそんな長時間毎日毎日ではなかったからそんな問題なかったんだけど、仕事で毎日介助に入っていると、しかも長時間。ほんまにしんどいというか。生活の中で自分をだきない時間が多いというか。これはやっていけるのかな、という気がして。なんかたぶん、それから手足論を疑いはじめたというか。

ひと昔前の仕事って、年功序列で、年をとり、経験を経るごとに給料があがっていった。だけど、時給で働く介助の仕事って、腰痛のこととかあるし、年をとればとるほど給料が減っていくんですよね。

病気とかで休んでも、なんか自分が悪いことをしている、と思ってしまう。病気だからどうしようもないんだけど、自分のせいで、と自分を責めるような感覚。

介助が絶対必要ってのは経験的にいろんな人との関係の中で思ってる。絶対その人が死んだらよくないし。ぼくが生きたいと思っているし、おもしろく生きたいと思ってるからには、人も生きたいと思わなあかんと思ってるし、生きたいと思うんですよ。それを尊重せなあかんと思う。

（以上、本章で登場する介助者たちの言葉より）

しかし、実際をいうと、人間の肉体が世界を清潔にし、その衰退を防ぐために従事する日々の闘いには、英雄的行為に似たところはほとんどない。昨日の荒廃を毎日新しく修理するのに必要な忍耐というものは、勇気ではなく、またこの努力が苦痛に満ちているのは、それが危険であるからでもなく、むしろ、それが情容赦なく反復しなければならないものだからである。（アレント 1994：156）

1　わたしたち、介助者

わたしたちの間には、さしたる経験があるわけでもない。

介助が仕事として成立したのはごく最近のことだ。二〇〇〇年に介護保険が成立し、また、障害者分野では二〇〇三年に支援費制度が施行された。介助や介護に関わる営みは、それまでにも確かにあっただろう。けれど、それは多くの場合、家族介護であったり、ボランティアであった。あるいは施設や病院内での職員による介護であった。そこでの介助、介護に関わる営みは現在のぼくらのあり方とはどこか違う。「介助者」として収入をえて生活をくみたてていく、そんな生活の仕方、働き方が一般化していったのは、ほんとにここ最近のことだ。

ここで「介助者」と言っているのは、主として障害者の地域生活を支える介助者たちのこと。障害者の自立生活運動というものがあって、それは一九七〇年ぐらいから活発になりはじめた。「活発」という表現はまだ甘くて、死に物狂いの闘争がそこにはあったのだけど、その自立生活運動に付随して、「介助者」たちがあらわれはじめた。当初その介助はほとんど無償で行われた。それは社会運動で、金のためにやるものではなかった。金の保障ができたのは、本当にここ最近のこと。九〇年代ころからようやく介護保障の制度が整いはじめ、二〇〇三年の支援費制度になって、社会の中にいっぺんに障害者介助の仕事が広まることになった。わたしたちの多くは、その二〇〇三年以降に介助者となり、それを仕事とするようになった。[1]

この仕事を選んだ動機やきっかけはさまざまだ。この仕事をいつまで続けるのかも定かではない。それでも今現在、わたしたちは「介助」を自分たちの日常の営みの一部としている。ふだんはそんなに意識していないけれど、考えてみると、少し変な感覚。どうしてわたしたち「介助者」になったのかな。これから先、どうしていったらいいのだろう。わたしたちのだれもが、一〇年後の自分を思い浮かべることができない。とりあえず、その日その日を暮らしている。

日本型福祉社会は解体した、としばしば言われている。お父さんが会社で働き、お母さんが家で家事や育児をがんばり、子どもは学校で勉強する。休みの日にはみんなでレジャーに行く。そんな家族の光景は、今、遠景に退きつつある。私たちの生き様を、親の世代と比較してみる。高校なり、大学なりを出たら、普通はどこかの会社に就職するものだろう。それから少しして、だれかいい人見つけて、結婚する。子どもができたら、お母さんは家で育児に精を出す。お父さんは家族のために会社でがんばって働く。給料は年収五〇〇万くらいだろうか。家族が増えてきたら、ローンをくんでマイホームを購入する。子どもが大きくなったら、お母さんは子どもの教育費やローンの負担を減らすために、パートタイムで働きに出る。そうやって生きてきたのがわたしたちの親の世代の「標準」だと思う。

わたしたちの世代はどうだろうか。高校なり、大学なりを出てから、就職しようとする。だ

1　「介護」と「介助」について、あらかじめただし書きを付けておく。本書では「介護」と「介助」という言葉について、あえて厳密な使い分けをしない。確かに最近の自立生活運動においては「介護」ではなく「介助」という言葉が自覚的に用いられている（それに倣い、本書や本章のタイトルで「介助」「介助者」という言葉を用いている）。「介護」には庇護の対象というニュアンスがつきまとい、それによって障害者の主体性が奪われるからだ。しかし、七〇年代の運動にルーツを持つ団体・障害者・介護者たちの間ではまだ「介護者」という言葉が自覚的に使われている。
　本書では、そのどちらかの言葉について判断を下すようなことはしない。むしろ本書全体を通じて、その両概念のダイナミズムの中で運動が全体として成立してきた、そしてこれからも成立していくであろうことを述べていく予定である。

けど、どうやらあんまりいい仕事がないようだ。探したらあるのかもしれない。けれど、どうもその気にはなかなかさせてくれない。就活がうまくいった人もいるが、あんまりうまくいかない人も多い。とりあえず、バイトはそこそこにあるので、食いつなぐことはできそうだ。正規の仕事につけるかどうかはわからないけど、とりあえず、フリーターで食いつないでいこう。親も、ふらふらしてないでちゃんと仕事につけって言うけどね。でも、なんかそんなにがっつり働く気にもなれないな。

現在の若者層の半数近くは初職が非正規雇用だと言われている（中西・高山 2009：10）。すでに社会問題となって、多くの人に認知されはじめているが、非正規雇用の割合は年々増すばかりだ。わたしたちにはなかなか見えない事情なんだけど、どうやら会社経営の都合によって、非正規雇用の枠が拡大しているらしい。つまり正規雇用の枠が狭まっているらしい。親の世代は、ちゃんと仕事につけって言うけれど、実際は、ちゃんとした仕事がへっているんだよね。非正規雇用の仕事が増えているから、わたしたちもその仕事についてしまう。将来のことはちょっと不安だけど、でも、なんていうのか、正規の仕事を見つけて、会社に就職して、その会社に忠誠を尽くして定年まで働く、なんかそんな気にはなれない。会社も不安定そうだし、人間関係も不安。うまくいくかどうかわからない。正規で働いている友達を見ても、なんかほんまにしんどそう。しぼりとられている感じがする。

非正規雇用で働いたとしたら、基本的に時給制なので、時給一〇〇〇円として、月一六〇時間働いても、一六万円か。月一六〇時間って、一日八時間働いたとしても、月でいったら二〇日間働くことになる。八×二〇＝一六〇時間。年収はどうなんだろう。毎月一六万円稼いだとして、一六×一二＝一九二万。けっこう働いているつもりでも、二〇〇万円いかないんだね。うーん。サラリーマンの平均収入が四五〇万円くらいって聞いたことがあるけど、いったいどうやったらそんなに稼げるんだろう。謎だなぁ。

ちなみに、非正規雇用だから、昇給制度もない。だから、毎年毎年がんばって働いていても、二〇〇万円いかない。困った。だいたい日本人の一人あたりの年間労働時間は、平均一七八五時間だと言われる。けれど、わたしたちの場合、年収一九二万円稼ぐためだけでも、年間で一九二〇時間も働かないといけない。わたしたちには祝日も、盆休み、正月休みもないからね。ちなみにスウェーデンでは年間一五六二時間らしい（宮本 2009 : 91）。月にならすと一三〇時間くらい。うらやましいなぁ。

結婚はどうかな。友達はちらほら結婚してるけど。でも、あんまり結婚という意識にもなれない。なんでかな。親戚のおじちゃん、おばちゃんは、そろそろ結婚を考えたらって言うけど、友達には、同棲している人も多いし。あんまり結婚という関係に縛られるのもどうなんだろう。結婚するにせよ、しないにせよ、子どもができたらどうしよう。あんまり収入ないしなぁ。

子どもに何をしてあげられるだろう。ちゃんとした仕事を見つけないと。非正規のままじゃ、ちょっと大変。けど、どんな仕事が見つかるかな。今さら安定して雇ってくれるところもあんまりないだろうし。

わたしたちは、そういう時代環境の中で、「介助者」になった。わたしたちのほとんどは、二〇〇三年以降に介助者になり、そして介助を仕事として生計を立てるようになった者たちだ。言うなれば、「介助」は二〇〇〇年代に入って成立した新しい職業形態である。そしてまた、多くの非正規労働者と同様に、その将来も不確定だし、現状も不安定である。けれども、今、この障害者介助を生業として、生活を組み立てている人が少なくない規模で存在する。現状も、将来も不確定だけれども、「介助」という仕事の必要性は、現場を経験しているみなが知っていることだ。でも、必要とはわかっていても、この仕事を続けていくことに、それぞれの人がなんらかの不安を抱えている。わたしたちは、この新しい仕事と、どのように向き合っていくのだろうか。わたしたちは、この新しい仕事において、どのような経験をこれから積み重ねていくのだろうか。

従来、障害者介助は、社会運動の一環だった。「仕事」とはあまり捉えられなかった。けれど、今は多くの人が、運動というよりもむしろ仕事として、介助に関わっている。介助を利用する障害者も従来は運動に関わっていた人々が主だったが、現在では運動からは距離をおく障害者＝利用者もたくさんいる。介助が制度として整う以前、地域で自立生活しようとしてきた人々は、なんの制度もないところから、自分たちでボランティアの介助者を集め介助体制をつくりあげ、あるいは行政との交渉によって制度をかちとっていったが、現在、すでにある程度制度は「当然あるもの」となりつつあり、やはり運動をしてきた人々とそうでない人々との間に意識の差を感じることもある。

障害者自立生活運動でも、運動を担う後継者不足に悩んでいるというのはよく聞く話だ。介助者の側でも、従来運動に関わってきた介助者と、新たに仕事として関わるようになった介助者との間には、意識の相違があるだろう。運動を担ってきた人々、つまり何もないところから制度をつくりあげてきた人々が、新しい人々に頭ごなしに言っても、なかなかその新しい人々の経験としては蓄積されない。おそらく、新しい人々には新しい経験の蓄積がある。運動してきた人々の言葉はその経験の一部をなすだろうが、それでも新しく参入してきた人々は、新しいところに向かってステップを踏み出す。その新たなステップを、障害をもつ人にとって、介助する人にとって、そして社会全体にとって実り豊かなものにしていくことが、今必要なのだと思う。

2　介助という仕事の成立

さて、「介助」は新たな職業形態だ、と書いた。それをもう少し詳しく見ていく。

従来の世間の意識では、地域で障害者と関わることは、「ボランティア」とされていた。ボランティアなので、当然お金のために関わるわけではなかった。そしてまた、多くの場合、ボランティアの関わりは、部分的・余暇的な関わりであり、生活介護を見ていくというものではなかった。障害者介護のほとんどは、家族内において母親にあてがわれた役割だった。そして母親による介護が限界に達すると、障害者は施設に送られていく。そういう構図だった。施設の職員には、給与の保障があった。施設で介護をする場合は、給与が保障されるのだが、地域での介護の場合は、介護者に所得保障はなかった。重度障害者の生活介護は、親によるものか施設職員によるものかしかなかった。そうした囲い込まれた状況を打破し、親元や施設をはなれて自分たちの力で生きていこうとしたのが障害者の自立生活運動である。その運動では、地域で介護をする介護者の確保が十分にできないことが、特に重度の障害をもつ人々にとって大きなネックとなった。

地域で自立生活をはじめたのはいいが、介助に入るボランティアがまるで見つからず日々介助者探しに苦心していたある重度障害者は次のようにもらしている。

> 私が思ったのは、介助料要求運動を真っ先にやらねばならないということでした。前から不思議に思っていたのですが、施設では「介助労働」という言葉が存在しているにもかかわらず、地域ではそんな言葉がなかったことに改めて気がつきました。同じ介助内容をやっていて、片や労働ということがきちんと位置付けられていて、その一方では、社会的労働として位置づけられていないということでした。ですから、私たちが介助保障というときには、社会的労働として「介助労働」を位置づけさせることも、厚生省や東京都、世田谷区にきちっと要求していこうと思いました。（横山 2004：37-38）

このように介助を労働と位置づけ、そして介助者に介助料を支払うというやり方に関しては、障害者運動内部でも大きな議論となり、しばしばそれは批判の的となった。その議論については別に譲るが、ともかく七〇年代半ばより介助料要求運動は起こり、少しずつ少しずつ介助者の所得保障はなされていった。当初は時給に換算して五〇円程度だったものが、しだいに一〇〇円、五〇〇円とあがっていった。制度的には一日あたり数時間の介護保障制度しかなかったので、それ以外の時間帯はボランティアというかたちになった。多くの場合、いったん行政より介護料として支給されるお金すべてを当事者のもとに集中させ、それを再度分ける、特に責任のある専従介助者には、生活できるだけの所得保障をする、というかたちをとったそうである。

その数時間分の介護保障が拡大し、二四時間の介護保障が成立したのは、ようやく九〇年代の半ばになってからのこと。ここにいたって、介護者として食っていく人が少なからず出はじめた。当初は当然、そうした人々は障害者運動に随伴してきた人々だった。まず仕事として入ったのではなく、運動として入ってきた人々だ。そうした介護保障制度が成立した地域は、当時はまだそう多くはなく、その時点では「仕事」という意味合いも、さしてもたれなかった。

二〇〇三年に支援費制度ができ、介護保障制度が全国的に確立するようになっていった。民間事業所の参入も急速に進み、数多くの事業所が誕生した。障害者介助のニーズは潜在的にきわめて多かったので、ここでいわゆる「支援費バブル」がおきた。介助利用者および利用時間数が急増し、事業所も、介助者も増加した。多くの人が障害者の居宅介護事業所の職員となった。介助者として雇われた人もいれば、事務員として雇われた人もいた。筆者自身もこの時期に自立生活センターにおける居宅介護事業所の職員となった。それまでは、バイト感覚で介助に入っていただけだった。

うろ覚えなのだけれども、二〇〇三年の支援費制度ができるまでは、泊り介助に入ると、夜一八時〜翌朝九時までで六〇〇〇円くらいだった。まぁボランティア部分もあるかな、とは思っていた。それが、支援費が導入されてから突然、一万円をこえ、ほぼ倍になったと記憶している。ラッキーと思ったが、おそらく一日あたり一万円をこえた時点で、介助を仕事にするという選択肢が芽生えるようになったのだと思う。

多くの民間事業所が新規に認可をとり、事業所をはじめた。事業所の体裁を整えるために、職員も増加していった。介助の新規依頼はひっきりなしにあり、仕事はアップアップの状況、介助者もどんどん採用されていった。

そうして、介助が「仕事」として成立するようになっていった。

3　介助をはじめたきっかけ

介助という仕事は二〇〇〇年代に入ってようやく成立したものである。雇用の非正規化、フリーターの増加などが社会的に認知されはじめた時期とだいたいかぶっている。だから、フリーターを転々として、介助をはじめた人もいれば、大学を出ても、ちゃんと就職できそうになかったから「とりあえず」登録で介助をはじめた人もいる。ちなみに筆者は高学歴ワーキングプアのなれの果てである。二〇代後半まで大学で勉強・研究をしていたが、そこではその先が見込めず、なんだかなぁと思っていた。バイトをしていた自立生活センターがNPO法人格をとって居宅介護事業をはじめだし、人手を募集中だったので、大学や学校の中のことしか知らなかったし、社会に触れてみるのもいいなと考え、思い切って今の自立生活センターに就職した。最初は給料がいくらなのかなんて、何も考えていなかった。とりあえずやってみようという感覚だった。

他の人の経歴も、インタビューしたので紹介してみる。最初は高尾さん。音楽関係の店でフリーターみたいなことをずっとやっていた。そういう業界は、給料が想像以上に安い。介助職よりも安いという。不安なのでヘルパーの資格をとり、介助をはじめた。最初は、高齢者のところへ行くとイメージしていたが、知り合いの紹介があって思いもよらず障害者関係のところで働くことになった。

渡邉　とりあえず、介助をはじめたきっかけは?

高尾　最初は、今の嫁さんの紹介。最初イヤやったんだけどなぁ。できない。こわいって思って。

渡邉　それまでは?

高尾　大学を中退して、フリーターみたいなことをやってたんやなぁ。転職を繰り返していたわけじゃないんだけど、正規雇用じゃないところで働いていて、そのあとは正規雇用で音楽ショップ、ＣＤ屋で働いていた。それも賃金が安かったからなぁ。三〇になるまでに、何か継続してできる仕事をと思っていて、とりあえず資格をとろうと思って、ヘルパー２級をとったわけです。とったはいいものの、実際研修なんかで厳しいと思ってなかなか一歩が踏み出せない。そこを押してもらって、とりあえずやってみたらということで。
渡邉　さしつかえなければ、フリーターってどんな職業を？
高尾　店員さん。服の販売員。アパレル関係。時給制のね。
渡邉　当時から仕事に対する思いってどうでしたか。
高尾　けっこうまじめだったよ、どこ行っても。まあ、好きなことばっかりやっていたんだけど。一応、その中でも偉くなっていくんよ、ちゃんとね。フリーターでも店長とかね。「働いている」全員が正規ではない、小さいところだから。一応どこでもキャリアアップはしてんねん。ＣＤ屋さんでも管理職やっていたんだけど、いかんせん給料安い、継続できないということで、辞めたけどな。
渡邉　キャリアアップしても、給料は安い。ちょっとは上がるんですか？
高尾　上がる。けど、むっちゃたいへんな残業しても、今よりぜんぜん安いよ、ああいう業界って。二〇万いかない。ええ年の人がね。三〇歳こえても。こわかった。

渡邉　一種の不安みたいなもんですか。

高尾　そう。自分の先輩たち、三〇代の人たちが、家庭をもってそれなりの管理職にいるんやけど、どうしても賃金安いというのを下で見ているからね。将来的に自分の予測できるやん。仕事は楽しいんやけど。給料ついてきてないから。で、考えたんだな。

渡邉　2級とった時は、とりあえずみたいな感じなんですね。そのときはどこでやるかとかはあまり考えていなかった?

高尾　イメージ的には老人でしょ。嫁さんがＪＣＩＬ［日本自立生活センター］で働いていなかったら、こっち［障害者関係］にはなかなか来ないと思うよ。

次に、羽田さん。大学四年になって就活しても自分にあいそうなところがない。これはやばい。ニートをやるか福祉をやるしかないということで、たまたま在学中に資格をとっていたヘルパーをやることになった。最初はコムスンに登録し、知的障害のガイヘル利用者の縁で障害の方にもたまたま関わるようになり、コムスンが潰れて自立生活センターをメインでやるようになった。

渡邉 最初、介助をはじめたきっかけとか動機とかは？

羽田 けっこう偶然で、もうニートやるか福祉やるかみたいな感じだったんですよ（笑）。ちょっとざっくばらんにいきますよ。

大学にいっていて、もうそろそろ卒業ということで就職しようかなとも思ったんですが、どうもそれがしっくりこなくて、就活も途中でやめちゃった。どうしようかなこの先と思いながら、もう春になる……。で、たまたまとっていたヘルパー2級があったんです。それでニートか、福祉の仕事するか、どっちかだなと思って。

なぜヘルパー2級とっていたかというと、ちょっと親の影響があるんですが、親が教師で養護教諭とかでした。ボランティアに参加していたりとか、実家の近くに養護施設があってそこの人たちを見ていたりしていて、それはダウン症の人とか、知的の感じの障害の人なんですけど。福祉にちょっと触れる要素があったので、まぁそういうのを仕事にするのも一つ手かなぁと思って、在学中にヘルパーの資格だけとっていて、それがまぁむちゃくちゃ活きたということですね。その資格がなかったら、たぶんいまだにニートしているんじゃないですかね。

渡邉 大学で勉強していたのは？

羽田 心理学。二年生のときぐらいに心理学に興味がないということに気付いて、絶望していたんです。

渡邉　就活がなんか違うなというのは。

羽田　就活ですか。それ、ぼくが完全に社会に不適合な人間だからでしょうね（笑）。

渡邉　いつごろから不適合だったんですか。

羽田　いつごろからですかねぇ。いやぁ、先物取引で小豆とか売る営業するのか俺は、みたいな。「今、小豆相場いいんすよ」ってぜったい言えへんわと思って、やめました。何人か地獄に突き落とすなこの仕事はと思って。無理って。

渡邉　ヘルパーはそれないんですか？

羽田　ヘルパーはやっていて楽しいですね。バイトとかいろいろしたんですけど、基本、接客業が好きなようで。人に接して、サービスを提供して、相手が喜ぶ顔をみるのが好きな性質がある。喜んでる、喜んでる、よしよしっと。

渡邉　ということは、そこまで不適合じゃない？

羽田　適合する場所を間違えた。それに気づいた。バイトは、そこそこうまくいってましたね。いろいろやりましたけど。

　サラリーマンの営業とか、バイトとは全然違う就活していたんです。心理学なんでつぶしがきかないですからね。

渡邉　親はなんか言っていましたか。

羽田　働いているからとりあえずいいじゃない。自分で食ってんだからいいんじゃないみたいな。でも、今ぼくは登録ヘルパーみたいな感じなんで、そのへんはちょっと心配している感じですね。正社員の方がいいんじゃないの、みたいな。

次に、塩野さん。学生時代からボランティアで介護はやっていた。就活はやろうとしたけど、なんか違うと思ってやめた。とりあえず、大学出てもいくところがなく、食いぶちを稼ぐために、介助は嫌ではなかったので、自立生活センターで介助をはじめた。

渡邉　介助をはじめた動機とか、きっかけとかは

塩野　ＪＣＩＬで介助をはじめたきっかけは、仕事がなかったからというか、単純に食いぶちをかせぐためです。大学を卒業して、就職はしたくない。でもバイトを探すにしても、なんというか、多少やりがいを求めた。嫌な仕事はしたくないなと思っていて、介助は嫌な仕事ではなかったから、紹介してもらって、登録ヘルパーになりました。そしてそのまま。

渡邉　就職したくないなと思ったのは？

塩野　単純に、正社員になったら仕事に縛られるだろうなと思って。いろいろやりたいことがあ

ったから。どちらかというと、仕事は仕事とわりきってふらふらしたいなと思って。正規で働いてもけっこうきつそうというか、派遣は派遣で切られるけど、正規で働いたとしたら、その分、すごく使われそうだなみたいな。そんなことをまわりからも聞いていて、とりあえず就職はしたくない。けっこうもやもやしたまま、するかしないかといったら、しないだろうなと思って、就活とかもしなくて。

渡邉　就活ってしたんですか、ちなみに。

塩野　最初リクナビに登録だけして、一回くらい説明会に行って、なんか違うと思って、やめました。

渡邉　プレッシャーはありましたか。親とかから。

塩野　すごくありましたね。なんで大学までいったのに、そんなよくわかんない仕事をするんだと。たぶんいまだに少し思っていると思う。

渡邉　なんかふらふらしているって感じで?

塩野　ふらふらして、しかもヘルパーの資格すらとってないし、みたいな。
　そういう仕事するんだったらするで、資格とったらいいじゃん、みたいに言われますね。いやぁ、そういうのじゃなくて、と思うんだけど。親からの印象は悪い。

渡邉　なるほどね。そういうのはあるな。他にやりたいことがあると言っていましたが。

塩野　そうですね。沖縄の辺野古のことはずっと関わりたいな、と思っていて。［正規で］働きはじめたら、そんなまとまった休みもとれないだろうし、沖縄いきたいなと思っていたりしたので。ふらふらしたいな、と。

まぁ、働きはじめてみたらそんなに別に自由がきくわけではないんですが。

みんなの経歴を見ればわかる通り、学校を出て会社に入ってそこで定年まで勤めるという旧来のルートとはまったく違う。職業遍歴がある人もいれば、大学出ていくところがないからとりあえず時給がそこそこある介助をやってみる、という人もいる。親の世代からは、介助で食っているとそれなりに何かを言われる。ちょっと不安定な部分を心配される。もっとちゃんとした仕事についたらとか、資格をとったらとか言われる。

けれど、これは新しいタイプの仕事だ。障害者の地域生活を支えるという、今まではなかったタイプの仕事だ。この仕事の可能性はこれからにかかっている。

4 介助という仕事の特徴

介助は新しい職業形態だと述べたが、それはその仕事のあり方に関しても、従来の仕事とは違っているからだ。どの点が違うか、それも見ていく。

まず重度障害者の地域自立生活を支えるために、単純に二四時間三六五日すべてに対応が必要な仕事である。お正月、お盆も関係ないし、昼間帯の九時~一七時だけ働いていればいいというわけでもない。朝昼晩泊りすべてが仕事時間となりうる。非常に流動的な仕事であり、旧来の固定的な仕事概念からは外れている。

たとえば施設での仕事と地域での介助を比較する。施設での仕事は基本的にローテーションだ。そしてチームで介護をする。夜勤等もあるけれども、ともかく交代制で勤務時間はある程度固定している。そしてたいていは大きな社会福祉法人などが経営しているので、その内部での昇進・昇給制度もある程度整っている。若い労働者は上司の言うことを聞いて、施設のあり方になじみ、そして年を経るごとに、副主任、主任、と上昇していけばよい。

一方地域での障害者介助は、基本的に一対一である。チームで介護にあたる必要はあまり多くない。同僚と顔を合わすという機会が少ない。同じ事業所のヘルパー同士でも「同僚」という意識はほとんどもたない、もてない。そして勤務時間が不規則不安定である。基本的に介助時間を利用者の生活にあわせるので、つまりいつ食事をとりたいか、いつ風呂に入りたいかは利用者自身が決めるので、介助者の労働時間が安定するということはあまりない（施設の場合、労働者の勤務時間にあわせて、入所者の食事、風呂の時間が決まる）。また、多くの介助者は時給制で働いている。一日八時間連続という勤務体制ではなく、たとえば朝の起床介助に三時間いって、それから家にもどり、また昼とか夕方とかに出ていく、という空き時間のある勤務パターンが多い。

フリーター的な働き方と言えばそうだが、一六〇時間働く正規職員の人でも、給与に関しては時間給の人も多数いる。介助利用時間が八時間まとまってあるわけではないので、一日八時間というまとまった働き方はかなりやりづらい（行政から時間単位でお金がおりてくる。自立支援法制定時、施設経営が月割りから日割りになったことで多くの批判があったが、居宅介護は日割りどころか時間割りである）。介助依頼がだいたい週ごと、月ごとに固定している場合もあるが、利用者の生活や体調にあわせて変化や変更があるので、仕事があるときもあればないときもある、かなり不規則不安定である。地域での一対一介助で、利用者・介助者双方ともに日々何が起こるかわからず緊急介助依頼もしばしばある。仕事の依頼に関して言えば、いわゆる派遣労働と近いものがある。

また、一対一介助ということは、基本的にその人本人にあわせた「介助」が必要とされる。こちらの介護技術を相手にあてがうのではなく、相手のニーズに即して介助をする必要がある。マニュアル・教科書で教わる一律の介護技術はしばしば利用者への押し付けとなる。基本は利用者の意向に沿って、本人の手足の代行として自然に動けるかどうかが重要である。介護者相互の連携ではなく、利用者との一対一関係が重視される。介助がうまくいくかどうかは、技術よりも相性や人間関係のあり方に左右される部分が大きい。

技能等で評価しがたいので、昇進やキャリアアップ制度もなじみにくい。介護福祉士の資格をもっていたとしても、現場で利用者の生活がうまくいく「介助」ができるかどうかとはあまり関係がない。介護に関して専門的でない人の方が、自然な介助をできる場合もよくある。また介助の仕事において一番重要なのは現場での「介助」そのもので、居宅介護のそれ以外の仕事は調整や事務に関わる仕事のため、管理職や上級職を不必要に多く作ることは弊害になる。

事業所が新しいところが多いためでもあろうが、昇給制度は多くのところでとられていない。給与に関しては、基本的に一〇年後も今のままか、あるいは国の財政事情によって今よりも下がる可能性もある。右肩あがりの年功序列給というのはここでは遠い過去の話。

参入者の層もきわめて多様だ。基本的に施設等では大卒高卒等をとることが多いが（ある程度年齢がいくと施設では敬遠される。年下の上司が年上の部下に指図しないといけないからだ)、居宅介護事業所は、それぞれの利用者の年齢層や人柄にも対応するので多様な人々が参入しているのが好ましい。

5　介助という仕事が成立した背景

さて、「介助」というこうした新しい職業形態がとられるにいたった背景に関しても若干触れておく。

「介助」という職業形態が誕生した背景には、一方では障害者自立生活運動等の運動の成果としての側面があるが、他方それだけでなく、もろもろの社会的・経済的・政治的要因も絡んでいるように思われる。

すでに述べたように、介助はかつて無償であり、障害者解放運動といった社会運動の一環だった。その運動の中から、さまざまな議論があったにせよ、介助料要求運動が起こり、そして現在の二四時間介護保障にいたる道筋がつくられた。そこには一貫して当事者の思いがあり、また介助者たちの支えがあった。ただ他方では、そうした介助制度が社会的な広がりを見せたのには、活動家たちの意向をこえたところでの社会的要因があったことも、見逃せないように思う。

九〇年代までは、介助は障害者運動という運動の一環であったと思われるが、二〇〇〇年代に入り、介助は運動の一環ではなく、むしろ「サービス」としての側面をもつようになってきた。もちろん多くの自立生活センターで、運動の一環としての介助という側面を保っているが、他の大多数の場所で障害者は介助をむしろ単なるサービスとして利用するようになってきている。かつては障害者運動に関わっていた闘う障害者のみが地域で自立生活を営むことが可能だったが、現在はサービスが社会的に一般化するようになり、闘わずとも介助サービスを利用できるようになった。それじたいは障害者の地域生活が一般化してきたということであり、まだまだ不十分なところもあるが、ともかくある程度までは、地域生活があたり前のものとなりはじめている。ということはつまり、介助が運動としての側面ではなく、サービスとしての側面、労働としての側面を増やしてきたということでもある。自立生活センターとて、サービスを提供する障害者をえり好みしていいわけではないので、どうしても運動という側面にはなじまない利用者にもサービスを提供することになる。するとその際、「介助」から「運動」の側面が抜け落ち、「労働」としての側面ばかりが表に出てくることになる。おそらく、九〇年代までの介助者・介護者と、新たに仕事としてこの障害者介助の領域に参入した人の意識の違いはそこに生じてくる。運動としての側面ではなく、「労働」としての側面を見ていかないといけなくなる。

少し先走ったが、介助という職業が誕生した社会的要因の一つには、もちろん高齢化社会の到来という日本社会の人口動態が関係している。九〇年代という年代が重要である。ここに二〇〇〇年からの介護保険、支援費制度の成立につながる源流がある。

高齢化社会の到来を受け、まず一九八九年に「高齢者保健福祉推進一〇ヵ年戦略（ゴールドプラン）」が策定された。それにより、ヘルパーを今後一〇年で三万人から一〇万人へ大幅に増員するという目標が掲げられた。また、同じ八九年には老人家庭奉仕員派遣事業の運営要綱が改定され、民間委託の拡大、派遣要件の緩和、さらに現在に通じる身体介護、家事援助の単価格差が導入された（身体は家事の一・五倍）。障害者運動の動きももちろんあるにしても、やはり深刻化する高齢者介護の現状に対応するために、ヘルパーの大増員計画をたて、そして派遣事業の民間委託の拡大、またさまざまな介護ニーズに対応するための派遣要件の緩和を行っていった。九〇年に家庭奉仕員はホームヘルパーと名称変更され、また利用時間の上限も撤廃された（従来は週一八時間まで）。九二年の厚生省通達では、各市町村にサービスの拡充を求め、画一的な（制限的な）サービス提供を厳しく戒めた。九四年にはさらに「新ゴールドプラン」が策定され、ヘルパー増員目標が九九年までに一七万人へと拡充された。九五年には二四時間巡回型介護が予算化され、介護サービスの民間事業所の象徴であるコムスンによってこれが活用された。これとほぼ同時並行的に障害者の介護保障もこの時期に急速に整っていった。九三年に、制度をいくつか組み合わせてだが、二四時間の介護保障が成立した。また、九六年には自立生活センター立川が立川市より、非営利民間組織としては全国で初めてホームヘルプ事業委託を受け、二四時間滞在型サービスを開始した（第4章第3節参照）。

この時期、介護者（家庭奉仕員、ホームヘルパー）の身分保障に関しては、派遣事業の民間委託にともない、公務員的な人件費補助から、派遣実績に基づいていくら、という事業費補助に転換していった。公務員ヘルパーは次第に消滅していった。それにかわり事業所に登録して派遣される時給制の登録型ヘルパーが大きな比重を占めるようになっていった。ヘルパーの数は、それにより人件費を増やすことなく増員されていった。かつての公務員ヘルパーは最終的には年収八〇〇万にいったとも言われているが、そうしたヘルパーの身分保障は解体され、時給制でより柔軟に働かせやすい登録型ヘルパーの数が増えていった。それが「介助者」になり、そして実際に、より柔軟に、朝昼晩泊り問わずに対応できる派遣事業が可能になっていった。

公務員ヘルパーの固定的な勤務体制も障害者運動から批判されたものであった。朝九時～一七時では、二四時間介護が必要な障害者の介護ニーズをまったく満たすことができない。おまけに休日も正月も休む。そうした固定的な労働者よりも、二四時間対応できるさまざまな介助者が求められた。人材としても、さまざまな人が介助に参入してくることが求められた。身分保障をされた固定的なヘルパーでは、柔軟に障害者の介護ニーズに対応することは難しかった。

九〇年代半ば、「自立生活センターが提唱する福祉の構造改革」という副題をもつ冊子の中で次のように言われている。

〝福祉を一生の仕事〟と思っている人のみで福祉分野の仕事をこなそうとすると、福祉が、サービスを提供する人と受ける人との間のせまい世界に閉じ込められてしまう。そして高くつく。むしろ他の分野での就労経験を持つような人々にどんどん参加してもらい、幅広い層の人々が〝他人事〟でなくかかわる形態こそ望ましい。（ヒューマンケア協会 1994：8）

その［有償介助の］提供者は、フルタイムで働く公務員であることを要しない。多様な就業形態があってよい。介助は朝晩の寝起きと食事時に集中する。そのため常勤介助者をむやみに増やすことは、効率の悪化を招くとともに得策でない。パートタイマーでローテーションを組むことになる。（同：36-37）

この時期はまた、全般的に言っても労働者の身分保障が解体されていった時期であった。九五年には日経連が「新時代の『日本的経営』」というレポートを発表し、正社員層を絞りこみ、単純な定型的業務を行う「雇用柔軟型グループ」を外部委託や派遣会社に委ねていく方向性が示された。九九年には労働者派遣法が改正され日雇い派遣の拡大への道筋がつけられた。この時期より非正規労働者層が拡大し、また若者たちのフリーター問題、非正規労働問題が芽を出しはじめた。そして現在の多くの介助者たちもこうした時代状況の中で、「とりあえず」、そこそこ時給の高い（一〇〇〇円は下回らない）介助という仕事をやってみて、介助者になっていった。ある人が言うには、介助という仕事は「ちょっと時給の高いコンビニに勤めているようなもの」である。

ただし、二〇〇三年ごろに就職した介助者たちには、労働者としてやむをえず職についたというよりもむしろ、障害者自立生活運動の盛り上がりに感化された、という側面もあるだろう。当時はおそらく障害者自立生活運動が一つのピークを迎えていた時代であり、筆者は残念ながら参加していないが、支援費制度がはじまる直前の支給量上限問題に関する障害者当事者団体の大行動は、今でもしばしば想起される記念碑的運動であった。筆者は、二〇〇三年や二〇〇四年ごろは、障害者の地域自立生活の推進という運動の側面が、日々の労働の側面よりも強烈であり、それにより活気や勢いがあったと記憶している。

しかし、その活気も、二、三年して、障害者自立支援法案が登場するころから、だんだん下火になり、現場にも暗い空気がたちこめてきた。自立生活の推進は一時期ほどの勢いがなくなり、そして、日々の介護労働の重たさがわたしたちの肩にのしかかってきた。

6　労働としての介助

障害者介助には、運動という側面と、労働という側面の二つがある。これまでの障害者運動においても、その両者は互いに拮抗しあっていたように思われる。それは無償で自立生活を支えていた時代からそうであったように思う。運動が盛り上がっている時期は、支援者、介護者も大勢集まってくる。けれど、いったん盛り上がりが鎮まると、あるいは時代の流れが悪くなると、支援者たちはさーっと潮のようにひいていってしまう。すると残された者たちに介護の重労働がのしかかってくる。運動というよりも、介護の重荷ばかりが強調されるようになる。第3、4章で障害者の介護保障の歴史を詳しく見ていくが、たとえばグループゴリラや府中療育闘争の歴史を見ても、運動の裏側にはそうした介護の「シンドサ」というのがコインの裏面としてあったと思う（本書一九一〜一九二、二二〇〜二二二頁参照）。

支援費制度がはじまって二、三年後から、日々の介護労働の重たさが私たちの肩にのしかかってきた、と書いた。確かに障害者自立支援法案が登場し、介護報酬単価の削減、それに伴う給与の削減、という不利な流れがあった。そして、少なからずの介助者たちが介助から離れていった。正直、残された者たちに多くの負担がのしかかった。筆者はそのときの状況をある集会の場で次のように発言したことがある。少々長いが、当時の状況をよくあらわしているので引用する。

わたしも二〇〇四年にバイトから正規職員として採用されたのですが、そのころは、給料は確かに低かったのですが、多くの障害者が自立生活をはじめ、事業所も拡大し、働く人々も活気にあふれていました。おそらく、これで障害者の地域生活確立が実現に向かっていくのではないか、という期待があったのだと思います。

けれども、その期待はあっというまに崩れました。二〇〇五年春に支援費の介護報酬が下がり、現場に動揺が広がりました。そしてグランドデザインや障害者自立支援法が準備され、障害者の地域生活が危うくなる恐れ・不安が現場の労働者の間にも見て取れました。二〇〇六年にも介護報酬は下がり、さらに応益負担が導入されました。新制度への移行に伴い、煩雑な事務作業も増え、ますます現場から活気が失われ、このままではやっていけないのではないか、という将来の不安がみんなの間に広まっていきました。おりしも介護保険における制度改正や介護報酬単価の引き下げに伴い高齢者介護の現場の悲惨さもニュースで伝えられるようになり、二〇〇六年の秋頃から人が全然入ってこず、さらに同僚の多くが離職を考えはじめました。二〇〇七年という年は介助者が辞めていき、事業所がつぶれ、そして残った介助者にしわ寄せがいき、さらには残った介助者が過重労働の末にストレスがたまりぶっつぶれていくという、そんな年でした。

ここで、わたしたちの身近で起こった例を紹介します。

四〇歳すぎの男性で、彼も支援費がはじまったとき、知り合いの当事者から誘われ介助の仕事をはじめた方です。二〇〇七年の夏、去年の夏ですが、やはり人手不足の中、週六日勤務であったのが、だれか別の介助者がヘルニアか何かでつぶれ、ついに週七日勤務になりました。その勤務体制も、わたしたちはほぼ二四時間にわたり介助が必要な重度障害を相手に仕事をしていますので、朝昼晩泊まりどこにでも対応しなければならないという不規則・不安定な勤務となるので、彼のそのときの状況は、夜勤が三日、これは仮眠のない夜勤です、それに昼の勤務が二日、そして週末の土日は夏の暑い中でのガイドヘルパーの仕事でした。これがまったく休みなく三ヶ月ほど続きました。労働時間は月二五〇時間をこえ、しかも変則勤務。その結果ストレスがたまり、ついにその年の秋一〇月に心筋梗塞で倒れてしまいました。幸いながら彼は、利用者さんや職場仲間の理解と支えがあり、数ヶ月の入院の末、この一ヶ月前から通常勤務に戻ったと聞いています。

この話を、労務管理の話にするのは簡単です。もし彼が死んでいたら過労死認定がおりたでしょう。けれども、それなら、わたしたちは自分の身を守るために、利用者・障害者の命を犠牲にしなければいけないのでしょうか？　わたしたちの利用者は、重度の障害をもった方がほとんどです。介助者がいなければ、うんこ・おしっこまみれは当然ですが、必ず命の危険が伴います。人がいなければ、必ず誰かがその穴を埋めなければならないのです。その結果過重労働が常態化します。すると、必然的に介助者にストレスはたまり、ある者は辞めていき、ある者は過労死すれすれで仕事をすることになります。今の重度障害者の介護現場は、多かれ少なかれ、どこの地域でもこのような状態です。（「重度障害者の地域生活の現場――この先、介護報酬が抑制されたら何が起こるか⁉」二〇〇八年六月五日議員会館内政党シンポジウム発言より）

介助・介護には労働としての側面、重荷としての側面が必ずついてまわる。そのことからは目を離してはいけないと思う。障害者運動の活動の側面ばかり強調しても、その運動の下支えの部分がちゃんとできていなければ、運動は足元から崩れてしまう。「運動」の側面をどんなに魅力的に描いても、そこには日々の日常生活の介護という「労働」の側面がついてまわっていることを忘れてはいけないだろう。そして、その部分はやはり大切にしなければいけない。

さて、筆者は三、四年ほど前のこの苦しい時期に、このままでは障害者地域生活の現場がもたないと思い、仲間とともに「かりん燈」という介助者の会をつくり、介助者の「労働者」としての保障を要求する活動にのりだした。[2]　右の例にある通り、この時期は、介助者不足が深刻化し、多くの人が月二五〇時間、場合によっては三〇〇時間もの労働をしていた。みながかなり過労気味になり、このままでは本当にやばいと思っていた。しかも介護報酬単価は上がる見込みがなかった。それで、国に介助者の窮状を訴え、待遇改善につなげるために、介助者の生活・労働アンケートを行った。一度目は二〇〇七年に京都レベルで、二度目は二〇〇八年に全国レベルで行った。二度目の調査に基づき、二〇〇八年ごろの介助者の生活・労働実態がいかなるものであったかを紹介する。労働者としての介助者像を見てみよう。

7 労働者としての介助者像

二〇〇八年の調査は、全国レベルで九〇〇名近くの人々に応えてもらったものだから、統計データとしてもそれなりの蓋然性はあると思われる(以下、[かりん燈 2008] より)。

まず、男女比率や年齢層について言えば、障害者介助に関わる介助者は、男女ほぼ半々であ

2 「かりん燈」の正式名称は「かりん燈——万人の所得保障を目指す介助者の会」。二〇〇六年秋に筆者やその仲間らで結成。会の結成経緯や会の紹介は三一二ページや本書末尾に記したのであわせて参照されたい。

り、また二〇代、三〇代の人の割合が高い。ケア・介護は女性の仕事という通念があるが、障害者の自立生活運動はそうした通念を突破してきており、ここでは同性介護が基本であり、男女比率はほぼ半々。また、先にも述べたとおり、二〇代、三〇代の若い人々が多く介助をやっており、実務経験年数では、五年未満の人があわせて七割ほどに上る。若い人が多く、新しい職場、言い方を変えれば未成熟な職場だということになる。ただし、バイトや家計補助として介助を行っているというわけではなく、主収入の仕事として介助で生計を立てている人がほぼ半数。これで食っている人が、かなり多いということだ。けれども別に給与がそんなに高いというわけではない。固定給者の平均固定給が一八万円（たとえば実務経験が一〇年以上の人でも平均一九万円しかない）。手取り給与の平均は、正規職員で一九万六〇〇〇円。非正規職員で一〇万四〇〇〇円。そして残念ながら、昇給は「ない」人が六割近くに上る。ボーナスが一ヶ月以上ある人もわずか一五%。手取り給与が正規職で一九万六〇〇〇円と述べたが、そこは労働時間も加味して考えないといけない。というのも、正規職員の平均月当たり労働時間が一九五時間にものぼっているからだ。つまり二〇〇時間くらい働いて、二〇万円にいかない数値となる。

それにくわえて、働く時間帯のことも考慮にいれないといけない。介助労働は、朝昼晩泊り二四時間対応の不規則労働になるので、昼間帯だけ働けばいいという固定的な勤務体制ではない。介助者のうち、朝昼晩泊り全対応している人は、三割であり、正規職員にかぎればその割合は半数ほどとなる。

さらに、派遣事業所の職員の仕事としては、介助だけではなく、派遣コーディネート業務がある。この業務のしんどさを数値化するのは難しいが、介助者不足の時期は、コーディネーターのストレス、精神的、肉体的負担は極限に達する。少なくとも登録型のヘルパーは、介助時間だけが労働時間であり、それ以外の時間はフリーだが（もちろん依頼の電話が入るのでそれを負担に思う人もいる）、コーディネーターは介助者が見つからない場合でも最後まで責任をもって介助者を探さなければならない。しばしば緊急の依頼が入ったり、あるいは介助者が欠勤したりすることがあるため、緊急の電話に対応しなければならない。そうして、コーディネーターは朝昼晩泊り休日関係なく対応しなければならない二四時間労働体制となる。介助者が足りないときは、そのストレスが頂点に達する。何名かの声を紹介する。

　二四時間対応の事業所なのでいつ電話がかかってくるかわからない状況。休日・深夜問わずいつでも携帯電話を受けなくてはいけない。また、人と人との間で行われる仕事なのでいろんな感情面のつらさがある。精神的にぎりぎりの状況が続いている。（四〇代女性・京都市）

常に連絡が入る状態なので、休みでも連絡が入り、実質休めない。休みの確保が難しい。（三〇代女性・神戸市）

責任者なのですが、日々現場を走り回っている状況で、シフト作成・変更、利用者・介助者の相談などの業務は、ほとんど家に持ち帰ってやらざるを得ない状況で、そういった業務に割く時間が充分にとれず連絡ミスなども時々生じてしまう事があります。常にやらなければならない事に追われている上、介助者の急な休みなどの連絡などが、自宅にいても構わず入ってくるので常に携帯電話が手放せない状況です。誰もいなければ最後は自分がいくしかなく、プライベートな予定などあってないようなものです。それどころかやるべき業務まで先延ばしになってしまい、事業所の運営自体にまで影響が出かねません。なってもいない携帯電話がなっている気がしたり、「介助者が来ない」というトラブルがおきたという夢をしょっちゅう見るし、かなり精神的に追いつめられています。（三〇代女性・東京）

人手不足で仕事が終わりません。休みは疲れて休養の為、気持ちがリフレッシュできません。何のために生きているのかわからなくなる時があります。仕事をするだけのために生きているわけではありません。（三〇代女性・東京）

仕事でのストレス性動悸、不整脈に悩んでいます。どんどん人がやめていくのでカバーしなくてはいけないことが増えたり、人間関係がぎくしゃくしたり。（二〇代女性・つくば市）

厳しい労働環境のため、一刻も早く辞めたいという声もある。

やっぱり拘束時間が長いという事が一番しんどいです。待機時間や、休日家にいても昼夜問わず仕事の電話が頻繁にあったり、緊急介助依頼の対応、常に拘束されていて気が抜けない状態にあるのがしんどいです。その他シフトが安定しなくて、休日突然仕事になることもよくあります。十分な休息時間が少ない分、無理が重なり心身に大きな負担となって、体調管理も難しい状態です。長く続けられる労働環境でないため、一刻も早く辞めたいです。（三〇代男性・沖縄）

彼ら彼女らがこのように証言するとき、明らかにここでは障害者介助の活動という側面よりも、むしろ労働という側面におけるしんどさが先に立っている。そうしてしばしば彼ら彼女らは、この現場を去っていった。こうした状況に追い込まれて介助を辞めていったということは、かなり苦渋の選択だったと筆者は思う。

8　賃金等の保障

さて、介助の「労働」としての側面を重点的に見てきた。この側面ばかりを強調しすぎるのもあまりいいこととは思わないが、ただその側面を軽視して「運動」の意義だけを唱えるのも、やはり不十分だと思う。そこには右に見たようなしんどさもつきまとうし、時には働いている人の心や体を壊すところまで作用する。

では、どうしたらその部分を改善していくことができるのか。

賃金アップと給与の保障が必要なことは言うまでもない。そしてそれによる人手の確保が現場に余裕をもたらし、全体的にうまくまわるようになる。もちろん福祉の領域でお金の話をすると、福祉は金ではなく心だ、とかいって非難される可能性もあるけれども、現在のように、介助者がボランティアではなく仕事として介助に携わっている以上、お金の部分は介助者の生活の根本にかかわるのであって、絶対に避けては通れない部分である。再び先ほどのアンケート調査の声を紹介する。

もはや、「気持ち」や「想い」だけで福祉が務まるものではないと考える。他人の介助や支援を行おうとする人々の「善意」だけで成り立つ状況ではない。現場は崩壊寸前である。介護の質を上げる目論見があるのなら、その対価となる報酬を十分に検討していただきたい。でなければ、資格制度も役に立たない。机上の空論で質だけを求められても、人は集まらないし、育たない。単純に、資格や研修以前に、賃金や待遇が保障され、介助する側に様々な余裕やゆとりがないと、適切な介助にはつながらない。

介護職の人材確保は現場ではとても深刻な状況にある。介護職で生計をたてることができなければ、他の仕事にうつっていくことは当然。一刻も早い、介護報酬単価のアップ、介護で働く人の給料、保障のしっかりとした確保が必要になっていると思う。

実質的に、現在においても地域で働く介助者の給与が人並みの労働者としてそこそこある、とはとても言えない。たとえば施設労働者と訪問介護労働者の給与を比較しても、厚生労働省の調査では、前者が平均年収三五〇万で、後者が二五〇万と、一〇〇万円近い差がある。入所施設における施設長ともなれば、営利企業の施設でなくとも、年収は七〇〇万〜八〇〇万円いくそうだ。こうした格差について無頓着な人が、福祉はお金でなく心だなんて批判を決してするべきでないと思う。

二〇〇九年の四月に、介護報酬単価の見直しがあった。これは筆者たちの活動においても、もっとも重点的に力を入れていた部分であった。この単価改定のために、アンケート調査をやったり行政交渉を行ったりしていたのだ。行政交渉では厚労省のみならず財務省にもかけあい、担当者と直接交渉した。結果的に、このときの単価改定においては、重度訪問介護が一三〜一四％の上昇。他のサービス類型もいくらかは上がったが、私たちが求めていた重度訪問介護の単価がしっかり上がったことは、きわめてうれしかった。それまで数年間下がり続けていたので、ようやく賃金改善につなげることもでき、いくらか安堵感があった。全体的に、ある程度介助者不足は緩和したと思う。筆者の近辺の話だが、二、三年前のような過重労働もあまりなくなったように思う。もちろん、実際には、ある程度上がったと言っても、支援費制度当初の単価にもどっただけ、あるいは当初の単価にはまだちょっと足りないという程度ではあった。ただ、それでも少しは赤字経営をもちなおした事業所もあるだろうし、辞めようと思っていた介助者で思いとどまった人もいると思う。また、二〇〇九年の夏には、介護労働者の直接賃金アップをはかる処遇改善事業も補正予算事業で行われることが決まった。これにより、介護者の給与が常勤換算でさらに一万円アップする計算になる。平均で二〇万円をこえるかこえないかくらいだと思うけれど、介護者の処遇改善が政策における一つの重要事項になったことは、かなり助かった。

介助・介護が安定するということは、実は「運動」の方も活発になるということだと思う。「労働」においつめられている状態では、人はなかなか活動的になれない。そうした余裕が現場にできてくることは、とてもよいことだ。

さて、介護者の待遇改善としてそうした賃金アップの方向が一つにある。もちろんそれに付随して、各種社会保険の充実や、休暇の充実も必要なことだ。そうしたことが整備されて、介護者も労働者として安定して働けるようになっていくのだろう。そうした方面の保障を要求していくことはとても大切だ。

9　介助と感情労働

(1)　手足論を疑いはじめる

けれども、筆者は最近しばしば思うのだが、実際には賃金アップと社会保障の充実だけでは、今の介助者たちにとって何か足りない部分があるのではないか。まずおそらく、今後上がったとして、そんなに抜本的に上がるわけではない、ということ。上がるとしても微々たるもので、むしろ下がる可能性もまだまだ残っているので、介助者には今後の生活について常に不安がつきまとっている。仕事の性質でいっても肉体労働の部分が大きく、身体がいうことをきかなくなったとき、腰がもたなくなっときのことを考えると、現状ではほとんど何の保障もなく、そこにも不安はつきまとう。そしてまた介護労働じたいも、上を目指す性質のものではないので、そこに物足りなさを感じる人もいるだろう。さらに日々の労働に耐えがたい退屈さを感じてしまう人もいるかもしれない。それからまた、介助は一対一の親密な関係の中で成立する仕事なので、そこでの人間関係に行き詰まり、介助から離れていく人もいると思う。筆者の実感では、現在では多くの介助者は給与面のことよりも利用者との人間関係のことで悩んでいるように思われる。そしてそこにはそれ相応の理由はある。

すでに述べたように、現在では障害者の介護サービスは一般化し、多くの人が介護サービスを利用するようになっている。かつては、介助者・介護者を使って生活していたのは障害者運動に関わる自立障害者くらいであったが、今では運動とは関わりのない一般利用者も介護サービスを利用するようになっている。多くの場合、行政手続きのみでサービスを利用し、そして多くの事業所はその利用者を「お客様」と呼ぶ。もちろん自立生活運動では、障害者がただのサービス利用者としてお客さんになることが求められたわけではなかった。むしろそれを戒めてはいた。[3]

けれども、九〇年代の介助・介護のサービス化・民営化の流れに対しては、むしろ運動もその流れにのっていた面もあったため、抜本的に批判を加えることはしなかった。アメリカの自立生活（ＩＬ）運動は、消費者運動を一つの背景としており、介助を行政的な措置やボランティアではなく、金銭契約と考えた。介護保険や支援費制度における「措置から契約へ」や「利用者主体」といった考え方への転換は、一方で福祉の民営化、規制緩和といった構造改革の流れと同時に、ＩＬ運動や消費者運動といった運動の流れと重なりあっていた。障害者が「お客様」「顧客」となり、介助者がウェイターやハウスキーパーのようなサービス労働者となる流れは必然でもあった。

利用者と介助者がそうした関係におかれる以上、その両者の関係は、お金、仕事の部分でドライにわりきれる側面がある一方で、しばしば運動の次元をこえた問題があらわれてくる。つ

3　「私たちがあえて、当事者主権ということばを選ぶのは、何よりも受け身の「お客様」扱いに対する抵抗からである。サービスの主人公は、それを提供する側ではなく、それを受けとる側にある、という考え方は、生産優位から消費優位への市場の構造の転換と対応しているが、同時に、「利用者本位」、「お客様本位」というフレーズが、「お客様」のどのような無理難題にも応じなさいという、サービス労働者の搾取に結びついてきたことも、考慮しなければならない。当事者主権とは、サービスという資源をめぐって、受け手と送り手のあいだの新しい相互関係を切りひらく概念でもある。」（中西・上野 2003：5-6）

まり、介助がサービス労働化していき、対人サービス労働に必然的につきまとう「感情労働」、及びそれに付随する介助者のストレスの問題が出てくるのである。

また、一般のサービス労働と違って、介助には介助特有のしんどさがついてまわる。福祉現場には利用者の介助依頼を断ってはいけないという応諾義務や、障害者を決して見捨ててはいけないという福祉労働者特有の倫理観があり、仕事の依頼を拒みきれない、少々しんどくても引き受けていかねばならないという感覚が始終わたしたちを締め付けており、そこに一般労働者以上のプレッシャーが日常的にかかっているように思われる。介助者は休んでは「ならない」。介助者は利用者のニーズを拒んでは「ならない」。介助者は己を出しては「ならない」といったもろもろの自己抑制、自己抑圧が介助者の内面に働くことになる。

まず、介助の感情労働の側面を見ていく。

介助を「ケア」として見た場合、当然ながら、相手に対する配慮や気づかいが必要となる。利用者さんの安らぎや喜びのために、介助者はしんどいときでも疲れた様子、しんどい様子を見せてはならず、また嫌なこと、嫌悪してしまうことがあっても、それを表に出してはならないとされる。

それから、利用者の体調や心の状態を察知するために、常に細かいところまで気を配っていなければならない。特に高齢者介護では、そうした「気づき」が大切だとされる。

ところが他方、障害者自立生活運動においては、介助にはそうした「気づき」の側面はむしろ邪魔である、という主張もある。自立生活運動においては、介助とは、障害者自身が自分にとって必要なことを介助者に「させる」ものであり、介助者側の「気づき」は多くの場合不要である。むしろ、そうした「気づき」や配慮が障害者の自立を奪ってきたとも言われる。あんたはできないんだから、やってあげる、という配慮の中で、障害者が自分で考えること、自分で試みること、自分で経験することを奪われてきた、という側面は確かにある。だから、介助者手足論と言われるように、介助とは、介助者から見れば、障害者の指示にしっかりと従う仕事、障害者の言うところにしっかり耳を傾け、その指示を正確に実行する仕事である、と言える。介助者が気づいて、先回りして何かをやってしまうことは、障害者自身がそれを知る機会、それに気づく機会を奪ってしまうことであり、障害者から多くの社会経験、人生経験を奪ってしまうことにもつながりかねない。介助者手足論におけるそのことの意義は、障害者の自立生活という視点から見て、決して忘れてはならない。（前田 2007：115-131 参照）

では、介助が「気づき」の仕事ではないとして、そこに「感情労働」としての側面もないと考えていいのであろうか。

そんなことはなく、介助において、「気づく」必要がないと言われるにしても、相手の言うことに耳を傾ける、指示に従う、自分を出さない、指示が出るまで静かに待機する、ということには、それなりの自己抑制や集中力が必要である。つまり一種の感情コントロールが必要とされる。これまで、障害者の自立生活運動や障害学において、介助についていろいろ論じられてきたが、どうもそのあたりのことは見過ごされてきたように感じる。たとえば介助者手足論は、障害者解放運動や自立生活運動においては、健全者手足論として、しばしば介助者自身によって自覚的に唱えられてきた。運動としての自覚の中で行われてきたため、そこに感情労働が付随しているとはほとんど考えられなかったであろう。だが、介助が仕事となった、サービス化してきたという時代背景の中で、そうした感情労働の側面も浮き彫りになりつつあるとも思われる。

現在、介助者は、介助においてさまざまに自分を「つくる」。そして、「自分を出さない」という介助における自己抑制はしばしば介助者を抑鬱にする。

運動という意識の中で介助をはじめた介助者が、「仕事」として介助をするようになって、ある種の抑鬱を経験し、それから介助者手足論を疑いだした、という例を紹介しよう。

渡邉　月に何時間くらい入っています?

塩野　だいたい一六〇［時間］から一七〇。だいぶへりました。最近はすごく楽になった。一時期、ちょっと鬱っぽくなった時期がありまして。

渡邉　鬱っぽくなった？　すごく入りすぎて？

塩野　入りすぎたというのか、時間数的には一九〇時間とか……。というか、介助、前は完全に手足論、手足になるべきだと思っていたから、それで自分を出さないで仕事をしてると、それはすごいしんどいこと。昔ボランティアで入っていたころは、それでもそんな長時間毎日毎日ではなかったからそんな問題なかったんだけど、仕事で毎日介助に入っていると、しかも長時間。ほんまにしんどいというか。生活の中で自分を出さない時間が多いというか。これはやっていけるのかな、という気がして。なんかたぶん、それから手足論を疑いはじめたというか。

彼女は、学生時代に、友人から介助に誘われ、介助をはじめるようになった。沖縄の米軍基地、辺野古問題にも関心のある彼女にとって、障害者と健全者の関係と、沖縄と内地の関係はすごく重なっていると感じたという。

渡邉　介助者手足論を最初に聞いた印象は？

塩野　ちょうど、最初介助にいきはじめたころは、辺野古のことに関わりはじめたちょっとあとくらいだったんですけど、障害者のことと沖縄のことがけっこう重なって。わたし、抑圧してるんだなぁと沖縄の基地問題と重なって。そのころはすごいそう思って、今もそう思ってますけど。なんかすんなり入った。

渡邉　最初、わりとすんなり手足論が入ったんですね。

塩野　すごい納得して。いややろなぁ、と、勝手にやられたら。

渡邉　で、長時間の仕事に入って、そういうのをやってると、ちょっと無理じゃないかな、と。

塩野　そうですね。それを仕事としてやるんだったら、もし続けていきたいとしても、これを何年も毎日やるのは無理じゃないかな、と。少しだいぶ自分を出せるようになってらくになったというのか。自分の性格的には、人から指図されて動くのがすごいいやで、ストレスになるので、日常的には。

彼女は、当初手足論をすんなり受け入れていたが、このように、仕事として長時間入るようになるにつれて、生活の中で自分を出さない時間があまりにも多くなり、介助者手足論を疑いはじめたという。さらに、それは、彼女の印象によれば、自分がしんどいばかりだからではなく、むしろ、手足に徹しているよりも、ちょっと自分を出した方が相手との関係がうまくいく場合もあるからだという。

渡邉　手足論を疑いはじめて今どんな感じですかね。

塩野　うーん。前よりだいぶ緩めたというのか。基本はもちろんその人の指示を聞いて動くんだけど、でもなんか、思ったこととかけっこう言うし、なんか、違うと思っても前はほとんど言わなかったけど、今は多少言う。意見を求められたりするし。前はなんでこの人こんなに意見を求めたりするんだろう、と思ったりしたけど、今は普通に意見を言うし、聞かれたら。あとまぁ、介助でもこうした方がいいんじゃないかなと思ったら、いちおう提案する。

渡邉　そうするとどんな感じですかね。

塩野　それも相手によって違うんですけど、どんなくらいするかとか。でもそっちの方がなんかうまくいく、全体的に。

渡邉　ぐっと構えているよりもちょっと入った方がうまくいく？

塩野　なんかそっちの方がいいような。

渡邉　相手との距離とか、時間を一緒にすごすことではそっちの方がいい感じ？　自分にとってというのももちろんあるし、関係においても？

塩野　なんか関係においても、そっちの方がいいような気がしている。でもたまにああやりすぎたかな、という気がして。やりすぎたというか、これは介助なのかな、とたまに考えたりしますね。なんか原稿書くのを手伝って、文案を一緒に考えるとか。まぁいいんですけど、なんなんだろう、みたいな。普通にどんなのがいいのかなぁ、って聞かれたり。こんなんどうですか、って言ったら、ああじゃぁそれ書いて、って。昔だったら言わなかった。文章おかしくないですか、って言うだけは言う。ほんとに介入したくなかった。その人に。最低限。自分の影響を与えることはよくないと思っていたから。それも度合いとか、相手によって違うけど。たぶん言ってほしくない人もいるから、そういう人には、まちがってても言わないとか。この人はいやだろうな。と。でも普通に言ってほしい人もいるから。

このように、手足に徹しているよりも、ちょっと介入した方が、関係においてうまくいくという。そこには、利用者側の変化もあるかもしれない。運動としての意義を感じていた昔の自立障害者は、少なくとも理念上では自分のことは自分で責任をもち、介助者を手足に徹させる、ということをやっていかねばならなかった。けれども現在において介助にそこまでの意義を感じていない利用者にとっては、むしろ介助者にごくあたりまえの人間関係や意見を求めることがある。そして、指示を待つだけの介助者は、あの人、気が利かない、つまらない、といって利用者から嫌われることもある。あるいは、仕事なのに、言われたことをやるだけで、他は何もしない、と非難されることもある。

また、たとえば、ある障害者が介助者とともに外出した際、どこかに忘れ物をしたとする。昔の自立障害者ならば、忘れ物をしたのはその障害者自身の責任だと考える。けれども、今の多くの利用者は、忘れ物をしたのは介助者が悪い、と考える。おそらくそのための保険もあるから、事業所としても、保険を使ってその賠償責任をとる。

こうしたことを見るだけでも、従来型の運動の中で言われてきた介助者論だけでは、現在の介助者のあり方や心情には適合しないことは明らかだ。

(2) 疑似友達の関係をつくりだす

それから、介助者が介助において自分を「つくる」という側面について。

先ほど、指示をまつだけの介助者は、気が利かない、つまらないといって、利用者から嫌われることがある、と書いた。逆に言えば、気が利かない介助者はダメ、つまらない介助者はダメ、ということで、介助じたいにサービスが求められているということだ。

運動からではなく、まさにサービスから介助に入った、という人の話も聞いた。彼にとって、介助とは「サービス業」である。

渡邉　羽田さんにとってヘルパーとはどういうもの？

羽田　サービス業です。どこまでいってもサービス業。そう思えばだいたいは乗り越えられます。

彼は大学卒業後コムスンでバイト。コムスンがつぶれた後、自立生活センターの介助派遣事業所に移行。そこでも登録ヘルパーではあるが、月の介助時間数は二〇〇時間を超える。力を入れている別のパフォーマンス活動のためにお金を稼ぎたいというのもあるが、介助は基本的に好きであり、しんどいときでも、「仕事」と思えばなんとか乗り切れる、という。

渡邉　仕事じたいでは、ストレスはそんなにない？
羽田　そうですね。いらっとすることはありますけど。それ仕事なんでね。
渡邉　なんだかなぁ、と思うことはなんかひどいこと言われたとか。
羽田　あぁ言葉遣いが汚い人ですか。そんな人もいますね。
渡邉　なんとなく流しちゃう？
羽田　あぁぼく流します。がっつりあたらないですけど。まぁ仕事なんでね。仕事だと思ってるんで。仕事だったらいやな仕事でもあるだろうと。
渡邉　人間関係なので、嫌いになっちゃうとか。よくあるのは、一週間前から憂鬱になっちゃうとか。

羽田　いや、ありますよー、そんなん。ありました。ありました。おれまた怒られんのかなぁ。やだなぁとかいうことはもちろんありますけどぉ。「仕事」なんでね。とぼくはいつも常々。仕事と割り切ればたいていのことは乗り越えられますよ。別に個人的なつきあいをするわけでもないんで。二時間なら二時間、この時間一緒にすごせて、はいさようならーというだけの関係なんで。逆にそうじゃなかったら言いますよね。そういうものが友達。

このように彼は、基本的に接客業が好きで、相手の喜ぶ顔を見るのが好き、そして嫌な客に出会っても、そこは仕事とわりきって、仕事だったら嫌な仕事もあるだろうと、受け流す。サービス業と考える彼は、利用者との関係も、そこにいい人間関係ができるように、みずから工夫して関係をつくりだす。

羽田　コミュニケーションとれて、あ、この人ぼくのこと好きなんだな、と相手に思わせることができたら、そんな技術なくてもそこそこ大目に見てもらえますからね。ぼくたぶんそれでのりきってますね。今まで。

渡邉　好感をもたれるように。

羽田　そういう意図があると思うんですよ。ホスト的な意味で。……ぼくなんか、自分がらくしたいので、相手もらくになったらいいと思いますけど、相手に気に入られようとする、それが必ずしも介助の枠に入ってるかというと、それは介助の外だと思う。でも、それをすることで、フランクな場をつくることができる。そうするとお互いちょっとらくになる。肩肘はらんでいいから。

このように、彼は意図的にフランクな場を演出し、介助現場において肩肘のはらない、良好なコミュニケーションがとれる関係をつくりだす。一方で、彼はそうした作為が実は利用者の社会性などをそいでしまっているかもしれないことも自覚している。「肩肘はらんでいいから」に続けて、次のように言っている。

羽田　ちょっと疑似の友達に近い感じになっていくんですけど、それをぼくはわりと意図的にしてしまうところもあるんですけど、ただそれは、もしかしたら利用者さんにとって、ちょっといいなとかちょっと楽しいなとか、こいつがいたららくでいいな、みたいな時間かもしれないんですけど、本質を言うと、利用者さんの社会性とか社交性をそいでしまっていることになるのかな、と思うようなときもある。友達ではないんでね。こっちが意図的にそうやって錯覚させているだけで。

このように、意図的に、友達関係をつくって錯覚させているだけだという自覚もある。けれども、そうした彼が利用者に人気の高いのも事実だ。利用者の悪口も言わないし、けっこう困難な人のところにも入る。多くの介助者が切られたり、自ら辞めていくような利用者のところにも、うまく適合して入り続けている。運動の理念に従った「気の利かない」介助者よりも、利用者側の評価は総じて高いと思われるし、見方によっては、理念は高くもっているけれど実際に介助に入らない人、入れない人に比べて、より障害者の生活を支えている、とも言える。

(3) 本音をいえば、自分のダメな部分をわかってほしい

さて、介助にはこのようにサービスという側面があるわけだが、その場合、あらゆるサービス労働と同様に、介助にも「自分をつくる」という感情労働の側面がついてまわることになる。先ほどは接客業が好きで、コミュニケーション能力もあり、介助もうまくいっている人の例をあげた。今度は逆に、接客業が苦手で、対人関係が苦手で、介助における感情労働の側面がきわめてしんどい、という人の例をあげよう。

彼は大学のとき、友人の紹介で、ボランティアで自立障害者の介助に入る。高校、大学とキッチンやホールのバイトを経験するが、どれもうまくいかない。高校のときにはじめた最初のバイトは、飲食店のホール。そのとき彼は初日から大失敗をやらかしてしまう。

木本　けっこうわりと高めの値段とる和食屋で、ぼく初日に、お客さんに醤油こぼしてしまったんですよ。緊張しすぎて。

彼はそもそも昔からすごく緊張に弱く、大学に入ってからは、その緊張を意識しすぎるあまり、生活のリズムを狂わせてしまったそうだ。

木本　なんかぼく緊張にすごい弱いようなところが昔からあって。わりと大学のころから、一日の緊張労働の、緊張して疲れたものをお酒で癒すということがだいぶあって。仕事以外でも、授業でゼミの発表とか、緊張にすごく弱い。そういうこともあったりとか。わりと昼夜逆転して学校行かなくなって、軽い鬱状態みたいな感じに何回かほんまになった。

大学でも飲食店のホールやキッチンでバイトをしてみるも、なかなか続かない。

木本　ぼくどうしてもバイトしてても、うまくいかなくてすぐやめちゃうということが多くて、ほんまに大学卒業してからどうしていくのか、というのがぼく自身のこととして。ほんまに仕事といえば悪い記憶しかないんですよ。飲食店なんですけどね。キッチンとホール、違う店でいくつか経験したんですけど、全部二、三ヶ月。

仕事や労働でうまくいったためしがないので、彼は卒業後に仕事をして生きていく自信がなかった。そんな彼が大学卒業のために選んだ卒論のテーマは「精神障害者と労働」。北海道浦河にある精神障害をもつ人たちのゆるやかな共同体である「べてるの家」の本を読み、仕事や労働から「おりる」人々の生き方をみて、仕事に対する強迫観念にとらわれていた彼にとっては他人ごとではないと思ったそうだ。

木本　仕事なんですかね。なんか労働というのが気になって、これから卒業してから、自分がどうやって生きていくんやろ、って、仕事でうまくやっていく自信がなかった、ですね。べてるの家の本を読んで、『べてるの家の「非」援助論』と『悩む力』なんですけど。あのぉ、仕事をまじめにしてきたけど、そっから脱落しちゃって、またがんばるけど、また脱落しちゃって、そういうの繰り返しで、そういう人が多いですよ。読んでると。それで、いったんなんか、仕事、労働自体からおりる。というのか、仕事で、はい、ありがとうございますって毎日いって、職場の関係とかいろいろ抱えながら、何年もやってて幻聴とか出ながら働いて、それでも無理で、そういうところからおりる、と。だいぶ前の話ですけど。

自分が仕事できへんところを認めるというのか、自分のだめな部分を認める、「べてる」で、他の人と会って、自分のダメな部分を認める。幻聴とか幻覚って、今までは自分の頭の中にしかなくて苦痛でしかなかったものが、関係ができていく中で、がんばらんでいいよと言われていく中で、軽く外で幻聴を「幻聴さん」とよんで、相当しんどいものですけど、それを客観化できて、それをみんなにおもしろおかしく話せちゃう。

彼が仕事や労働でうまくいかないのは、一つには昔から緊張にすごく弱いから、そしてもう一つは、次に言うとおり、「自分をつくる」という感覚が耐えがたいからのようだ。

木本　そうですね。あれは無理だと思いましたね。ほんまに。飯のホールとかで働いていると、なんかすごい、「自分をつくる」という感覚に襲われるんですね。「自分をつくる」というか、なんやろ。姿勢はどうやとか言われて。姿勢はぴんとしろ、とか。ホールで。で、どういうとこに気をつかうか、とか言われて。はじめ高校のときに働いたホールはどういうふうにはじめに「いらっしゃいませ」とか、どういうふうに挨拶をするか、どういうふうな聞き方をするかとか、すごい徹底指導されて。声のトーンとかね。声のトーンとか言われて。こんなん長期間働いていたらほんと死んじゃうんじゃないか。自分をつくってるという感覚に耐えられなかったですね。チェーン店って、キッチンの中からでも全部「いらっしゃいませ」って。

彼はボランティアで介護をはじめ、その自立障害者との関係もけっこううまくいっていたようで、それでバイトで介助をやってみてもいいと思い、自立生活センターの介護事業所にも登録したそうだ。介助には、その「自分をつくる」という感覚がわりと薄い、という。

木本　あれ［飲食店バイト］はずっと続けたら、ぜったいおかしくなりますよね。介助は、わりとそういうの薄いんですよね。まだなんとか自分のリズムをつくる余地があるんですね。自分が続けられているのはそこの部分がでかいですよね。もっていかれていないというか。

もともと、最初に関わった自立障害者との関係はわりといいものだったらしい。けれど、実際に仕事として介助をやっていると、相手との関係はいいものばかりではない。そのあたりのことを聞いてみた。

渡邉　［いい関係ができるのは］割合的にはどうですか？

木本　割合的にはめずらしいです（笑）。非常にめずらしいですね。

渡邉　えっと、関係を感じるのは、なんとなくわかる。関係を感じない人との関わりはどうしていますか？　モチベーションとか。

木本　いろいろためしますね。テンションのつくりかたというか。これこそ労働だと思うんですよね。ほんまに。これぞしんどいですけど。

渡邉　あぁ感情労働ですか。

木本　そうですね。めっちゃ、利用者さんがよいために、というよりは、温厚に介助を終わらせるために、いろいろ自分の感情をかえますね。うーん。その人のためにというよりかは自分がしんどいんから。自分がしんどいんで、そのしんどさを、緊張とか、そういうしんどさを消すために、いかに自分をつくるか、ということを考えていますね。なかなか、うまくこなせないタイプなんで。人間関係とか、こなせない、というのを痛感したので。

介助においても彼はこのように「自分をつくる」。この場合の「自分をつくる」は、がまんするためでしかなく、介助はしんどい労働でしかない。けれども介助が仕事である以上、そのしんどさは決して表に出してはならない。しかもそれでお金をもらっている以上、その「がまん」は当然しなければならない。介助が「仕事」となった以上、こうした「がまん」は介助者に当然課せられるものでもある。

しかし実はこうした「がまん」、仕事だから当然耐えなければならないという「がまん」は、彼が卒論でとりあげた、べてるの本に出てきた精神障害者たちに強いられてきたものとほぼ同等であろう。だから彼の中には、自分は「仕事」ができない部分があるということ、自分にはダメな部分があるということを、わかってほしいという気持ちが、本音のところにはある。

渡邉　事業所とか利用者とかに、何か望むものってある？

木本　こんなこと、直接は絶対言えないと思うんですけど、自分のダメな部分をわかってほしいというか。機敏になれないとか、機敏に動けないとかそうやし、緊張すると動揺してしまうとか、そういう部分を包容してもらいたいというか。それでもぜったい自分勝手やと思いますけど。自分勝手やと思うけど、そう思ってしまう。

渡邉　わかってくれたらいいな、と。

木本　こっちのしんどさとか、さっき言った待機してるときのしんどさとか。でもそんなん考えたら、向こうもしんどいやろうし。そこまでは（気を使ってもらわんでも）いいんですけど。なんやろ。気を使われすぎても逆に緊張するし、あぁ難しい……。

利用者さんがいろんな人がいる、というのは、もうわりきってる話だから、とりあえずやっぱりこっちも仕事ですからね。わりきっている、というか、わりきらなしんどい。こっちがかたちにあてはめたらしんどいですよねぇ。人に対して。今ちょっと本音出ながらという感じですけど、やっぱわりきる、仕事として。こっちのイメージにあてはめたらあかんな、と思うんで。

彼はこのように、自分のダメな部分をわかってほしいとは思いつつ、けれどもそれが自分勝手だということも自覚している。そして、さきほどの羽田さんと同じように「仕事」だからわりきる、というわりきり方でなんとか切り抜けようとしている。しかもそこには、相手のことを自分のイメージにあてはめたらいけない、という相手の生き方、あり方に対する尊重の姿勢も十分に見られる。自分はしんどいけど、だけど、相手のあり方は尊重しなければならない、という葛藤が彼の中にはある。

羽田さんにとっては、介助は好きな仕事であり、相手の喜んでいる顔を見ることで自分もある程度満足できる仕事であったけれども、木本さんにとっては介助はしんどい「仕事」であり、「介助をしてるから、自分が満たされた気分にはならない」し、「介助がええんや、という直線的な感情はない」。それでも、彼が介助を続けているのは、別に「障害者のため」とかいうわけでもなく、ある種の倫理観なり責任感に基づくようだ。

渡邉　まぁだから、仕事の部分は正直仕方ないな、とか必要だから仕方ないな、とか、思うわけ？　あと金のこともあるしね。

木本　介助が必要だからというのは、個人名がどうとかでなくて、介助がぜったい必要ってのは経験的にいろんな人との関係の中で思っている。絶対その人が死んだらよくないし、ぼくが生きたいと思っているし、おもしろく生きたいと思ってるからには、人も生きたいと思わなあかんと思ってるし、生きたいと思うんですよ。それを尊重せなあかんと思う。

このように彼の中には、相手の生き方を尊重して、それを守るためにはある程度自分ががまんしなければならない部分もあるし、また、そうはいっても相手に自分のダメな部分、仕事ができないという部分もあるのをわかってほしい、自分勝手と思われるだろうけど、それをわかってほしい、という部分もある。彼はその葛藤の中で、さして介助に愛着があるわけでもないけど、それでも日々介助に入り続けている。

10　介助特有のしんどさ

(1) 風邪をひいて休むのは、自分が悪いんでしょうか

さて、先に見た「自分をつくる」という感情労働は、ある意味で他のサービス業とも共通の感情操作かもしれない。他方で、介助には介助特有のしんどさもあると思うので、それを考察してみる。

介助が他のサービス業と違う部分はどこにあるだろう。

まず、介助の依頼は断ってはいけない、という応諾義務がある。お店で商品が売り切れたら、すみませんと断ることができても、介助の依頼は決して断ってはならない。もちろん他の職種においても、客からの依頼は断る「べきではない」が、介助の依頼の場合は、もっと禁止の度合いが強く、絶対断っては「ならない」、のである（現実にそれが守られているかどうかは別にして）。利用者にとって介助は一種の生存権の保障であり、その意味では、急病の時に病院に行くのといっしょで、そこで介助の依頼を断られたら、あるいは診察を断られたら、場合によっては命の危険すらある。介助が障害者の生存権の保障である以上、決して介助派遣に穴ができ

てはならない。

さらに介助は基本的に一対一である。利用者のお宅に伺う仕事である以上、同じ一人の人が二人の利用者に対して同時に介助をすることはできない。施設やデイサービスならば、休んだとしても集団ケアなので人員が減るという意味で同僚に対して後ろめたさはあるだろうし、マンパワーの不足によるサービスの低下もあるだろうが、現場はかろうじて保たれる。しかし、一対一の介助派遣の場合は、人がいなければ必ず他の人を派遣しなければならない。そこに「休めない」、「休んではいけない」という強い拘束感が働く。

また、多くの場合は、長期間、定期的に同じ利用者の介助に入ることになる。お店での顧客の対応の場合は、お客の気分次第でお店に来たり来なかったりするわけだが、介助の場合、そうころころと利用者が介助者を変えるわけにはいかず、ある程度同じ人が長期間、毎週この曜日のこの時間帯、というように定期的に介助に入ることになる。その際、長期間のつきあいをしていかなければならないので、関係がこじれだすと、介助特有のしんどさがついてまわることになる。人間同士のつきあいなので、相互の感情の起伏なく、安定的に介助に入り続けるということは、ほとんどない。片方がいいと思っていても、もう片方は不満が募っていることもある。

また、先ほど介助は生存権の保障と述べたが、実際に介助に入っているとき、介助者はしばしばある独特の逃げ場のなさ、圧迫感、閉塞感を感じることがある。関係がこなれてくれば、介助者にも息抜きの時間とかができるようになってくる。ずっと集中して相手の方に気を配ってないといけないわけではなく、時には息を抜いてリラックスする時間がもてるようになるのだが、必ずしもそれが許される利用者に出会えるわけではない。

多くはないが、本当に厳しいケース、難しいケースもある。介助の時間中、常に神経を集中して利用者の言うことに耳を傾け続け、何か嫌なことがあってもそこはじっと耐え続ける。そして身体のしぐさ、表情のあり方一つ一つに気を使わなければならない、そんな場合もまれにある。そうしなければ利用者がすべての介助者を拒否してしまい、介助を継続的に行えなくなり、だれもその人に入れる介助者がいなくなり、否応なしにその人の命の危険に関わるのが目に見えているので、どうにかがんばって介助に入り続けなければならない。そんなとき、しんどいから他の事業所を探して、といっても他の事業所で受けられるわけがない状況もあり、なんとかやり続けなければならない。多くの場合、介助者が次々つぶれていくか、利用者に切られていくのだが、それでもなんとか少人数でかろうじてまわすことになる。そうした意味での、抜け出すことが困難な袋小路に迷い込んでしまったような閉塞感、圧迫感もときどき介助にはある。

最初に、「休めない」、「休んではいけない」というしんどさについて。

前の方で、おそらく介助派遣のコーディネーターをやっている人の意見だろうが、「なってもいない携帯電話がなっている気がしたり、『介助者が来ない』というトラブルがおきたという夢をしょっちゅう見るし、かなり精神的に追いつめられています」という声を紹介した。派遣に穴があいたとき、必ず代わりの誰かを派遣しなければならないというプレッシャーは、とりわけコーディネーターに重たくのしかかる。コーディネーターは、介助者の急な休みなどへの対応、利用者の緊急依頼への対応を二四時間し続けなければならず、そこに相当のプレッシャーがある。ただ他方、介助を依頼されて、介助に入る介助者にも、そのプレッシャーはそれ相応につきまとう。

最近、ある介助者から次のようなメールを受けた。

去年の四月のあたりからずっと仕事のことを考えると体調が良くなくなる状態が続いていました。はじめは介助をしている間だけは調子が良かったのですが日を追うごとにしんどい時間が増えてきて、最近は何をしていても介助のことばかり考えてしまうようになってしまっていました。ずっと頭の中に靄がかかったような状態で鬱屈した気持ちが続いていたけれども、もしそんなので休んだりしてしまったらこれまでも散々迷惑をかけてきたのにまた絶対誰かに迷惑がかかってしまうと思って何とか持ち直そうと自分なりにあがいてみたつもりでしたが、正直もうしんどいです。うまく思ってきたことを書けないのが辛いです。このメールを打ってる今も利用者のことやコーディネーターのことや他の介助者のことを考えてしまいます。このままいくと自分の生活がどうにもならなくなってしまうような気がして怖いです。少し介助から距離をおきたいです。ごめんなさい。一度少し休ませてください。

介助者も、自分が休むことで、他の人に迷惑が及ぶことは重々承知している。利用者にも迷惑がかかるし、またコーディネーターや代わりに依頼される介助者にも迷惑がかかる。休んではならない、が至上命題になっており、またプレッシャーになっている。ちょっと休みがちになると、いろんな人に迷惑がいき、それで何かを言われる、そしてそれがまたプレッシャーになり、悪循環でどつぼにはまっていく、そんな場合もある。もちろん、簡単に気軽に今夜合コンがあるから休みたい、というのはなしだと思うけれども、多くの介助者には休むことに対してそれなりのプレッシャーがある。体調が悪いときなんて、当然あるだろうけど、そんなときでも休むと言いだすのが非常に申し訳なく思う。このあいだ、かりん燈のミーティングで話し合いをしていたとき、ある介助者はこう漏らしていた。

緊急の依頼を断るとき、憂鬱な気持ちになる。この前の日曜も、朝介助の緊急依頼があったんだけど、その夜に泊りの介助があるから断った。だけど、なんか憂鬱な気持ち、申し訳ない気持ちだった。それから、病気とかで休んでも、なんか自分が悪いことをしている、と思ってしまう。病気だからどうしようもないんだけど、自分のせいで、と自分を責めるような感覚。

明らかに、風邪をひくのも自分が悪い、という自己責任論だ。もちろん体調管理は必要だけど、それだけでは追いつかない部分も人間の身体のことだからたくさんある。残念ながら、ほとんどの派遣事業所では、介助者のこうした部分のしんどさについてはカバーできていない。介助はある特定の時間に特定の誰かが必ず行かなければならない仕事だ。他の時間や他の日にまわせるわけでもなく、また誰でもいいから人をあてがえばいいという仕事でもない。重度の障害者相手の介助の場合、その人個人における介助研修が必要であり、どんな資格をもっていても、一朝一夕に介助できるわけではない。だから、代わりもききにくい。だから休みにくい。そうした部分にかかるプレッシャーはもう少し認識されていいと思われる。

（2）一対一の関係のしんどさ

介助は、現場では基本的に利用者と一対一になる。その時間の間は、介助の考え方によりけりだが、基本的に利用者の手足の代行となって動く。その時間は、自分を出さない時間だ。また、トイレに行くのも、ちょっと席をはずすのも、すべて利用者の許可をとってから行う。その時間の間に、利用者のわからないことをやるのは原則禁止である。だからその時間は常に、利用者の視線の中にいると感じていなければならない。外出介護中に知り合いと出会っても、利用者を抜きにして、会話してはならない。かろうじてアイコンタクトをとる程度である。相手が介助仲間だったらそれが可能だけど、介助のことを知らない知り合いに出会うと、けっこう気まずい感じになる。

たとえば、作業所や施設では、介助は職員複数対利用者複数の関係になる。だから職員同士の会話もあるし、利用者との会話もけっこうとりやすい。介助はパーソナルアシスタンスのため、介助者は基本的に利用者としか関わりをもたないことになる。そこにまた介助者のしんどさがある。たとえば、利用者が何かのパーティに出るとする。利用者はいろんな人と話す機会がある。けれども介助者は原則的には利用者としかやりとりを行ってはならない。こういう場合、大勢のにぎわいの中で介助者はある種のやりきれない孤独感を強める。それが介助という仕事で、それが利用者の自立や社会性を守ることなのだから、介助者は、パーソナルな（個別の）アシスタンスに徹するべきなのだとされる。

これも先日ある人から受け取ったメール。彼は介助を来月からへらしたいと言い、その理由を聞いたところ、「今年一年は、介助以外の空白の活動時間がほしいと思いました。今よりもう少し」とメールで書いてきた。別の機会に、その彼と話したところ、彼は、「一対一のところがやっぱりしんどいんだと思う。介助しかないというのがしんどい。作業所とかの介助だったら、またちょっと違うんだけど」と言っていた。

介助だけやっていても、人間関係の拡がりはうまれない。人との関わりはうまれない。よく言われるのが、ヘルパーは孤独な仕事だということ。利用者以外と話すことはない。しかもその会話は、基本的に利用者の指示に聞き従うという一方通行のものである。何か変だな、と思っても、そう簡単には相手に尋ねたりはしない。とりあえず、言われたことをやる。

それが、自立生活には重要で、それぞれの人の生活にはそれぞれの個性なりだらしないところなりがあるわけで、それらをそのまま尊重するには、こちらの意見をおしつけるべきではない。ヘルパーの心の中のわだかまりは、なかなか解消できない。たとえ介助者同士で知り合いになったとしても、利用者個人の具体的な話はするべきではない。それが利用者のプライバシー保護だし、また介助者に課せられている守秘義務である。

何かわだかまりがあったとしても、介助以外の別の視点で物事を見られるのであれば、解決するのかもしれない。直接何かのわだかまりに言及されなくても、同僚や先輩や他の利用者との話の中で何かに気づいたりすることもある。けど、介助だけをしていると、そうした機会はやってこない。わだかまりはこりかたまり、大きなもつれとなってくる。

（3）抜け出せない袋小路の中で

介助は、その時、その場だけで終わる仕事ではない。今日が終わったら、また三日後に、あるいはまた翌週こなければならない。定期的、継続的な関係をとり結びつづける仕事だ。その継続は途切れることがあってはならないし、何か気まずいことがあっても、嫌なことがあっても、それらはがまんして、また介助を継続していかなければならない。ときに、かなり困難な利用者がいて、多くの介助者のことを気に入らないといって「切る」利用者もいる。たとえ何人切られたとしても、事業所の責任としては、介助者を派遣しなければならない。その利用者が重い障害をもっているとすれば、派遣を断ることは、死に直結するからだ。他の事業所にまかせるにしても、障害が重ければ簡単には引き受けてくれないし、引き受けるにしても時間がかかる。そんなとき、残された介助者たちは、たとえ悪口を言われようが、人格を否定されようが、なんとかくいついて支援していかないといけない。とある重度障害者の支援に入っている介助者（兼コーディネーター）の言葉。

私は今とてもストレスフルな生活を送っています。というのもXさんという人の介助をしながら、Xさんの所に入る学生さんのコーディネートもしています。コーディネートといっても、学生さんが入れない所に自分が入り、キャンセル時も自分が入ります。日曜日に休みたいのですが、学生さんが日曜日に入れないため、私はいつも日曜日に入ります。しかもXさんには暴言をはかれたりしてストレスはたまる一方です。当事者に暴言をはかれた時、私たちは言いかえすことができるのでしょうか。どうしたらいいですか？　私も含めて学生も事業所のヘルパーも対応に困っています。

当事者から暴言をはかれたとして、それらに対して真っ向から言いかえすことは介助者にはできない。それをやりはじめたら、介助者は介助という仕事を放棄せざるをえない。相手とけんかして、利用者の意向を聞き取ることができなくなったら、介助者は相手の生存に必要なニーズも聞き取ることができなくなるかもしれない。介助者はどんなときでも、介助サービスを放棄することができない。それによって行き場がなくなり、追いつめられることもしばしばある。追いつめられ、行き場を失った感情が募るとき、介助者たちは、相手がいなかったらいいのに、とか死んだらいいのに、とか「自然に」思うようになる。

ここのところ仕事（ヘルパー）のきつさからくるストレスのためか、基本的な倫理観（？）がゆらいでいる。仕事中に「死ね」と思ってしまったことも何度か。「こんなにもお金や労力をかけて、ヘルパーたちを病気にしてまで生かすだけのねうちがあるのか」とでもいうような。苦しいです。

介助者がこうした精神状態に追い込まれることに対しては、障害者の責任を問えないのと同様に、介助者の責任も問いがたい。遠くの地点から、介助者に虐待するなと説く態度は無責任である。むしろそうした状態を放置したまわりの人々や社会が問われるべきである。[4]

11　とぼとぼと介助をつづけること、つづけさすこと

さて、これまで労働としての介助のしんどい側面を、いろいろと見てきた。そのしんどさを解消するためには、まず見返りとしての賃金のアップがあるだろう。ある程度の賃金のアップがあれば、何とか続けていこうという動機にもなる。それから、働くことの基盤整備も必要だ。いざというときのための社会保険への加入や、有給休暇や育児休暇等の整備は当然であり、またそれらの充実に伴う参入者の増加や離職者の低下は、人員の幅を拡大することにつながり、総じて介護保障が安定することになる。

たとえば、人員の幅があれば、休むときの強迫的な気持ちから介助者も何ほどかは解放されるであろう。人員が足りないからこそ、介護派遣のやりくりが大変であり、みなに迷惑をかけることになる。

そのことと関連して言えば、具体的には、たとえば、毎日ある程度の待機者を事業所として確保する体制があったら、緊急の介助依頼や緊急の変更にも対応しやすい。介助は、人々の日常生活に関わるものである以上、利用者と介助者含めて、急病や事故、その他急な予定変更など、本質的に不規則不安定なものである。そうであるならば、単に一対一の関係だけではなくて、その背後にその一対一関係をサポートする体制が必要であろう。そこの充実は、おそらく現在の介護派遣の仕組みの中ではあまり顧みられていないと思われる。

それから、今現在の入れ替わり立ち替わりの不安定な介助現場の実態を打開するためには、介助者たちの将来に向けた安定も必要であろう。介助という仕事は「ちょっと時給の高いコンビニに勤めているようなもの」である。ちょっと高い時給につられて介助をはじめてみて、最初はおれ・わたしにできるかなぁとさすがにけっこうどきどきしているけど、たいていは、あっ自分でもできるんだと思い、そして仕事に慣れていく。そうやって介助を続けていくのだけ

4　障害者運動のことをある程度知っている人ならば、「障害者殺し」と言えば、すぐに七〇年代の青い芝の会による減刑嘆願運動批判を思い起こすであろう。しかし、青い芝による批判が、介護者であり加害者でもある母親に直接向けられたものではなく、むしろその母親をそれまで見捨ててきた地域なりマスコミなりの健全者総体に向けられていたものだということはあまり知られていないように思う。（第3章一六七ページ参照）

ど、一年たち、二年たち、三年たっていくうちに、いろいろ将来の生活のこととか不安になってくる。「ちょっと時給の高いコンビニバイトのような仕事」をいつまでも続けていけるだろうか。もう少し、先の見通しのある仕事についた方がいいんじゃないだろうか、そんな気持ちも芽生えてくる。あるいは先ほどまで述べてきたように、介助におけるさまざまな関係や問題にいきづまって、そこから抜け出したくなる。

こんなことを言っていた人もいた。

　ひと昔前の仕事って、年功序列で、年をとり、経験を経るごとに給料があがっていった。だけど、時給で働く介助の仕事って、腰痛のこととかあるし、年をとればとるほど給料が減っていくんですよね。

介助は、若いころに月二〇〇時間以上働いて三〇万近く稼ぐことも可能な仕事ではある。だけど、そうした働き方をいつまでも続けるわけにはいかない。でも、今の介助現場には、体を痛めたとき他に代替する介助以外の仕事がそうあるわけでもない。事務の仕事はあるけど、人数は限られている。コーディネーターも必要だけど、そんなにたくさんのコーディネーターが必要なわけでもない。何より、パーソナルアシスタンスが基本の仕事なので、やっぱり現場が基本である。

そして、多くの介助者は、介助という仕事にキャリアアップがなじまないことをよく知っている。だれに聞いても、それってなんか変だよね、と言う。障害者の介助者の多くは、自分たちを介護の専門家だとは思ってはいないし、そうなることを望んではいない。むしろ一人一人の障害者の生活が安定して営めるようになれば、それでよい、と考えている。

介護者の地位向上に役立つケアマネジメントよりも、当事者のエンパワメントの方が大切だと多くの人は知っている。

だから、あまりがっつりと「介助者」として、生きていこうと思っている人は少ないように思う。多くの人は、そこそこ介助に関わって生きていけたらいいのかなぁと思っている。介助だけが自分の生活の大部分を占めるようになったら、それはしんどいことだし、精神的にあまりいいことではない。もっと他にやりたいこともあるし、いろんな社会経験を積む機会をもてた方がいい。

自分たちだけが、介助・福祉の専門家であると考えて、介助・福祉のしきいを高めるのはうざい考え方だと思っている。多様な人が障害者介助に関わった方がいいし、介助が障害者福祉の領域に閉じこもったものではなく、社会に広がったものになった方がいいと考えている。

それでも、介助は仕事だし、また介助特有のしんどさがつきまとう。もっと介助者が増えたら、そのしんどさは緩和されると思うけど、どうしても人間関係とかの部分で避けられないしんどさもつきまとう。

そこそこの給料の安定、昇給の可能性があったら、続けていけるかもしれない。介助だけでなく、他にもいろんなことができたら、介助もなんだかんだいって続けていけるかもしれない。ある自立生活センターでは、若手のスタッフに、イベントを企画させるのだという。介助は、自分を出さずに利用者の言うことに聞き従う仕事だけど、自分でイベントを企画させることで、自分から意見を言い、「自分を出す」機会ももたせる。そうした「自分を出す」機会を介助者がもてる場があるのもいいことだと思う。

介助は基本的に孤独な仕事なので、人と出会える機会が別のところにあったらいいと思う。別に介助のことについて話さなくても、普段仕事の上で出会っている介助者や関係者、そして障害をもつ人が自由に出入りする場、仕事と関係なく集える場があったらいいと思う。

そんなこんなをするのには、もちろんお金が必要だ。たぶん、現在の事業収入のあり方や介護報酬単価のあり方では、そうした介助者を安心させるための基盤整備は簡単にはできないだろう。すでに人手は足りないし、毎日がアップアップしている。けど、すぐにはできないにしても、そうしたものができあがっていけばいいと思う。

あまりがっつりと働かなくても、あまり高い収入でなくとも、とぼとぼと介助を続けていけたらいいと思う。そしてこのように介助をとぼとぼと続けていけるような仕組みが必要なのだと思う。

【文献】

アレント・H、志水速雄訳（1994）『人間の条件』ちくま学芸文庫
かりん燈（2008）「緊急調査！　障害者自立支援法に係る訪問介護労働者の生活・労働アンケート二〇〇八年・報告」
中西正司・上野千鶴子（2003）『当事者主権』岩波新書
中西新太郎・高山智樹（2009）『ノンエリート青年の社会空間』大月書店
ヒューマンケア協会（1994）『ニード中心の社会政策』ヒューマンケア協会
前田拓也（2007）「ケアの仕事に『気づき』は必要か？」本田由紀編『若者の労働と生活世界』大月書店
宮本太郎（2009）『生活保障』岩波新書
横山晃久（2004）「公的責任の追及――障害者の介助保障とは何か」『季刊福祉労働』第一〇四号

2008 年 10 月 31 日　障害者全国大フォーラム（日比谷公園）にて

第2章

障害者ホームヘルプ制度

その簡単な説明と課題

この章では、現行の障害者ホームヘルプ制度の簡単な説明とその課題について述べておく。制度のことをある程度理解している人はとばしてもらってよいと思う。けれど、一般の人はもとより、利用者にしろ、介助者にしろ、日々の介助に関わっているだけではやはり制度のこととかはあまりよくわからない。たとえば障害者自立支援法マニュアルみたいなのを読んでも、けっこう事務用に書かれているので、あまりためにならない。

ここでは、わりに実践的に、制度はどう使いこなせるのか、どこが良くてどこが悪いのか、それをどのように改善していけるのだろうか、などという点にしぼって説明していきたいと思う。利用者の立場でも介助者の立場でも、日々の介助の中で疑問に思うことはあると思う。しばしば目の前の人間関係にのみ目が向きがちだけど、問題はもっといろいろな要因が複雑に絡んでいることも多い。介助現場は、目の前の人間関係だけで成り立っているのではなくて、制度とか行政の意向、事業所の意向など、さまざまなものに規定されている。そうしたとき、制度がどのようにつくられているのかを知っておけば、行政関係者、事業所、利用者、介助者、それぞれの中でどこにどのような問題があるのかを認識していくための手助けとなるだろう。

障害者ホームヘルプ制度にかぎらず、制度というのは必ずだれか人間がつくったものだし、そこにそれぞれの人たちの意図や考えが反映されている。運用するのは行政関係者や事業者だし、その制度を実際に使って生きるのは利用者だし、またその制度に則って働くのは介助者だ。

制度のあり方にはいろんな要因が絡んできている。また特に現行の障害者ホームヘルプ制度というのは、障害者たちによる介護保障運動の歴史の中から生まれてきたものである。そこですでに達成されているものもあれば、まだまだ足りていない部分、課題や問題点もある。総じて言えば障害者の介護保障運動はまだまだ運動の途上だし、制度も過程的なものである。わたしたちはさしあたりその制度の枠内で生きなければならないが、運動によってその制度の問題点は改善されていく。

介助者たちはどう生きていくのか、という課題にとっても、現状の制度の成り立ちや課題についてはある程度のことは押さえておいた方がいいだろう。だから、とりあえず障害者の介護保障という観点から見て、今何が問題なのかも押さえつつ、現行制度の説明をしていきたい。

1　障害者権利条約第19条とパーソナルアシスタンス

とりあえず、今どのようなことがトピックなのかを押さえておく。

二〇一〇年の初頭に障がい者制度改革推進会議というものが内閣府のもとにできた。これまでの障害者施策全体の問題点、反省点を吟味し、新たな障害者施策の骨格を描こうとする会議である。この会議の成立は、日本の障害者運動の中では、革命的とも言えるような出来事だった。というのも、今後の障害者施策を決めるこのトップの会議の構成メンバーに障害当事者が過半数を占めることになったからだ。障害当事者たちは世界各地で「私たち抜きに私たちのことを決めるな」と訴えて運動してきたわけだが、ようやく日本でもその声がトップレベルの政策に反映されるような地点にまで到達したわけだ。欧米では、障害者施策のトップを障害当事者が占めるのはほぼ慣例化するようになってきている。障害者施策に関して遅れた日本もようやく、こうしたところまできたと言える。

さて、その会議は、ある重要な目的を達成するためにつくられたものだ。すなわち、二〇〇六年に国連で採択された「障害者権利条約」を日本において、形式的にではなく実質的に批准するためだ。かたちだけ批准されても意味がない。権利条約にうたわれている内容を完全実施していくために、障害当事者および関係者過半数で構成された障がい者制度改革推進会議が設立されたのである。

批准すると何が起きるか。国連の条約というのは、批准されれば国内ではかなりの効力をもち、憲法以外のすべての国内法の上に立つことになる。つまり障害者関係でいえば、障害者基本法も障害者自立支援法も、この障害者権利条約に則って改善されていかなければならない。

その権利条約の中で、今の私たちの議論にもっとも重要なのは、第19条「自立した生活（生活の自律）及び地域社会へのインクルージョン」の条項である。

第19条　自立した生活（生活の自律）及び地域社会へのインクルージョン

この条約の締約国は、障害のあるすべての人に対し、他の者と平等の選択の自由をもって地域社会で生活する平等の権利を認める。締約国は、障害のある人によるこの権利の完全な享有並びに地域社会への障害のある人の完全なインクルージョン及び参加を容易にするための効果的かつ適切な措置をとるものとし、特に次のことを確保する。

（a）障害のある人が、他の者との平等を基礎として、居住地及びどこで誰と生活するかを選択する機会を有すること、並びに特定の生活様式で生活するよう義務づけられないこと。

（b）障害のある人が、地域社会における生活及びインクルージョンを支援するために並びに地域社会からの孤立及び隔離を防止するために必要な在宅サービス、居住サービスその他の地域社会支援サービス（パーソナル・アシスタンスを含む。）にアクセスすること。（以下略）

（川島聡・長瀬修仮訳［二〇〇八年五月三〇日付］）

ここに定められているように、権利条約では明白に地域での自立生活の権利がうたわれている。そのためには、施設ではなく、地域での障害者自身の住宅の保障ももちろん必要だ。居住地やどこでだれと生活するかについても、十分な選択肢がなければならず、決して「特定の生活様式」（入所施設や病院での暮らしのこと）を強制されてはならない。それにくわえて、「居住サービスその他の地域社会支援サービス（パーソナル・アシスタンスを含む）」の保障もうたわれている。

障がい者制度改革推進会議の議論においても、今後の新たな法制度の中で、地域での自立生活を権利として明記することが、構成メンバー全員の一致で確認されている。

今後の障害者介護保障もそこへ向けて進んでいかなければならない。

本書で言う「介護保障」の意味は、どんな重い障害をもつ人でも地域で自立して生活を送るために必要な介護が保障される、という意味だ。だからそれは「自立生活保障」「地域生活保障」と言い換えてもいい。重度の障害があり二四時間の介護保障がなければ生きていけない人にも、きっちりと二四時間介助者をつける、そしてそれを制度として認める。ということだ。すべての人に教育を保障するには学校や教師が必要だし、すべての人に医療を保障するには病院や医者が必要である。では、すべての人に地域での自立生活を保障するには何が必要か。

学校や病院の比喩でいけば、それには施設や施設職員が必要だ、ということになるが、そうではない。施設が多くの場合社会福祉法人の理事長のものであって、入所者自身のものでない以上、そこでの生活は自立生活にはなりえない。入所者は、どんなに人権を尊重されたとしてもその法人の管理下・監視下におかれる。施設職員は他の入所者の介護もするので、入所者にとって自分の介助者というわけでもなく、また介助が必要なときすぐに対応してくれるわけではなく、いつも我慢を強いられ、自分の生活を成り立たせることはできない。

たとえば、たいていの場合、外から施設入所者と携帯電話でやりとりをすることができない。電話をかけて携帯を鳴らしても職員が対応できないからだ。自分の家で、自分の好みにあわせた生活スタイルで暮らすのでなければ、自立生活にはなりえない。携帯電話が鳴ったら、すっと介助者が電話をとり、耳にあててくれる、そうして社会とのつながりを普通に保てるのでなければ、地域生活とは言えないだろう。とすると、地域での自立生活の保障に必要なのは、障害者自身の家で介助をする、障害者自身にあった介助者である。そうした介助者が二四時間ついてくれることが、重度障害者にとっては地域での自立生活の保障になる。そうした介助者のことを、英語で言えば「パーソナルアシスタント」という。

介護保障運動の歴史については第3、4章に譲るが、ここ日本でも七〇年代の運動より、そうして自立生活を営んできた重度の障害者が数多く存在する。

そうした自立生活・介護保障は、障害者の権利も何もない状況の中から、今まで死に物狂いの運動の中で成立してきたものであるが、近年の国際的な動きの中で、そうした自立生活の保障、地域での介助保障がようやくここ日本でも権利として認められようとしてきているわけだ。

あまり国際的な動きは福祉関係者の中では知られておらず、また障害者の権利や人権についてはお題目としてのみ関係者の頭の中に入っているが、ぜひともこの障害者権利条約第19条の自立生活条項のことは頭に入れておいてほしい。

さて、その点をおさえた上で、次に現行の障害者ホームヘルプサービスを一つ一つ見ていこう。

2 障害者ホームヘルプサービスの諸類型

障害者ホームヘルプサービスには、現在（二〇一〇年度）のところ、次のような介助サービスがある。

(1) 重度訪問介護

重度訪問介護は、重度障害者が生きていく上で欠かせない制度である。支給時間が最大で二四時間におよび、この制度を使えば常時そばに介助者を待機させておくことが可能である。それにより、たとえ手足の動かない重度障害者であっても、介助者の手をかりて自分の生活を組み立てていくことができる。まさしくこの制度がパーソナルアシスタンスに近い。

基本的に介助内容に制約はほとんどなく、トイレや食事、着替えといった身体介護や調理や掃除といった生活介護（家事援助）などの他にも、頭がかゆくなったときに頭をかくこと、眼鏡をかけかえること、携帯電話をとること、お酒を飲むこと、煙草を吸うこと、テレビのスイッチをつけること、汗をかいたときにシャワーを浴びること、そうした日常の自然な動作すべてに介助者が対応することで、障害をもつ人が自分らしい生活を営んでいくことができる（逆に言えば、全身性の障害がある以上、介助者がいなければ、そうしたことすべてを我慢しなければならない。施設では常時職員が横に待機しているわけではないので、生命維持に必要なこと以外はがまんし続けなければならない）。

厚労省の出している行政文書では次のようになっている。

重度訪問介護は、日常生活全般に常時の支援を要する重度の肢体不自由者に対して、比較的長時間にわたり、日常生活に生じる様々な介護の事態に対応するための見守り等の支援とともに、食事や排せつ等の身体介護、調理や洗濯等の家事援助、コミュニケーション支援や家電製品等の操作等の援助及び外出時における移動中の介護が、総合的かつ断続的に提供されるような支援をいうものである。（平成二一年三月三一日　障発第０３３１０４１号　厚生労働省社会・援護局障害保健福祉部長通知より）

このように重度訪問介護は、まず、長時間連続で「日常生活に生じる様々な介護の事態に対応するための見守り等の支援」があり、その中に次に説明する身体介護や家事援助を含み、さらにそれにくわえて「外出時における移動中の介護」もある。居宅の内、外に関係なく利用できる介助サービスはこの重度訪問介護しかない。基本的に長時間連続の介護サービスのため、いつ食事をとっても、いつトイレにいってもいい。身体介護や家事援助は、短時間スポット派遣のため、食事やトイレの時間が限定されざるをえない。また重度訪問介護ではその長時間連続の中に外出介護を含むため、好きな時間に外出することができる。他のサービスでは、居宅内と居宅外でわかれており、切れ目があって、好きな時に好きなだけ外出するということができない。

たとえば移動支援等の制度を使って外出する予定だとしたら、極端に言えば大雨洪水警報のときでも外出しないといけない。移動支援のサービスを予約したら、その時間は（原則的には）居宅内にいてはいけないのだ。変な話だが、現行の制度ではそういう決まりがある。逆にちょっと外に出たくても、居宅内のサービス（身体介護か家事援助）を頼んでいたら、外出してはいけないことになっている。その点、重度訪問介護は、家の中にいるのも外にいるのも自由である。

つまり、重度訪問介護は、日常生活の介護に必要なほとんどすべての事態に対応することができるフルコースの介助サービスだ。しかも一日二四時間におよぶ長時間連続の支給決定がなされうる。現在日本で重度の障害をもちながら自立生活を営んでいる人々のほとんどすべては、この重度訪問介護を利用している。他の制度は残念ながら、重度障害者にとってはたいして使えない制度である。

もちろんこの重度訪問介護にもまだまだ多くの課題がある。それを列挙していこう。

・介護保障の地域格差

日本の介護保障には、大きな地域格差がある。残念ながら、二四時間介護保障のある地域は日本の全自治体のうち、一割にみたない。とすると、重度の障害者は日本の九割の地域では自立生活ができていない、ということになる。たいていの人は施設で暮らすか、実家でたいして外出もできず親の世話になって生きている、ということになる。

二四時間の介護保障というとき、やはりその財源が問題となる。基本的に障害者福祉は学校教育と同じで税金でまかなわれているが、地域生活のための保障が十分ではない。国が各自治体に支給するお金はあるラインで決められており、そのラインでは二四時間介護保障には全然足りない。二四時間の介護保障のためには単純計算で月に七四四時間必要なのだが、現在の国庫負担基準は月に二〇〇時間程度分しかないのである。そのため、それ以上出そうとすると、各自治体は自分のところのもちだしになるおそれがあり、お金を出ししぶり、支給量がそのラインを超えるのを抑えようとする。つまり国家予算が、全国すべての地域での二四時間介護保障に対応するようにできていない、というのが大きい。

とりあえず現行では、もしあなたの地域で二四時間の介護保障がないのなら、その場合は全身性の重度障害者とともに運動するしかない。行政にいって交渉するしかない。厚労省としては、決してホームヘルプの支給量に上限を決めているわけではない。むしろ各自治体における上限規定をいましめているほどである[1]。厚労省の障害者ホームヘルプの担当者は、二四時間介護保障についてはかなりの理解がある。その点は、全国団体や東京都内の団体が何年にもわたって説得してきている。けれども、それぞれの自治体の担当者たちは、そこまで意識が進んでいなくて、二四時間介護保障なんてありえないと考えている場合も多い。もしあなたの地域で二四時間の介護保障ができていないのならば、重度障害者とともに、全国団体とも連携して、各自治体の担当者と交渉していってほしい（なお、それぞれの自治体での支給決定基準や非定型ケースに関して権限をもっているのは、市町村の上役レベルである。福祉事務所の窓口で交渉してもあまり役に立たず、市町村の係長、課長と交渉していかないといけない）。

・知的障害者、精神障害者は使えない

重度訪問介護は、全身性の重度障害者のみが利用できる制度だ（なお、身体障害者の中でも、全身性の重度障害者のみしか利用できない。手足が効かず、障害程度区分で４以上）。だから知的障害者・精神障害者は利用できない。

施設に入所している人たちの割合は、実は身体障害者よりも知的障害者や精神障害者の方が圧倒的に高い。成人に限って言えば、知的障害者のほぼ三人に一人は施設に入所している。精神障害者も一三％ほどの人々が施設に入所している。日本は世界に冠たる、否、世界に恥ずべ

1　支給量に上限規定がないことは、厚労省が何度も文書で確認している。例えば次の文書を参照。自治体との交渉はこうした文書を示しながら行う。

支給決定事務における留意事項［アとウは省略］

イ　支給決定基準の設定にあたっては、国庫負担基準が個々の利用者に対する支給量の上限となるものではないことに留意すること

また、特に日常生活に支障が生じる恐れがある場合には、個別給付のみならず、地域生活支援事業におけるサービスを含め、利用者一人ひとりの事情を踏まえ、たとえば個別給付であれば、いわゆる「非定型ケース」（支給決定基準で定められた支給量によらずに支給決定を行う場合）として、個別に市町村審査会の意見を聴取する等により、障害者及び障害児がその有する能力及び適正に応じ、地域において自立した日常生活を営むことができるよう適切に支給量を定めていただきたい。（二〇〇九年三月一二日障害福祉関係主管課長会議資料より）

き精神病院大国だ。支援があれば社会に出られるはずだけれども、支援がないために入院を継続している社会的入院者も七万人以上いると言われている。こうした点は、まさしく先に記した障害者権利条約第19条の観点からいえば、権利侵害だ。施設や病院に入れられ続けていることじたいが権利侵害にあたっている、ということだ（ただし、ここでは入所者に対して日々介護にあたっている施設や病院の職員を責めているわけではない。経営者たちは問題あるかもしれないが、むしろそうした状況を放置している「社会」に責任がある。その社会を構成しているのは、私たち一人一人の意識や感情のあり方なのだが）。

重度訪問介護は、とても使い勝手のいい制度であり、なおかつ見守り介護も認められている。多くの知的や精神の障害をもつ人々には、どこかで目を離さずに見てくれる人がいれば地域生活が継続できる、という人が多い（それは認知症の高齢者にもあてはまる）。その重度訪問介護が知的障害者・精神障害者には認められておらず、そうした制度的な不足が彼らの地域生活を阻害する要因となっている。

現在、重度訪問介護は全身性の身体障害者しか利用できない。けれども、日常のさまざまな場面で介護者が必要だという意味では、知的障害者、精神障害者も同等だ。重度訪問介護の対象者が拡大していく必要がある（付記：二〇一四年四月より、運動の成果により、自立支援法に代わる障害者総合支援法下で、重度の行動障害をもつ人たちに限ってだが、重度訪問介護の対象者が拡大した。まだ対象者は極めて限定的であり、さまざまな課題を残すが、制度改善の大きな一歩を踏んだ）。

・通勤、通学、入院時、旅行には使えない。

重度訪問介護に限らないのだが、現行の障害者ホームヘルプ、ガイドヘルプは通勤、通学、入院時、旅行時には利用できないことになっている。人間の生活には学校へいくこと、会社にいくこと、旅行することなどは基本的に欠かせないもののはずなのに、そこでの介助が日常生活の介助と分断されるのはそもそもおかしなことだ。北欧などのパーソナルアシスタンスの制度では基本的にどこの場所にいようと同じ介助者に入ってもらうことができる。だから、かつて日本に自立生活を広めにきたデンマークの重度障害者には国境をこえてパーソナルアシスタント（介助者）がついてきた。あちらでは介助者を連れて旅行しまくることが可能だが、現在の日本の制度では、そんなことはありえない。

また、重度の障害者の場合、その介助も人それぞれのところがあり、一律の介助技術では通用しないことが多い。介助は長期間にわたってその人に慣れ親しんでいくことではじめて可能となる。現行の制度では入院時に日常入っている介助者に入ってもらうことができず、多くの重度障害者は入院に恐怖をおぼえている。通常の感覚では、看護師が介護してくれるから安心と思うかもしれない。しかし、まず看護師は障害者につきそう余裕などない。またそもその障害者とコミュニケーションがとれず、まっとうな介護ができない場合が多い。

重度障害者の前では、看護師は介助の素人でしかない。入院して、十分な支援なくそのまま帰らぬ人となった人、死んでも入院はいやで病気の症状が重くなっても入院を拒む人、入院して褥そうをつくって帰ってきた人など多々いる。障害者が入院して安心だと思うのは、病院に入れておけば自分の責任が問われないですむと思うまわりの人たちであって、決して障害者本人は安心ではない。パーソナルアシスタンスの原則に従うなら、入院時も日常慣れ親しんだ介助者に入ってもらえるようにしなければならない（付記：旅行に関しては、二〇一一年三月の厚労省事務連絡により、重度訪問介護の一泊二日以上の外出利用が認められるようになった。また入院時については、重度訪問介護でなく、市町村事業の「コミュニケーション支援事業」の枠内で認める自治体が増えている）。

・単価が安い

重度訪問介護の単価は、現在一時間あたり一八三〇円である。

重度訪問介護は、その名の通り、重度障害者が利用できる制度である。しかも内容は身体介護、家事援助、外出介護など多岐にわたっている。その単価が、たとえば身体介護四〇〇〇円に比べると、極端に安い。安いので、多くの事業所は重度訪問介護の利用者を受け付けない。たとえば関西のN市では、一〇〇くらいの事業所があるうち、重度訪問介護のサービスを提供しているのは一〇事業所ほどだという。こんなことでは、重度障害者にとって選択の幅もあまりない。

以上でおおよそ重度訪問介護の特徴を記した。なお、その他にも資格のしきいが低い、基本的に当事者が現場で介助を育てる制度である、という特徴もあるが、それは後で資格や専門性のところで話していこう。

(2) 身体介護・家事援助(居宅介護)

身体介護と家事援助は、二つあわせて「居宅介護」という枠組みに入る。内容は、高齢者の介護保険と同じである。介護保険の枠組みをそのまま受け継いでいる制度である。この居宅介護が、介護保険を含めると現在の日本のホームヘルプの中心であり、障害者福祉においてもこの居宅介護の利用者数、利用量がもっとも多い。

基本的には、身体介護で、トイレや食事、着替え、お風呂などを行う。家事援助では、調理や掃除などを行う。居宅介護は現在の日本では中心的なホームヘルプ制度なのだが、いろいろ問題点も多い。

まず単価の格差。なぜか身体介護がやけに高く約四〇〇〇円、家事援助が安く約二〇〇〇円。この単価の差は昔から疑問視されているがなかなか改善されない。

この身体介護の単価の高さゆえに、多くの事業所はこれを事業所経営の基盤にすえる。重度訪問介護ではなく、居宅介護を選ぶ事業所が多いのも、この身体介護の高い単価のためだろう。身体介護の単価の高さのために、多くの事業所が重度訪問介護を敬遠し、結果的に重度者の選択の幅が狭まっているということも現在の障害者ホームヘルプの問題の一つだろう。

もっとも、身体介護が高いなどと言うと、身体介護の単価を下げて家事援助などの低い方に横並びになってしまうので、重度訪問介護や家事援助の低すぎる単価こそがもっと上がらないといけない。

重度訪問介護というのは、介護保障運動の中で地道に積み上げられてきたものであり、もともとある程度のボランティア精神を期待されてきたために単価が低く抑えられているのであろうし、また家事援助も、子育てを終えた主婦のやりがいということで、女性たちのケア精神をあてにされ、家計補助的なパートタイム賃金でよしとされたのだろう。身体介護のみが、もともと男性正職員賃金を確保しようと設定されているとも考えられ、ある程度の単価になっていると思われる。均等待遇の精神などから言っても、そもそも不当に低いパートタイム的賃金は是正されなければならず、また単価格差は解消されていかなくてはならない。

単価の問題にくわえて、利用内容の制限、利用時間数の制限の問題がある。一日に利用できる時間数は、朝一、二時間、昼一、二時間、夜一、二時間、計五、六時間程度であり、貧弱。多く支給して一日九時間くらいのケースもあるにはあるが、もちろん見守りの時間もない。それだけの介助量でいいという人にはいいだろうが、ある程度トイレの時間等が自分でコントロールできる人、という前提がつく。だから人の手を借りなければトイレに行けない重度障害者はこの制度では生活ができない。そのことくらいは行政関係者も事業者もわきまえておいた方がいいだろう。

(3) 行動援護

行動援護は二〇〇六年からできた、重度の知的障害者のための制度である。かなり単価が高く、時間数もほどほどに出るのであるが、しかし制度のしきいが高く、きわめて使い勝手の悪い制度である。課題としては、以下の点が言われている（筆者はこの制度を使いこなせていないので、信頼できる本から行動援護の課題を引用する）。

①外出時の危険回避という事に制度の主眼が置かれていること。
②一日八時間という上限があること。
③行動援護の判定基準の一二項目で八点以上と対象者が厳しく制限されていること。
④ヘルパーの資格要件が厳しく、事業所のヘルパー確保が難しいこと。（ピープルファースト東久留米 2010：127）

この制度においても、介助者が長時間付き添って障害者が自立生活を営んでいく、という視点が欠けている。居宅介護と同様、日常的な生活の中に介助者がいる、待機している、という感覚がやはりないのである。

(4) 移動支援

移動支援(ガイドヘルプ)は、外出時の介護のため、ホームヘルプという名称からは外れる気もするが、今はホームヘルプという総称の中に含めることにしよう。

基本的には、これまで家に閉じこもっていてなかなか社会に出る機会のなかった障害者たちの社会参加のための制度である。身体障害者も一応この制度を使えるが、最近は電動車いすもあり、また重度訪問介護という外出可能な制度もあるため、身体障害者の場合、さして多くの利用量があるという印象はない。

むしろこの制度を利用することで、社会に出る機会が飛躍的に伸びたのは、知的障害者だろう。九〇年代から、知的障害者のガイドヘルプ制度は成立しはじめたのだが、大きな都市の自治体しかこの制度を設けてこなかった。それが二〇〇三年支援費制度で全国的に制度化されることにより、知的障害者のガイドヘルプ利用量が一挙に増加することになった。潜在的なニーズがきわめて高かったわけだ。今でも、新規の利用依頼は事業所に頻繁に来るが、事業所不足やヘルパー不足のため利用できていない人も多い。

これまで多くの知的障害者は家と作業所、あるいは施設しかいる場所がなく、なかなか街に出る機会はなかった。街に出るにしても、家族や職員の付き添いであり、狭い人間関係の中で生きていかざるをえなかった。それが、ガイドヘルパーとともに街に出ることで、様々に社会との接点が生まれてくる。筆者個人は、二〇〇四年くらいからガイドヘルプに入っているが、最初はみな少々とまどい気味だけれど、だんだんと本人も社会も慣れてきている、という印象がある。街にいろんな障害をもつ人がなじんでいき、そして障害をもつ人も多様な経験を積めるようになるということは、とてもいいことだと思う。

いくつかガイドヘルプの問題点もあげておく。

現在、ガイドヘルプは地域生活支援事業という自治体まかせの制度となっている。支援費のころは、国の責任で行う制度であったが、ガイドヘルプ給付削減のため、自立支援法のときに自治体まかせの制度に逆戻りしてしまった。そのため、ガイドヘルプをきちんとやる自治体とそうでない自治体がかなりわかれることになった。関東の自治体を調べたある調査では、ガイドヘルプの支給量は自治体によって、一二・五時間〜一九七・五時間の開きがあったという（二〇〇八年一二月八日読売新聞より）。住んでいる地域によって、外出可能な時間数がこれほどまでに開きがあるのである。

また、自治体まかせの制度のため、悪質な自治体によっては、ガイドヘルプの利用規定を厳しく設けているところもある。ガイドヘルプでいけるところは公共の施設に限り、たとえば入館料をとるようなところには入ってはならない、娯楽や飲酒はダメだとか、おおよそ通常の社会参加とはほど遠い利用しか認めない自治体もある。もし外出が公共施設しか認められないならば、「障害のあるすべての人に対し、他の者と平等の選択の自由をもって地域社会で生活する平等の権利」は守られていないということになる。

それから、社会参加という意義はおさえつつも、一つ覚えておかないといけないのは、ガイドヘルプは、結局は余暇的なヘルプ利用でしかない、ということだ。

ガイドヘルプだけでは、人は生活をしていくことはできない。生活していくには、家族やホームヘルパーなどによる日常生活本体における介護が必要となる。現在のところ、知的障害者のためのホームヘルプ制度はたいしたものがないので、多くの人が家族同居だし、家族介護が限界に達すると結局は施設にいってしまう。ガイドヘルプ利用の需要は確かに多いが、さしあたりは平日の家族介護を前提とした制度である。本人が親元や施設ではなくて、自分の家で暮らすことになったときには、どうしても充実したホームヘルプ制度が必要になる。今のところ重度訪問介護は使えないので貧弱な居宅介護を活用するしかない。それでムリな人々は、施設にいくしかない。長い目で見て、知的障害をもつ人の地域生活の継続を考えたとき、ガイドヘルプは本人の生活のごく一部でしかない、それだけでは本人は地域で生活していくことはできない、ということも頭に入れておいた方がいいだろう。

なお、移動支援の介護報酬単価も自治体によって異なる。移動支援には、身体介護つきと身体介護なしの二種類あるのが通例で、この二つの間にも大きな開きがある。移動支援（身体介護つき）は、居宅介護の身体介護なみの単価設定で、移動支援（身体介護なし）は、家事援助程度の単価である。自治体によって差があるので、なんとも言い難いが、一方が三五〇〇円程度に対し、もう一方が一八〇〇円程度だろうか。ともかく移動支援（身体介護なし）が安すぎる。知的障害をもつ人は、別に身体介護なしだからといって介助が簡単になるとはまったく限らない。現場の感覚では、どちらもほとんど同じである。なのに、この単価の開きがあるというのは理不尽だ。そして多くの事業者は、移動支援（身体介護あり）のサービスを優先的に提供しようとする。なんともいただけない話である。

さて、以上で現在のホームヘルプサービスの諸類型についておおよそ触れた。他にも細かいものがあるが、ほとんど利用されていないものや瑣末なものであり、わたしも何も知らないので、ここでは触れない。次いで、介護報酬単価や資格といった各トピックに触れていく。

3　介護報酬単価について

(1) 単価ってなんだ?

これまで「単価」と何度も述べてきたが、いったい単価ってなんだ?と思う人も多いだろう。単価、正式には「介護報酬単価」である。

まず重要なのは、これは介助者に支払われる時給や給料とは直接的には関係がない、ということだ。身体介護の単価が一時間あたり四〇〇〇円だからといって、介助者に時給四〇〇〇円が支払われるわけではない。そうではなくて、介護報酬単価は、事業所が利用者にサービスを提供したことに対する、時間あたりの事業所の収益のことである。単純に言えば、介助サービスの提供に対して行政から事業者に支払われるお金のことである(形式的には「代理受領」というかたちをとるがそのことは後でふれる)。

具体的に見るとたとえばおおよそ次のようになる。(二〇〇九年四月改定)

重度訪問介護　一時間:一八三〇円…四時間:七二九〇円…八時間:一万四〇九〇円…

身体介護　三〇分：二五四〇円…一時間：四〇二〇円…
家事援助　三〇分：一〇五〇円…一時間：一九七〇円…

重度訪問介護には基本的に短時間の支給はないので、ここでは一時間あたりに加えて、四時間あたり、八時間あたりの金額を記した。また身体介護と家事援助は短時間派遣が基本なので、三〇分と一時間の単価を記した。

時間当たりの単価は、一回の派遣において時間が長くなるほど少しずつ安くなる。たとえば、重度訪問介護に連続八時間入れば、時間当たりの単価は一七六〇円程度になる。家事援助なら、最初三〇分は一〇五〇円でそこそこの額だが、一時間になると一九七〇円で、次の三〇分で九二〇円しか上がっていない。これはなぜかというと、一件につき三〇分入るのと一時間入るのとでは、事務所での調整のコストや移動費はどちらも同じだけかかるけど、時間が長くてもそのコストに変化はないからだ。

こうした単価を時間当たりで細かく記した冊子は、行政から配布されるので、おそらくすべての事業所にあるだろう。ネット上でも見つけられると思う。介助者としては、今どのサービスに何時間入ったかによって、自分がどれだけ事業所の収益に貢献したかもわかるはずだ。

事業所は、こうして得る収益をもとに、介助者に給料を支払い、また事務員にも給料を支払う。さらに事務所の家賃や維持費、パソコン等の備品や事務用品費もそこからねん出する。介助者や事務員の福利厚生費もそこから支払う。研修費もそこから出す。

だから、介助者としては、二〇日間重度訪問介護で八時間入ったならば、一万四〇九〇×二〇＝二八万一八〇〇円の収益に貢献したことになる。ただしその中から、もろもろの事務所経費、事務員給料、また自分の移動にかかった交通費、それから社会保険の事業所負担分なども引かれ、残った分が自分の給料となる。そう考えると、実際は一時間あたり一八〇〇円程度の単価があるとしても、たいした給料にならないと想像できるだろう。

また、介護報酬単価は、単純に言えば「人件費及び事業所に係る経費」で構成されているわけだが、この人件費の中には直接的な介助サービスに対する直接労働の賃金もあれば、コーディネート（派遣の調整、利用者や介助者とのやりとり）や事務作業などの間接労働に係る賃金も含まれているため、実際に介助者にまわるお金はさほどは多くない。

ただし、実はこの介護報酬単価には、早朝加算、夜間加算、深夜加算が厳密に適用されている。早朝と夜間に入った場合は単価の一・二五倍であり、深夜に入った場合は、単価の一・五倍である。

なので、たとえば夜の二二時から明け方の六時まで八時間入るとすると、深夜加算が適用されるので、二万一一三五円となる。一時間当たりの単価は二六四〇円ほどである。

また深夜の巡回で身体介護に入ったとすると、たとえば夜中の二時から三〇分入ったとすると、三〇分で三八一〇円の収益となる（一時間の場合は六〇三〇円）。

こうして考えると夜間の介助に入る人はかなり事業所の収益に貢献していると言えるが、こうした夜間の介助派遣は基本的にはあまりないから、高いようでいても、事業所としてはさほどはあてにできないかもしれない。

それでは、こうした単価の中で、実際に介助者たちにはいくらくらい支払われているのか、時給や給料はどれくらいなのか。なかなか介助者同士お互いのことは知らないので、ちょっとだけ紹介しよう。

（2）給料について

Aさん　大手CIL事業所

登録介助者　勤続一年　フリーターとして介助に関わっている。

時給　朝（六時〜一〇時）一二五〇円、昼（一〇時〜一八時）一一〇〇円、晩（一八時〜二二時）一二五〇円、泊り（二二時〜六時）一三五〇円、深夜（二二時〜六時で短時間）一六五〇円

手当　交通費：一件四四〇円、移動時間手当：三〇分四〇〇円、ボーナス：年一万円〜

一〇万円
昇給　たぶんない

Bさん　大手CIL事業所
登録介助者　勤続五年　月八〇時間
時給　一律一〇五〇円（朝の七～九時、夜の六～八時の間での短時間介助はプラス五〇〇円）
手当　交通費一部：四〇〇〇円（一日一回）、移動時間手当：なし、ボーナス：年八万円（月八〇時間以上）
昇給　ありえない

Cさん　大手CIL事業所
常勤職員　勤続六年
固定給　一八万円
手当　交通費：実費、住宅手当：一万円、サービス提供者手当：一万円、通信手当：五〇〇〇円、ボーナス：年三〇万円
社会保険完備

昇給　あるけどほんの少し。一年で〇・二％（つまり二年目は月々三六〇円アップ）

Dさん　大手CIL事業所
常勤職員（介助専従）　勤続一二年
基本給　三四万七〇〇〇円（ボーナス込みの額。基本的には年俸制で、それを一二でわっている。
　給与は市の職員の俸給表に準じている。級と号に応じて昇給がある。ただし、超過勤務分はサービスになる。事務所でうだうだする時間も多く「どこまでが仕事かよくわからない」。定時で帰ることも可能で、拘束感はない）
手当　住宅手当：五万円、交通費実費支給、介護職員処遇改善交付金手当：一八万×三回など
　社会保険完備
昇給　自治体の公務員棒給表に準じるが、上限あり

このように勤めている事業所によってかなりばらつきがある。深夜帯の加算をつけるところもあればつけないところもある。固定給者でかなり安定した給与体系の者もいる。ボーナスをかなりの額もらっている者もいる。

これらはすべて、それぞれの事業所のやり方次第である。事業所の管理者がかなりもらって

いるところもあれば、労働者の方が事業所の管理者よりも給料がいいなんていう場合もある。それぞれの事業所にはそれなりの経営方針や理念があると思うので、介助サービスを利用する者も、働く者もどの事業所がいいか、それなりに判断したらいいと思う。個人的な判断では、最初にきれいごとを言う事業所は、後の待遇があまりよくないようにも思う。また、実際に働くとなると、給与体系だけではなくて、職場の雰囲気や介助・介護に対する理念、その事業所と利用者の関係のあり方などがとても重要な要素になるので、給料が高い低いだけが判断材料になるわけでもない。

(3) 人件費比率について

介護報酬単価には「人件費及び事業所に係る経費」が含まれていると先ほど述べたが、事業所収入の内で、どのくらいの割合を人件費にあてているのかを、人件費比率とか労働分配率と言う。この人件費比率は、概してホームヘルプ事業はかなり高く、通常ならば七割以上はあるだろう。施設系はそれがかなり低く、四割~六割くらいだそうだ。

もし働く人が待遇等に疑問をもったら、まずこの人件費比率を見てみないといけない。介護報酬単価は国の定める額で決められていて、事業所収入には上限があるので、それが適切に労働者に割り当てられているかどうかを見る必要がある。場合によっては事業所にいくら言っても、無理なものは無理であり、厚労省など国政に対して意見を言わないと待遇改善にはつながらない。とりあえず単価が二〇〇〇円程度で、そこに人件費と事務所諸経費が含まれているならば、働く人の給料や待遇には限界があるのは目に見えている。

ただし、事業所の規模が大きい場合は、その分事務所諸経費の割合が下がってくる。年に一〇〇〇万の収入があるとして、事務所家賃が年間一〇〇万ならば、家賃だけで収入の一〇％を使ってしまうが、年に一億円の収入があれば、家賃が年間二〇〇万や三〇〇万でも、二、三％ですむわけだ。

なので、事業規模の小さいところはやはり何かと経営が厳しく、労働者待遇もかなり厳しいものがあるが、事業規模が大きければ、全体としてゆとりが出やすく、昇給やボーナスもつきやすくなる。ただし、大きい事業所は、細かなところまで手が回っていない場合があるし、個別の利用者や介助者の声に十分耳を傾けきれていないこともあるので少し注意が必要である。

（４）代理受領について

さて、介護報酬単価は事業所の収益だと述べたが、ただし建前上はちょっと異なる。制度上では、介護報酬単価は、介助サービスを利用するにあたりそれぞれの利用者に対して行政より支給される個別給付である。建前の上では、利用者がたとえば月に五〇〇時間重度訪問介護を利用したとすると、その単価分（一〇〇万円くらい？）がまず利用者に行政より給付され、それから事業所にわたるというかたちをとる。給付されるのは形式上あくまでそれぞれの利用者に対してだということになる。しかしながら、それぞれの利用者がそうしたお金を管理するのは面倒くさいので、事業所が「代理受領」というかたちで、利用者の代わりにお金を受けとりますよということで、行政から直接お金を受けとってしまう。「代理受領」とは利用者にとってはごまかしの名ばかりシステムであって、本来、行政から支払われる介護給付は、利用者一人一人への個別給付なのだが、そのお金をどう使うかという裁量は利用者にはいっさいなくて、事業主のみがその裁量権をもっている。事業所に支払われたお金を労働者にどのように配分するか、どれだけを事業所の利益にまわすか、などは事業主のみが決定できる仕組みだ。

現行の代理受領においては、このように事業主に大きな裁量権が与えられているわけだが、利用者によってはそれを嫌がる人もいる。むしろ利用者自身に直接の現金給付をし、直接介護者に賃金を支払いたいという主張だ。それをダイレクトペイメントというが、後の章でその発想の長所、短所には触れることにする（第６章参照）。

（５）事業費補助について

なお、現行の介護報酬単価の仕組みは、介助サービス提供の実績分に基づいてその事業費として事業所に支払われる仕組みであり、これを事業費補助と言うのだけれども、こういう仕組みになったのはほんのここ一〇年ちょっと前からのことである。

それ以前は、事業費補助ではなく、人件費補助というかたちをとっていた。まず介助する人に対してその生活費としてお金を支給したのである。公務員の身分保障が人件費補助である。現在の介護報酬単価は、一時間あたりいくら、というかたちをとり、言ってみれば時給のパートタイム的な支給のあり方である。九〇年代の社会福祉基礎構造改革の流れのなかで、もともと福祉や介護は人件費補助であったが、どんどん事業費補助にきりかわっていった。福祉や介護が官から民へ委託されていくのもちょうど同時期である。人件費補助と事業費補助にはそれぞれメリット、デメリットがある。

人件費補助のメリットは、まず働く人を大切にしているということだ。きちんと働く人の身分保障、生活保障を考えて給料を出すことになるため、働く人は安心して働くことができる。他方人件費補助のデメリットは、労働者優先であり、利用者のニーズに十分対応できないということだ。たとえば人件費補助時代の公務員ヘルパーは、なるほどそこそこの給料はもらっていたが、朝九時～一七時までしか仕事をしなかった。これでは夜間に介助が必要な重度障害者などは決して生活していけない。

事業費補助は、利用者のニーズを反映しやすい。つまり利用者のニーズのあるところでないと、事業所は収益を上げられないため、介助サービスは利用者のニーズに従うことになる。その意味で事業費補助は利用者優先の仕組みであり、そこにメリットがある。もし夜間介護のニーズがあれば、事業所や働く人はそこに対応していかないといけない。それによってはじめて夜間介護が必要な障害者たちも地域で生活していけることとなる。他方で、事業費補助では働く人の身分保障が弱くなる。ニーズというのは不定形だし、利用者からすればサービスが必要なときもあれば必要でないときもあるし、またニーズにあわせて事業所や働く人を選別することも可能である。そうした意味で働く人の身分保障が不安定になりやすい。

介護報酬単価や事業費補助というのは、ここ一〇数年の間に成立した考え方なので、今後も変化はありうるだろう。単に目先の時間あたりの単価のことばかり考えるのではなく、今後の介護保障を考える上では、長い目で見て、そうしたシステムに関しても障害者と介助者双方の生活の安定にとって何がいいかを模索していく必要がある。

(6) 特定事業所加算など

なお、現在の事業所の収益は、単に介護報酬単価からくる分だけではない。厚労省はいろいろなオプションを考えて、他にもいろいろな加算制度をとっている。その加算も給与に大きく関わるので、ここでは二つだけ紹介する。

・介護職員処遇改善事業

これは二〇〇九年度に成立した介護職員対象の待遇改善政策である。介護職員の賃金が安く、人手不足を招いていることをかんがみ、自民党の政権下で成立し、また民主党政権になっても継続されている。三年間という期間付きだが、ともかく介護職員（常勤換算）一人当たり月額平均一・五万円ほどを交付するという事業だ。介護報酬単価に数パーセント上乗せし、支給するというシステムをとる。その上乗せ分を事業所はすべて介護職員にまわさないといけない。介護職員の賃上げ以外の用途で使ってはならないというものだ。おそらく介護職員の待遇改善や賃上げを考える上では、とてもすぐれたものだと思う。たいていの事業所でこの交付金をとり介護者の処遇改善にあてているはずだ。時給に上乗せしている事業所もあれば、ボーナスで一括して支払っているところもある。あなたの給料には変化はありましたか？

・特定事業所加算

特定事業所加算というのは、事業所がある種の要件を満たすと、介護報酬単価に一〇％とか二〇％の加算がつく、というものだ。単純に考えて、もし重度訪問介護に二〇％の加算がつけば、一時間あたり単価は一八三〇円から二二〇〇円近くになる。この加算をとることで、それなりに経営がうるおうようになった事業所もあるはずだ。

ただし、要件が厳しく、またその要件の付け方にも問題があるように思う。まず職員を資格の有無で選別していかないといけなくなる。介護福祉士をもっていない人が職員にいると不利なので、そういう人は辞めてもらうか雇わないという方向性も出てくる。職員のキャリアアッププランを組んで、労働者管理を行っていかないといけない。またケア会議を頻繁に行うなど、利用者のサービス管理を行っていかないといけない。総じて、介助現場を事業所の管理下・監視下においていくことになる。

障害者の中には、昔から自分で自分の介助者を見つけて、その人に介助してもらいながら生きてきた人が少なからずいる。そういう介助者のことを自薦ヘルパーと言う。言い方をかえれば、その自薦ヘルパーこそがパーソナルアシスタントとも言える。もともとは事業所を介することがなかったのに、現在は事業所（その上には行政がいる）による介助サービス管理が強まっているので、自薦ヘルパーもなかなか認められにくくなっているように思う。ある行政関係者は、「自薦ヘルパーなんて、何やってるかわからないし、ちゃんと管理していかないといけないじゃないですか」というようなことを言っていた。

もちろん守るべきルールは守っていかないといけないが、こういう方向に進めば、利用者も介助者も一律の管理のもとにおかれることになり、介助現場はどんどん不自由になっていくようにも思う。

4　資格と専門性について

介助者の資格と介助サービスの専門性について一言述べておこう。

多くの自立障害者は、昔から介護福祉士等の資格をもった介護者を嫌っていた。たいていの場合、介護の有資格者は、障害者をまず人として見るのではなく、介護する相手として見て、どのくらい介護が必要なのか、どのくらい自立しているのかなどを介護者の目線で判断し、評価するところから介助に入るからだ。しかも、介護を学んだという自負心から、障害者の言葉に素直に耳を傾けようとしないことが多い。それよりは、障害者自身の言葉に素直に耳を傾けてくれ、言われたことをそのままやってみようとする素人の人の方が、よほど丁寧に障害者自身のペースにあわせて介護をしてくれる、という場合も多い。

学校等で当事者不在の中で習う介護技術というのは、結局のところ一律のものにならざるをえない。しかも学校で教える人々が、今のところ施設等の出身者が多く、施設という一律の環境において（似たような部屋、似たようなベッド、似たような食事、似たようなトイレ）介護を経験してきているため、個々人のそれぞれの家でのライフスタイルの尊重という観点が弱い。軍隊や宗教団体等での集団生活でないかぎり、本来は一人一人の生活・生き方は決して一律でないはずである。介助・介護が生活・生き方に関わるものである以上、マニュアル的な技術で教えられるものはそう多くはなく、すべての介助現場において、利用者と介助者の出会いの中から、常に一から関係をつくらないといけないはずである。

そうした点で、これまで多くの自立障害者は、先入見なしに一から介助者との関係をつくろうとしてきた。そうして介助者が、自分にあった介助者、自分のペースにあった介助者となることを望んだのである。そうした介助者が、さきほどから言及している「パーソナルアシスタント」である。そこには、当事者が介助者を育てる、それにより、介助者はその当事者の介助者になっていく、という発想がある。

たとえば重度訪問介護の研修時間は、わずか二〇時間である。二、三日でとれる資格である。重度訪問介護の利用者は全身性の重度障害者であるのに、なぜこのように研修期間が短いのだろうか。より軽度の人が利用する居宅介護（身体介護、家事援助）には、基本的にヘルパー2級の資格が必要である。そのヘルパー2級の取得には二、三ヶ月もの期間を要する。なぜより重度の人が利用する重度訪問介護は二、三日で資格がとれるのか。

重度訪問介護には、基本的に介助者は当事者のもとで、その当事者にあった介助を学んでいく、という発想がある。レディメイドではなく、オーダーメイドということだ。個々の当事者の指示・注文を受けながら、だんだんその当事者にあった介助者となっていく。そうすることによって、重度の障害をもつ人々が、一律の生活ではなく、それぞれの個性的な生活を送っていくことができるわけである。

介護技術が最重度と言われるＡＬＳの人たちの介助者も、やはり重度訪問介護から出発する。看護師がきても、介護福祉士がきても、決していきなりその人の介助をできるわけではないのだ。すべての人が先入見なしに一から育っていかないといけない。

だから、パーソナルアシスタンスの考えには、資格や専門性と両立しない部分がある。資格や専門性があるからといって、障害者にとっていい介助者とは限らないのである。そしてそうしたパーソナルアシスタンスの発想のもとで、最重度の障害者の地域生活も可能となっているのであって、介護の資格や専門性の発想の中で障害者の地域生活が可能となっているのではない。

そうした部分は、介助、介護の今後を考える上で、きっちりとおさえておいた方がいい。現在、介護者の人手不足の解消や地位向上のために、さまざまな介護人材確保の政策が掲げられている。有名なのは、平成一九年に厚労省より出された「福祉人材確保指針」である。ここには介護者の能力開発やキャリアアップへの道のり等が書かれているが、いっさいパーソナルアシスタンスには触れられていない。障害者の側でいいと思っている介助者・介護者のあり方と、専門職を称する介護士たちの考える介助者・介護者のあり方とは大きなかい離がある。

たとえば同じく平成一九年には介護福祉士の試験資格を得るためには平成二四年度より六〇〇時間の研修を経なければならない、ということが決まった（現在は実務経験が三年以上ならば、試験資格が得られる）。すでに（通常の介護福祉士では支援できなかった）重度障害者の地域生活を支える介助者となっている人に、さらに六〇〇時間も何を教えるというのだろうか。介助者たちは、重度障害者の自立生活保障というもっとも重要なことをすでに行っているのではないだろうか（この六〇〇時間研修の義務化については、ようやくにして二〇一〇年に入って見直し・再検討される運びとなった。おそらく何らかの見送りや緩和策がとられていくだろう。追記：実務経験ルート六〇〇時間研修義務化については、「研修時間が長過ぎる」など現場の介護職員からも反対意見が相次いだため、厚労省内で再検討され、二〇一一年一月時点では、二〇一二年度施行が三年間延長となり二〇一五年度より施行となり、また研修時間も四五〇時間に削減される見込みとなっている）。

きわめて奇妙なことに、こうした介護士の資格や専門性が、障害者権利条約で言われる「パーソナルアシスタンス」と矛盾する可能性があるにも関わらず、その点を指摘した介護士に今まで出会ったことがない。

また、知的障害者・精神障害者の地域生活支援が遅れている理由の一つに重度訪問介護のような長時間介護の制度がないことを挙げたが、同様に資格の壁が支援を遅らすことにつながっている。現在のところ知的障害者等が使えるのは居宅介護しかないのであるが、その介助者となるには、ホームヘルパー2級の資格が基本的に必要である。けど、その資格をとるには二、三ヶ月かかるため、知的障害者の支援者・介助者となる前に多くの介助者が逃げていってしまう。

重度訪問介護においても、もし研修時間がこれ以上長くなれば、きっと多くの人は介助者になるのをためらい、その結果深刻な介助者不足を招くであろう。

介助・介護の勉強をすれば、いい介助者・介護者になるなんていうのは妄想である。現在の重度の自立生活障害者の介助者の中で、介助・介護の勉強をしてから来た、という人はあまりいない。勉強してきた人も、一度その知識を白紙に戻させられている。人と出会い、その人に付き添う中で、自然に介助者は介助者になっていくのだとわたしは思う（なお、ここで自立生活をしている身体障害者だからそういう介助者でもいいのだ、と思う人がいるかもしれないが、やはり地域で一人暮らし等をしている重度の知的障害者の支援者や介助者も、同様に介護専門学校で勉強してきている人は少ないはずである。もちろん、すべての勉強や知識を否定しているわけではない。地域生活の継続にはその継続ならではの専門性もあるのだろう。ただそれはなかなかマニュアル化できないし、少なくとも現在多くの学校で教える内容とはまったく異なるものであろう。少なくともそれは、地域社会の中で当事者とともに学ばれていくものだ）。

5　介助者の労働条件について

介助者・介護者が労働者として声をあげることは、これまでタブーとされてきた。少なくとも過去数十年にわたって地域での介助・介護はこの日本では労働とは認められてこなかった。施設職員は労働者として認められてきたが、同じ介助・介護をやるのに地域の介助者・介護者は労働者としては認められず、給与も保障されなかった。そういう状況の中、地域での介助・介護を社会的労働として認められるようにしろ、と主張してきたのが、日本の介護保障運動であった。

もちろん元来より、介助・介護は無償である、ボランティアである、という主張も根強くあった。介助・介護は金をもらうからやるのではない、ということで、介助・介護が賃労働になっていくことに対しての抵抗もあった。当初は社会的に見て、地域での介助者・介護者に賃金を支払うなどということはいっさい認められていなかったので、そうした無償介護、ボランティアによってはじめて重度障害者の地域自立生活が成立していったわけである。その意味では、みな金のため、給料のために介助・介護をしてきたわけではなかった。

ただし、当時介護者たちがそういう思いだったにせよ、八〇年代以降はアメリカ型の自立生活運動に影響を受けた障害者たちが、介助者、介護者に金を支払い、彼らを雇うという発想を日本に導入してきたのも事実である。

いろいろな経緯はあるが、今、それなりに介助・介護が、働く人の生活を支える仕事として、成立しつつある。それを労働としてとらえることに抵抗のある人もいるだろうが、かといって仕事としてそれなりの責任をもってやっている以上、働く人々は体を壊すこともあるし、休暇がほしいこともある、メンタル面でまいってしまうこともある。日々の日常生活の安定もほしい。

現在のところ、少なくとも事業所に登録して、重度訪問介護等の資格で介助に入っている人々は、ボランティアではなく、れっきとした労働者である。だから、労働者としてのもろもろの権利もそこに発生している。事業所としては無理な働かせ方はしてはいけないし、ボランティア精神を強要することもできない。

厚生労働省は、平成一六年に「訪問介護労働者の法定労働条件の確保のために」という通達を出している。そこにははっきりと登録型ヘルパーも労働者である、と書いてある。

移動時間や報告書作成時間も勤務時間に入ると記されているし、有給休暇もとれると書いてある。仕事がキャンセルになった場合の給与保障（六割以上）のことも書いてある。

事業所としては、こうした労働条件の確保を厳密にやっていこうとすると、かなり経営的に厳しいだろう。けれどもそれは守るべき基準なのだから、きっちりとそれでは経営をやっていけないという旨を国や社会に伝えていってほしい。経営が厳しいことと、ボランティア精神を期待することとは別次元の話のはずだ。

他方、労働者としても、自分の働き方に疑問をもったとき、こうした厚労省通達等を参考にするのはいいと思う。けれども、介護保障というのはまだまだ発展の途上にある、ということも理解しておいてほしい。介助・介護が仕事になったのはつい最近のことだし、それがある程度仕事として成立するまでは、障害者たちの死に物狂いの闘争があったことは事実なのである。現在の介護報酬単価では、十分に労働者の労働条件を確保することは無理かもしれず、その場合責任は事業者ではなく、国にある。そして現在では労働者としての権利を強く言うことは、ときに障害者の介護保障の後退につながるおそれもあるのである。

労働者と事業者の対立はときに不毛な対立になるときがあり、それを避けるためにはそれなりに腹をわった話し合いが必要になってくるだろう。

介助現場が豊かになっていくには、利用者の介護保障、労働者の生活保障ともに、今後もっともっと成熟していかないといけない。利用者、事業者、労働者、そして行政、それぞれの間でもっと議論が展開していかないといけない。現在は、まだ成熟の途上にあるのである。

6　介護保険との比較

この章の最後に、障害者ホームヘルプと介護保険のホームヘルプの比較をしておく。同じく介護やホームヘルプといっても、その発想や制度がぜんぜん違うので、ここで指摘しておいた方がいいだろう。

筆者はときどき重度訪問介護従事者養成講座の講師をやるときがあるが、重度訪問介護や障害者ホームヘルプの特徴を説明するために、「障害者ホームヘルプと介護保険の大きな違いってどこにあると思いますか?」と尋ねることがある。世間では障害者ホームヘルプに比べたらまだ介護保険の方が知られていると思うので、そこから推測してもらうためだ。たいていの人は、障害者が地域でどう生きているのかなんてことは知らないので、尋ねてもなかなかなんとも答えてもらえないのだが、筆者はさしあたり次の三点くらいを大きな違いとしてあげる。

まず、介助サービスを利用できる時間数が大きく違う。

介護保険では、介護サービスの利用料に上限が決まっている。障害者ホームヘルプでは上限は決まっていない。介護保険のホームヘルプ利用量の上限は、一日三～四時間である。つまりヘルパーに来てもらえるのは、最大で朝、昼、晩、あるいは夜間巡回のそれぞれ小一時間程度である。だから、家族と同居していなくて、障害（要介護度）が重くなった人が、自分の家で暮らし続けることは、そもそもありえない。他方、障害者ホームヘルプでは、重度訪問介護を利用することで、一日二四時間の介護サービスを利用することができる。だからとても重度の人でも、施設ではなく自分の家で暮らすことが可能である。

次に、介護保険には見守り介助がない。

障害者ホームヘルプの重度訪問介護では、介助者が見守り介助でそばに待機していることが可能である。そうした見守り時間は介護保険では認められていない。介護保険では、介助者が長時間寄り添って介助、介護をするということはありえず、基本的に業務時間内は細かく業務内容が決められており、一時間程度の介助時間の中でその決められた業務内容をこなすことがヘルパーの仕事となる。他方、重度訪問介護では、介助者は基本的に障害者のそばに待機しつつ、障害者のその都度その都度のニーズに応じて介護が必要な事態に対応する。あらかじめいつトイレにいく、いつ食事をとると細かく決められているわけではなく、トイレにいきたくなったときにトイレにいくし、おなかがすいたときに食事をとるわけだ。見守り、待機時間という大きな枠の中で、その都度その都度に生じる介護が必要な事態に随時対応していくわけだ。介護保険の仕組みでは、トイレも食事も決められた時間にすますしかない。

次に、介護保険には外出介護がない。

障害者ホームヘルプには、移動支援があるし、また重度訪問介護の枠内での外出も可能である。介護保険にはそもそも外出介護の枠組みがない。最低、通院介助という病院にいくときだけの支援があるくらいである。つまり、自分一人で外出できなくなった人は、介護保険だと外出できなくなる。リハビリ名目での外出等はあるが、それらはある意味裏技である。どこかへいきたい、ちょっと街中まで出たいということは高齢者には制度上認められていない。

だいたい以上が、大きな違いである。先日、長らく障害者ホームヘルプの仕事にたずさわっており、現在は介護保険のヘルパーもしているという人の話を聞く機会があった。介護保険のヘルパーで働くにあたり、どこに違和感があったかなど教えてもらうことができた。

まず、どうも利用者との関わりが違うらしい。障害者の方では、利用者本人の言うことに耳を傾けて、何をするにつけても、まず本人に聞いてみる、というのが原則となる。ところが介護保険だと、本人に聞く、という発想がまずないらしい。制度的にも細切れ短時間派遣なので、用事をするだけで精一杯でじっくり話をする時間もない。「じっくり向き合って、いっしょにこれからの人生つくっていけたらいいな」なんていう時間はない。「いろんな思い、しゃべってくれると思うのに」。

サービス内容についても、本人が決めるわけではない。

だれが決めるかというと、医者や家族やケアマネなんですよ。ケアマネ中心で、関わっている人が全員集まって担当者会議を開くんですけど、本人不在。ある程度しっかりしていれば本人も参加することもあるけど、けっこう「聞いてもわからないだろう」、というのがあって。そのへん、どこまでこだわっているかはケアマネしだい。

「本人に聞きましょう」と私が言うと、けっこうぶつかるんですよ。それは「自立支援」[2]の考え方でしょ、と。ことごとく返される。「本人に」というところが「自立支援」なのかなぁ。この前、ケアプランをつくる機会があって、私の中では白紙にしておいて利用者と二人で決めればいいと思っていたら、そうじゃなくて、こちらでこの時間は掃除なら掃除と決めてからいくものよ、と言われてしまった。「そんななんでもなしでいったら、なんでもありになってしまうやん。本人さんが好きなこと言ってしまうやん」と。

このように、障害者ホームヘルプを経験してきた彼女からすれば、介護保険系の大きな違和感は、「本人に聞く」という姿勢や発想がないところのようだ。「利用者主体」などは介護保険でもしばしば言われているが、本人の声を聞く姿勢なしにどうしてそれが可能だろうか。もちろん地域で暮らし続けるという発想もないらしい。

だいたいどこまで地域でやっていくか、自分の家で暮らし続けるか、その辺の発想がない。この人のこの状態だったら家はもう無理でしょう、とケアマネや医者に判断されたら、もう絶望的。施設にいくしかない。

それから、介護保険では、やってはいけないことも多すぎ、ということにも違和感を抱いていた。

介護保険で、お酒、たばこはタブー。なんでかというと、あれは嗜好品だから、ということで。家事援助の買い物代行で、お酒買うことなんてない。頼まれても、「すいませんね、事業所でお酒は買ってはいけないことになってます」と。すごい厳しい事業所だと、コーヒーを買うこともオッケーかどうかの話になるそう。嗜好品だから、という理由で。

他に、花瓶の水を差し替えてはいけない、とか、どこそこの掃除はよくてどこそこの掃除は

2　介護保険系では、障害者福祉の方を、「自立支援」と名付けていることが多い。筆者もときどき「それは自立支援でしょ」と言われるが、そう名付けて線引きすることで、介護保険系の人たちは自分たちのやり方を守っているように感じる。

ダメ、なんという話もよく聞く。もし、お酒、たばこ、コーヒーがだめだとか、花瓶の水を差し替えてはいけないとかいうことならば、いったい私たちの日常生活とはなんであろう。介護保険では、日常生活をどんなものと考えているのだろう。

そうした厳しい決まりだらけだから、かえって事業所とかも規則を守ることばかりに気をとられるらしい。だから、ムダな報告書や書類が多いし、そんなものにばっかり時間をとられやすい。障害者運動のそばで介助を続けていた彼女には、そうしたことが理不尽にうつる。

> そもそも書類が多くて、書類をつくる方ばかりに目が向いていて、医者であったり、制度であったり、国の方ばっか向いてしまう。監査に引っ掛からないのかをすごく気にしはる。制度に対して疑問は抱かないし、制度は絶対。その制度のことがおかしいなんて思わない。

この章の冒頭で述べたとおり、制度は変わりうるし、問題のあるところは変えていくべきだ。わたしたちの日常生活はやはり制度のあり方に大きく規定されているし、そこを守って生きていかないといけないのは確かだ。けれども、制度は変わりうる。障害者運動は、何もないところから自分たちが地域で生きるために制度をつくってきた。介護保険と障害者ホームヘルプ[3]では、制度の内容に雲泥の差があることはここで紹介した両者の比較から了解できるだろう。高齢者の介護保障の問題までも考えたら、まだまだ日本の介護保障はほんとに発展の途上だ。

ともかくひとまずこの章は閉じ、次に、日本の障害者介護保障運動についてその歴史をふりかえっておこう。

［文献］

ピープルファースト東久留米（2010）『知的障害者が入所施設ではなく地域で生きていくための本』生活書院

長瀬修・東俊裕・川島聡編（2008）『障害者の権利条約と日本』生活書院

3　なお、障害者ホームヘルプと介護保険との衝突は、障害者が六五歳を過ぎ、高齢者になった時点で生じる。介護保険優先という原則があり、障害者でこれまで重度訪問介護等を使っていた人は、六五歳を境に「高齢者」と扱われ、介護保険のケアマネに認定調査を受けなければならない。そこで障害者福祉に理解のないケアマネにあたると、一日三、四時間の介護保険サービスだけで終わらせようとする。それで無理なら施設です、と。実際は、まず介護保険を使いきったのちに、追加で重度訪問介護等を利用できるが、そうした通達があることもまだあまり知られていない。ともかく障害者も高齢者も、自分が動けなくて人の手が必要になったら、状態はどちらも同じである。「障害者」か「高齢者」かという範疇の違いだけで、利用できるサービスに大きな違いが出てくる。ここにも日本の介護保障の大きな矛盾が現われている。

2008年7月20日　京都・大当事者デモ

第3章

障害者介護保障運動史そのラフスケッチ①

——70年代青い芝の会とその運動の盛衰

1　はじめに——障害者介護保障運動史を語る上でのただし書き

この章および次章では、障害者介護保障運動の歴史について簡単なラフスケッチを行う。

以下でおさえておいてほしいのは次のような点である。

現在の重度訪問介護に代表されるような制度は、当事者たちが運動によってつくってきたものだということ。なので、特に重度訪問介護という制度は、当事者たちの地域で生きたいという思いがいっぱいつまった制度だということ。

前章で見たように、介護保障の運動は今も続いているということ。全国的には、まだまだ二四時間介護保障のない地域が大半である。そこでは待っていても二四時間介護が実現するということはまずない。福祉関係者も行政関係者もみずから動いてくれることはまずないので、今後も当事者たちが訴え続けていかないと、地域で生きるための制度は成立しない。

その意味で、これまでの運動の歴史を学び、それを継承していくことはとても意義がある、ということ。

また、重度訪問介護は重度障害者が地域で自立生活を送りたいという思いの中でできてきた制度なので、それを利用する者たちも、サービスを提供する者たちも、事業者たちも、行政関係者も、その制度の趣旨を理解し、制度を活用していくには、制度の成り立ちの歴史を知らないといけない、ということ。

ただし、介護保障運動の歴史は、障害者の自立の運動、自立生活運動を全体として見たとき、その主要な部分ではあるがそれでもごく一部でしかない、ということも念頭に入れておかないといけない。まず障害者の自立と解放の運動、あるいは自立生活運動があり、その過程の中で、絶対に避けて通れないこととして介護保障の問題が生じてきた、ということである。根幹にあるのは、自立と解放、あるいは自立生活の運動と理念であり、いわば制度の確立はその運動にとって手段であり、目的そのものでない。

また自立と解放の運動や自立生活運動、そして介護保障の運動も、決して一直線の歴史を刻んでいるわけではないということ。そこには様々なイデオロギーの違いや立場の違いがあり、団体同士、個人同士はときに手を結びときに敵対しあいながら、集合離散を繰り返している。従来の研究では、障害者運動の歴史をまとめるのに性急なあまりか、そうした未整理の葛藤をしっかりと浮き彫りにできていないように思われる。

同時に、健全者、介護者、介助者と言われる人たちの考え方や立場も、運動の考え方や団体の特質により、大きな違いがあるということ。特に介護保障の歴史を考えるにあたっては、その違いはしっかりおさえておいた方がいい。運動や団体のあり方によって、その運動に対して健全者、介護者、介助者等の占める比重は大きく異なる。「自立生活運動」とひとくくりにされる運動においても、健全者たちの存在をできるだけなくしていこうとする方向から、健全者とともに、健全者の生活面までも意識しながらやっていく方向まで、そこには大きなふれ幅がある。運動はその大きなふれ幅のなかで成立してきている。

そして、どれかの考え方や立場が絶対的に正しい、などということはない、ということ。おうおうにして人は自分たちの立場や自分たちのやってきたことを正しいと思い、またそれを大きく見せたがるが、当然ながら別の立場にある人はまた別の主体（主観）としてその運動を見ており、そうした主体（主観）の総体として歴史は成立している、と思う。

また、以下簡単なラフスケッチを行うが、そこで取り上げられる個人や団体や出来事はわずかここ数年でわたしの視野に入った限りの特定のものであり、さらにその中から論述に必要な限りで取捨選択したものにすぎないということ。結局歴史というのは、おおよそ完璧な歴史などというのはありえないし、それを描く人がどのような立場でどのような考え方に基づいて記すかに依拠するものだと思う。つまり描く人の立場と切り口に基づいてしか歴史は描かれ得ない。だから、以下のスケッチは、今のわたしが描くことが必要で大切だと思われることを描いていく。その中には先輩諸氏等のおしかかりを受ける部分や事実誤認もあるかもしれないけれども、そこはそこで修正したり、補っていってほしい。

そして、歴史は過程であり、介護保障運動も過程である。現在もその過程のただ中にあるだから、わたしたちはまさに歴史のただ中におり、そしてまた最先端にいる。「これまで」を踏まえつつ、そして「これから」を展望していけたらいいと思う。「これから」を考える上でのヒントも、「これまで」の中にたくさんあるのではないだろうか。

2　障害者介護保障運動史の見取り図

以下、障害者介護保障運動史のラフスケッチを試みるが、ラフスケッチといえども相当の分量にのぼる。そのためさしあたり理解の一助となるように、介護保障運動史全体のおおよその見取り図を提示する。一五二ページの図をご覧いただきたい（この図はもともと岡部耕典氏が作成したものである。それをもとに、渡邉がある程度手を入れて、これから述べる介護保障運動史に即するように改変した）。

図の左側の流れが障害者運動の流れであり、右側が高齢者のホームヘルプ制度の沿革である。右側の流れについては、ホームヘルパーの教科書などでもごく簡単に触れられている。まず

日本におけるホームヘルプサービスとパーソナル・アシスタンス

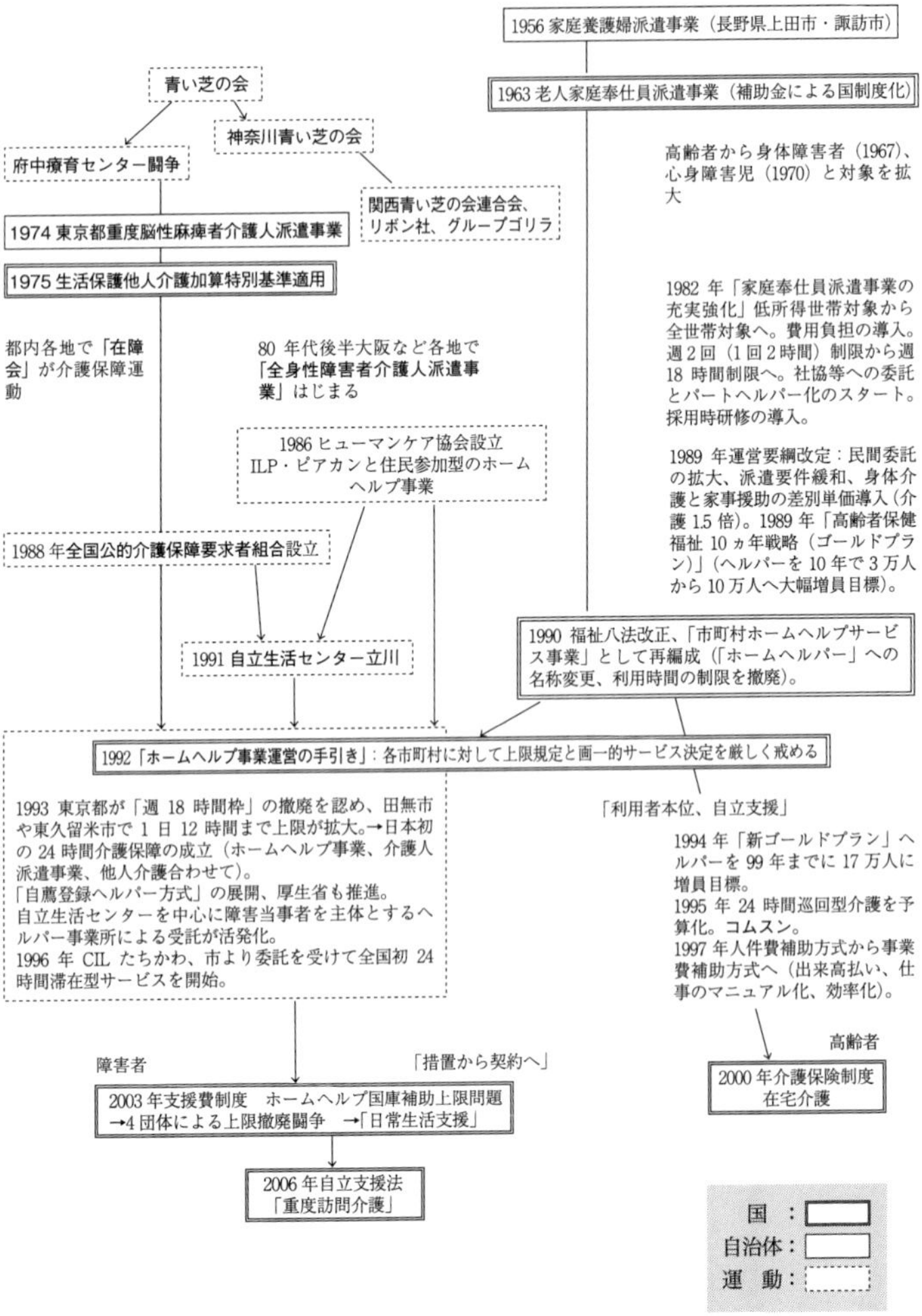
1956 家庭養護婦派遣事業（長野県上田市・諏訪市）
1963 老人家庭奉仕員派遣事業（補助金による国制度化）
高齢者から身体障害者（1967)、心身障害児（1970）と対象を拡大
青い芝の会
神奈川青い芝の会
府中療育センター闘争
関西青い芝の会連合会、リボン社、グループゴリラ
1974 東京都重度脳性麻痺者介護人派遣事業
1975 生活保護他人介護加算特別基準適用
都内各地で「在障会」が介護保障運動
80 年代後半大阪など各地で「全身性障害者介護人派遣事業」はじまる
1982 年「家庭奉仕員派遣事業の充実強化」低所得世帯対象から全世帯対象へ。費用負担の導入。週 2 回（1 回 2 時間）制限から週 18 時間制限へ。社協等への委託とパートヘルパー化のスタート。採用時研修の導入。
1986 ヒューマンケア協会設立
ILP・ピアカンと住民参加型のホームヘルプ事業
1989 年運営要綱改定：民間委託の拡大、派遣要件緩和、身体介護と家事援助の差別単価導入（介護 1.5 倍)。1989 年「高齢者保健福祉 10 ヵ年戦略（ゴールドプラン)」（ヘルパーを 10 年で 3 万人から 10 万人へ大幅増員目標)。
1988 年全国公的介護保障要求者組合設立
1990 福祉八法改正、「市町村ホームヘルプサービス事業」として再編成（「ホームヘルパー」への名称変更、利用時間の制限を撤廃)。
1991 自立生活センター立川
1992「ホームヘルプ事業運営の手引き」：各市町村に対して上限規定と画一的サービス決定を厳しく戒める
1993 東京都が「週 18 時間枠」の撤廃を認め、田無市や東久留米市で 1 日 12 時間まで上限が拡大。→日本初の 24 時間介護保障の成立（ホームヘルプ事業、介護人派遣事業、他人介護合わせて)。
「自薦登録ヘルパー方式」の展開、厚生省も推進。
自立生活センターを中心に障害当事者を主体とするヘルパー事業所による受託が活発化。
1996 年 CIL たちかわ、市より委託を受けて全国初 24 時間滞在型サービスを開始。
「利用者本位、自立支援」
1994 年「新ゴールドプラン」ヘルパーを 99 年までに 17 万人に増員目標。
1995 年 24 時間巡回型介護を予算化。コムスン。
1997 年人件費補助方式から事業費補助方式へ（出来高払い、仕事のマニュアル化、効率化)。
障害者
「措置から契約へ」
高齢者
2003 年支援費制度　ホームヘルプ国庫補助上限問題
→4 団体による上限撤廃闘争　→「日常生活支援」
2000 年介護保険制度
在宅介護
2006 年自立支援法
「重度訪問介護」
国　：
自治体：
運　動：

※岡部耕典 2006：114 をもとにして、若干追加・改変（渡邉）

一九五六年長野県で自治体レベルからはじまり、次いで少しずつ他の自治体にも広まり、そうして一九六三年には「老人家庭奉仕員派遣事業」という全国的な制度が成立した。制度の初期段階としては、その対象者は生活保護世帯などの低所得世帯の高齢者に限られ、また奉仕員も篤志家の主婦に限られていたそうだ。その後、派遣対象が、高齢者から身体障害者等にも拡がり、また低所得者限定という枠も外されていった。そうして制度の枠が広がっていき、「家庭奉仕員」という名称も、九〇年には「ホームヘルパー」と変更され、高齢化の進展とともに次第に社会に浸透していった。そして二〇〇〇年に介護保険制度ができる。こちら側の流れについては、筆者の勉強不足もあり、あまり触れることはできない（ただし、次章の後半で、九〇年前後の動向を簡単に述べる）。家庭奉仕員派遣事業は障害者も利用できる制度であったが、絶対的な提供量の不足もあり、障害者の自立生活のニーズを満たすにはきわめて不十分な制度であった。障害者はみずから生きる術、生きるための制度を開発していかなければならなかった。

図の左側の系列は、障害者が地域で自立して生きていこうとするときに生まれた運動の経過を示した流れである。本章及び次章では、この左側の運動の流れを、それぞれの運動の思想潮流に沿いつつ述べていく。

まず第3章では、左上の「青い芝の会」（特に神奈川青い芝の会）と「関西青い芝の会」及び健全者組織の運動について述べる。障害者がはじめて障害者として社会に出て健常者に対峙してみずからの存在を訴えた時期であり、運動内容は苛烈をきわめる。その障害者の訴えに呼応して健全者も動きはじめる。制度ともお金とも無縁の運動であり（当然介護は無償）、思想と信念によって支えられた運動であった。自立の原点がこのとき提示されるし、またその原点において障害者と健全者双方むき出しで対峙した時代であった。そこには様々な葛藤や相克があった。その運動の盛衰をこの章では述べる。

次いで第4章では、府中療育センター闘争をへて介護料要求運動を展開した公的介護保障要求運動の流れ（八八年に全国公的介護保障要求者組合を結成）についてまず述べる。介護保障運動は実質的にはこの運動によって担われてきたが、これまであまり語られてこなかった運動なので、ここではわりと丁寧に紹介する。次いで、八六年に設立されるヒューマンケア協会に焦点をあて自立生活センターの誕生と発展について述べる。そしてその双方が組み合わさって、双方の弱いところを補いつつ九〇年代に障害者自立生活運動が大きく花開く過程を述べる（その際、自立生活センター立川の結成が象徴的である）。二四時間の介護保障制度がいかなる形でつくられていったかも、ここで見ていく。[1]

おおよそ以上が見取り図の説明である。では、まずは「青い芝の会」からはじめよう。

3　青い芝の会と障害者運動の原点

(1) 青い芝の会――自立の原点

青い芝の会については、多言を要しないかもしれない。脳性マヒ者の当事者団体であり、世間的には過激でこわいというイメージをもたれている団体だ。実際にその活動の基本には、「われわれは問題解決の路を選ばない」という綱領があって、いっさい世間に対して妥協の道を選ばない。常に告発し、問いをつきつけてくる。

さて、介護保障運動史を青い芝の会からはじめるにはただし書きが必要であろう。というの

1　ちなみに、第4章で見ていく運動は、介護の有償化の流れの運動だが、一口に「有償」といっても、その意味するところは団体や考え方によってまったく異なるということを理解していってほしいと思う。例えば田中耕一郎は、介護料要求運動を「消費者主義の提起の嚆矢」（田中 2005：148）として捉え、自立生活センターの有償介助の発想に連続させているが、運動の中身や歴史を見る限りその整理の仕方はとても安直である。介護の有償化の流れは決して「消費者主義」一本の流れに収まるものではない。第4章で見るような介護の有償化のダイナミックな歴史を理解することは、現在のわたしたちの介助・介護（という仕事）のあり方に示唆するものがとても大きいと筆者は考えている。

も、青い芝の会は、介護保障運動をやってきてはいないからだ。彼らの活動の中に、介護保障の制度を充実しろ、という要求はさしあたり入ってこない。もちろん介護が必要な場面があり、また介護者なしでは生活できない人もいた。しかしそれでも、介護は、介護それじたいで求められたわけではない。もっと大きな課題、たとえば反差別であり、自立と解放であり、健全者文明批判であるといった課題をめぐる運動の一環として、介護があった。介護保障のための運動という発想はさしあたり出てこない。

そうではあるが、彼らの考え方の根本は、やはり後の運動にとって「原点」というべきものをもっており、そこは確認しておかねばならない。

青い芝の会は、一九五七年に結成。もともとは、東京世田谷の光明養護学校の卒業生たちによる「しののめ」という文芸サークルが由来らしい。光明養護学校というのは当時全国でただ一つの肢体不自由児学校で、それなりに裕福な家庭に生まれた障害児しか入ることができなかったので、その卒業生たちというのは「当時としてはまれにみる英才教育を受けた障害者のエリートたち」でもあった。また、脳性マヒ者というのは言語障害があるなどで他の身体障害をもつ者たちからも変わり者扱いをうけやすく、他の障害者集団にはなじめず、自然に脳性マヒ者たちだけで集まるようになったという。

そうした同窓会的な集まりがスタートであり、その中から自分たちの置かれている社会的立場を問題視し、社会問題にも取り組む団体として青い芝の会が結成された。ただ、当初はお茶のみ会、親睦会という性格も存分に残していた。そこに二つのグループが合流して、同窓会的な性格を抜け出し、活動も活発化していく。両グループのメンバーとも、「生まれ育った家庭や各地の福祉施設などからはみ出した落ちこぼればかり」だったそうだが、一つは、東久留米園出身のグループ、もう一つはマハラバ村出身のグループである（以上の記述や引用は、若林1986より）。

とりわけその中で、青い芝の会の、障害者運動における「原点」と言うべきラディカリズムを身につけていたのは、後者のマハラバ村出身のグループである。彼らは当初神奈川を中心に活動し、その後彼らの主張が関西をはじめとして全国に飛び火し、各地の障害者に大きな影響を与え、青い芝の会の活動は全国的展開を示すようになる（なお、前者のグループをはじめとする東京のメンバーは「東京青い芝の会」を構成し、七〇年半ばには全国的な青い芝の会の運動からは距離をおくようになる。いわゆる「全国青い芝の会」とは別の主張をもつ団体であり、障害者基礎年金の拡充等には大きな功績を残している。「青い芝の会」といってもひとくくりにしてはいけないので、ご注意いただきたい）。

さてではその「原点」とは何か。

一九六〇年代から、すでに青い芝の会は厚生省交渉や国立身障センターとの交渉を行う運動団体であった。脳性マヒ者としての立場から運動を展開した団体としてははじめての団体であり、その意味では、当時からそれなりに社会的にも注目されていたらしい。しかし運動の要求としては、ある程度世間的にも理解される穏当な要求、たとえば早期発見、早期完全治療の要望であり、またリハビリ医療の充実であり、職業更生施策の充実であり、若干の生活改善要求であり、そして職業更生の望めない重度障害者のための終身収容施設充実の要求であった（要求項目は一二項目あり、具体的にはたとえば、若林 1986：34-35 を参照）。言ってみれば、ここでの要求は、障害はむしろない方がいいもの、障害は治った方がよくて、リハビリを通じて職業的に更生することがいいことであり、あるいは障害が重すぎる場合は施設に入った方がいい、というような世間並みの価値観に基づいていた。

それまでの運動のこうした傾向に対し、後に神奈川青い芝の会を構成するマハラバ村出身の横塚晃一や横田弘らは、障害者自身の中にも根付いていたこうした世間並みの価値観を根底から覆そうとした。そうして、世に初めて、障害者としての立場の自覚に基づく運動、障害者としての独自の世界を打ち出そうとする運動を行った。世間の価値観、健全者の価値観を否定し、それまではどこにも存在していなかった障害者の独自の世界を創出しようとした。

マハラバ村というのは、六〇年代に茨城県石岡市郊外の小高い山、閑居山内の願成寺につくられた脳性マヒ者たちの共同体、一種のコミューンである。「CP（脳性マヒ）解放区」とも言われる。相談役として、破天荒な僧侶大仏空《おさらぎあきら》がいて、思想的には彼らに多大な影響を与えたが、基本的に生活については彼らに手を貸さなかったという。彼らは健全者社会からあえて背をそむけ、人の手を借りずに自分たちの力で生活し、生きる道を模索した。障害をもつ者として、当然に生活はうまくいかない部分もあるだろう。また社会性をもてない環境の中で育ってきた者同士の共同生活はエゴイズムのぶつかりあいだった。しかし彼らはそこで、健全者社会に溶け込んでいては見いだすことのできなかった脳性マヒ者としての自覚、一人の人間としての自覚を手に入れたのだと思われる。自分の力で生きることにより、彼らははじめて「自己」を見た。大仏空は彼らに向ってこう言ったという。

> 障害者は一般社会へ溶け込もうという気持ちが強い。それは「健全者」への憧れということだが、君達が考える程この社会も、健全者といわれるものもそんなに素晴らしいものではない。それが証拠に現に障害者を差別し、弾き出しているではないか。健全者の社会へ入ろうという姿勢をとればとる程、差別され弾き出されるのだ。だから今の社会を問い返し、変えていく為に敢えて今の社会に背を向けていこうではないか。（横塚 2007：113-114）

健全者中心の価値観の社会の中での障害者の位置は、健全者のできそこないでしかない。障害者が世間並みの価値観、健全者の価値観を基準に自分たちのことを考えていてもそこには健全者という幻想にふりまわされている自分しかいない。そこには自己というものは存在しない。日常の意識構造においても、運動要求の意識構造においても、健全者に一歩でも近づこうとする気持ちから抜け出せない以上、障害者は「自己」を見失っている。障害者は「自己喪失」に陥っている。障害者としてのわれわれは、まず自分をありのままの自分を見つめるところからはじめねばならない。

私達が、自己主張するには先ずその自己がなければなりません。そういえば私達は今まで自己というものをもっていたでしょうか。体はわるくても心は美しくとか、心まで障害者にならないようにというように、心と体を分断するような教育をされてきた私達の意識は全く自己喪失であったということに気がつきました。（同：64）

脳性マヒ者としての真の自覚とは、鏡の前に立ち止って（それがどんなに辛くても）自分の姿をはっきりとみつめることであり、次の瞬間再び自分の立場に帰って、社会の偏見・差別と闘うことではないでしょうか。（同：87）

マハラバ村というコミューンの試みは、健全者社会にいったん背を向けることによって、ありのままの自分の姿をはっきりと見つめ、健全者社会の中で見失っていた自己を取り戻そうとする運動であったのだろう。

数年たって、マハラバ村は崩壊する。崩壊の原因は、相互のエゴイズムのぶつかりあいや、捨てきれぬ健全者幻想のゆえだと言われるが、その過程でメンバーたちの自己認識、自覚は深まり、そして脳性マヒ者・障害者という固有の立場に立つ自己が確立していったのだろう。

マハラバ村を降りた彼らは、今度は健全者文明のただ中で、障害者としての自分たちの自己を主張していく。障害者が、健全者社会に適合するために声をあげるのではなく、まさにありのままの自分たちの姿をそのまま主張しようとした。マハラバ村において自己のありのままの姿をはっきり見つめ、その後マハラバ村を降りた横塚晃一や横田弘が、今度は健全者社会の中で「再び自分の立場に帰って、社会の偏見・差別と闘」いはじめるわけである。それは、次のような「一人ぼっち」の立場からの運動である。そしておそらくこの一人ぼっちの姿の中に、障害者運動にとっての自立の原風景があるように思う。

我々が発言する場合考えなければならないことは、親兄弟から別れ一人ぼっちになった自分を想定した時、あるいは夕暮の雑踏の中に放り出された自分（今の障害のままの）を発見した時、いかにさけびいかに行動すべきかということなのである。そして一人ぼっちになった自分、ありのままの姿の自己を捕えた時、自ずから己れとは何か、脳性マヒ者とは何か、更に人間とは何かということに突き当たるであろう。（同：122-123）

脳性マヒ者・障害者としての自覚にたち、そこから自分たち独自の世界をつくりだしていこうとする運動は、それ以前にはいっさい存在しなかった。彼らの運動は、まさにゼロからのスタートである。彼ら自身は、何もないところから、ただ己のみを信じ、歩を進めることしかなかった。以降の運動は、この彼らの出発したゼロ地点から、障害者独自の世界を築いていこうとする運動であったと言えるのだと思う。

私達障害者の間でどうしたら〔健全者に〕理解して貰えるかとか、そんなことといったら理解して貰えなくなるとかいう言葉をよく聞くのですが、これ程主体性のない生き方があるでしょうか。大体この世の中において四六時中理解して貰おうと思いながら生きている人がいるでしょうか。小説家にしろ彫刻家あるいは絵かきにしろそれぞれの分野で自分の世界をつくっております。それは理解して貰うというよりもその作品をもって己れを世に問う、あるいは強烈な自己主張をたたきつけるということではないでしょうか。

私達脳性マヒ者には、他の人にない独特のものがあることに気づかなければなりません。そして、その独特な考え方なり物の見方なりを集積してそこに私達の世界をつくり世に問うことができたならば、これこそ本当の自己主張ではないでしょうか。（同：65-66）

ただし、彼らの運動は、より正確に言うならば、単にゼロから出発したわけではなくて、まず健全者文明をゼロに引き戻す、そしてそのゼロからまた新たに世界をつくりだしていこうとする運動であった。そして、彼らの活動の主眼は、むしろ前者の、ゼロに向けて既成の価値観をぶち壊していく方向へと向かった。彼らは、自分たち独自の世界をつくりあげていくためには、まずその前に既存の世界の差別と偏見を伐採し、地平を切り開いていかねばならなかった。言うまでもなく、現在なにほどかこの地域社会において障害者の生活世界が確立しているとすれば、それは彼らの切り開いた地平の上に成立している世界なのだ。

(2) 健全者社会に対峙して――地域社会と障害者

一九七〇年五月、横浜市で一人の障害児が母親の手によって殺された。当時障害児殺しは頻発しており、これもその数ある事件のうちの一つであっただろう。他の事件の例と同様に、この事件においても、地元町内会や父母の会によって、殺した母親を罰するな、という減刑嘆願運動が起きた。当時の福祉は絶対的に貧困であり、現在のようなホームヘルプはもちろん、収容施設も不十分であり、介護は母親にいっさい委ねられていた。また近所や地域の目も、圧倒的に厳しい世の中であった。障害児を外に連れ出すわけにはいかず、母親は子どもとともに閉塞していかざるをえなかっただろう。

当時の新聞の見出しは、たとえば以下のようなものであった。

障害児殺し　あんなに尽くして……犯行の母に同情の声
献身の母、看病に疲れ？　身障の息子絞殺　「私も死ぬ」と姿消す
わが子殺し、母自殺行　十二年間疲れ切った（横田 1979：9）

世間の同情は、障害児を殺した母親に集中した。そして誰も、殺された障害児の側にたち、殺されたことを不憫に思う者はいなかった。今回の事件も、それまでの事件と同様、減刑嘆願運動によって母親は無罪になる可能性もあった。

しかし、青い芝の会はこの減刑嘆願に反対した。母親を無罪にするな、子どもを殺した罪を問え、と社会にアピールした。言うまでもなく、子どもを殺した罪は重罪である。けれども、殺されたのが障害児だったら減刑嘆願が起こり、起訴猶予となり、許される、そんな風潮が世にはびころうとしていた時代だった。障害児はもはや人間の子どもとは見なされなくなろうと

していた。ちょうど時代は優生保護法改正により、「不良な子孫」の出生を防止するためならば、すなわち「その胎児が、重度の精神または身体の障害の原因となる疾病、または欠陥を有している恐れが著しいと認められる」場合には、妊娠中絶を認めようとする方向にも向かっていた。障害はあってはならないものであり、障害児を殺すことは人間を殺すことにはならない、という方向に向かっていた。横塚晃一や横田弘は、ここに障害児（者）、ひいては障害をもつ自分たちを人間ではないものとして抹消していく、差別意識以上におそろしい何ものかを感じたのである。

> しかし今回［運動を進めていく中で］私が会った多くの人の中で、殺された重症児をかわいそうだと言った人は一人もいなかった。ここで思うのだが、これを一口に障害者（児）に対する差別といってよいものかどうか、そう簡単には片付けられないものがあるように思う。これを説明するのに私は適当な言葉を知らないが、差別意識というようなやさしいもので片付けられない何かを感じたのである。今回の事件が不起訴処分または無罪になるか、起訴されて有罪となるかは、司法関係者を始め一般社会人が、重症児を自分とは別の生物とみるか、自分の仲間である人間とみるか（その中に自分をみつけるのか）の分かれ目である。（横塚 2007：80）

彼らの主張は、多くの非難を浴びた。母親をこれ以上苦しめるな、母親の苦しみがわかるか、施設がないのは事実ではないか、などといったバッシングを浴びた。だれも殺された障害児の側に立つ者はいなかったのである。障害はない方がいい、そして障害者はいない方がいいという発想は、社会や健全者の意識の中にあまりに根深く存在していた。

今迄、CP者（児）が殺される度に繰返されている施設不足のキャンペーン、或いは殺した側の親を救えという運動、その本質にある「無用の者は、社会から消えるべきだ」とする健全者社会の姿勢を変えない限り、……障害者運動の出発はありえないのではないだろうか。今迄私たちが行ってきた、そして大多数の障害者が今でも行いつつある、障害者を理解して貰おう、或いは一歩でも二歩でも健全者に近づこうとする運動が通用する程、現在の私たちを取巻く状況は甘くない事は確かなのだ。（横田 1979：27）

彼らは社会に向かって問いを投げかけた。

矢張り、障害者（児）は悪なのだろうか。
「本来、あってはならない存在」なのだろうか。
本当に健全者は、障害者が憎いのだろうか。

障害者は殺してしまえ、という論理なのだろうか。(同：35)

それは、障害を持って生まれた自己の存在を賭けた闘いであった。

母親の罪を問え、という青い芝の会の主張は、当時においても、また現在から見ても、過激にうつると思う。一方では、何の支援もない中で心身疲弊していく母親への同情は、確かにあってもいいものだ。障害当事者たちが母親の罪を問えと迫るのは、母親のことを思うとあまりにも不憫かもしれない。青い芝の会の活動を通じて、これ以降、障害児(者)を殺した肉親は無罪とはならず罪を問われるようになっていった。しかし、あまり認識されていないように思うが、母親の罪を責めることが彼らの目的にあるわけではない。彼らによって責められているのは、むしろ社会を構成しているわたしたち一人一人、そしてあなた方一人一人である。

私たちは加害者である母親を責めることよりも、むしろ加害者をそこまで追い込んでいった人々の意識と、それによって生み出された状況をこそ問題にしているのだ。(同：34)

勤君は、母親によって殺されたのではない。

地域の人々によって、養護学校によって、路線バスの労働者によって、あらゆる分野のマスコミによって、権力によって殺されていったのである。(同：24)

彼らが問題にしているのは、社会のあり方であり、そしてその社会を構成する一人一人である。もちろん彼らは、先に見たように自分たちの中にある「健全者幻想」の意識を問い続ける。

私はここであなたを責めるつもりは毛頭ありません。これは私自身を責めているといった方が適切かもしれません。自分より重い障害の人を見れば「私はあの人より軽くてよかった」と思い、また知能を侵されている人を見れば「自分は、体はわるいが幸いあたまは……」と思うのです。なんとあさましいことでしょう。そのように人間とはエゴイスティックなもの、罪深いものだと思います。（横塚 2007：36-37）

このように彼らは、自分たち自身の中にある差別心、健全者幻想を問いただす。しかし、それと同時に目の前の健常者に対しても問いをつきつける。

なぜなら我々を、不幸な、恵まれない、かわいそうな立場にしているのは権力であり、今の社会であります。その社会をつくっているのは他ならぬ「健全者」つまりあなた方一人一人なのです。あなた方は、我々をはじきだした学校で教育をうけ、我々の姿のみられない職場で働き、我々の歩けない街を闊歩し、我々の利用できない乗物、エスカレーターなど種々の器物を使いこなしているのです。このように考えれば、一人一人が、いや他の人はとにかくとしてあなた自身が差別者、抑圧者といえましょう。（同：141-142）

彼らの考え方は、この点においてもきわめてラディカルである。障害者だけが努力すればいいわけではない。また健常者だけが反省すればいいわけではない。障害者、健全者を問わず、社会を構成する一人一人がこの社会のあり方、そして自分たちの意識のあり方を一から考え直していくことを求めているのだ。横塚はしばしば、「自己とは何か」「人間とは何か」と問うている。「障害者運動とは障害者問題を通して『人間とは何か』に迫ること、つまり人類の歴史に参加することに他ならないと思う」（同：123）

こうして青い芝の会は、健全者社会全体を巻き込んだ社会の変革運動へと向かっていく。なお、横塚にとって、「介護者」というのはある「特定の健全者（親・きょうだい・施設職員など）」を指すわけではない。

私達は、この社会を構成するすべての健全者が介護者であるべきだと考え、障害者の自立を通して健全者の意識を変革していく闘いを進めております。（同：305）

このように「社会を構成するすべての健全者が介護者であるべき」と横塚は考えている。ここには、先に見たところの、障害児が母親によって殺されたのではなく、社会を構成する一人一人によって殺されたのだという認識に連続する発想が認められるだろう。

では我々脳性マヒ者、精薄者の生活形態は一体どうすればよいのだろうか。それはやはり他の人――同じ人間の身体から出て来た者――がそうであるように、それぞれの地域に住み、自分自身の生活を営むということが原則となるべきであると思う。もちろんそれには種々な困難がある。風呂場・トイレの改造などは大した事ではあるまい。より基本的には障害者をとり囲む社会の一人一人が障害者の問題を我が事として考え、その地域にいる障害者を仲間として隣人として受け入れ、折々は言葉をかけ、暇があれば下着一枚でも洗ってやるような精神風土がなければならない。いや、そうではなく、そういった精神風土を我々の力で作っていかなくてはなるまい。（同：48）

地域社会は、障害者を排除する。母子関係の中に閉塞させ、母親に障害児を殺させていく。あるいは人里離れた収容施設へと障害者を隔離する。そうした地域社会ではなくて、一人一人が障害者問題を我が事として考えるようにならねばならない。地域社会の一人一人が障害者の介護者であるという心構えをもつようにならないといけない。

横塚たちは、このように考えていた。そして、こうした青い芝の会の考えに賛同、応答し、自覚的に障害者運動に関わっていった健全者たちがあらわれてきた。横塚たちに由来する青い芝の会の考えは、関東においてよりもむしろ関西においてその拡がりを見せた。運動の舞台はむしろ関西にうつっていく。

なお、横塚たち青い芝の会の活動は、減刑嘆願反対運動に続き、優生保護法改定案反対、障害者児者実態調査阻止、あるいは年金、医療等の生活保障をめぐる闘い、さらには路線バス乗車拒否闘争、また施設や病院、学校などに対する差別糾弾闘争など、国相手、社会相手、地域相手にさまざまな活動を行っていった。それらについては一般の障害者運動史の本にまかせることとして、以下では健全者との関わりをめぐる過程に焦点をしぼってみていくこととする。

4　関西青い芝の会と健全者運動

(1) 関西障害者解放運動のはじまり――上映運動から障害者組織、健全者組織の成立へ

横塚や横田らの生き様や行動は原一男によって記録・撮影され、『さようならCP』(一九七二年)というドキュメンタリーフィルムに結実した。それは、本来のありのままの障害者の姿、

自己の姿を社会にさらけ出し、社会に挑戦していきたいという彼らの思いと行動が見事に映像化された作品であった。多くの人が、映像の中に実際登場し、社会の中の差別や偏見と闘っていく横塚や横田らの姿に感化された。『さようならCP』の上映運動が全国各地で展開された。そしてこの上映運動を通じて、青い芝の会は全国展開していくこととなる。「今までは自分は、誰かに作られた優等生の障害者だった。これからは、自分で自分をつくる」（自立障害者集団姫路グループリボンの結成時の宣言［河野 2007：59］）横塚たちの活動に刺激され、多くの障害者が、障害者としての自覚、脳性マヒ者としての自覚のもとで運動を展開しはじめた。

関西では七二年の早々から上映運動の企画がもちあがったらしい。その年の夏ごろから実際に上映運動がスタートし、横塚らの活動に影響を受けた障害者グループが徐々に誕生していくことになる。

七八年に書かれたものだが、「関西青い芝の会連合会のあゆみ」と題された文章（一九七八年関西青い芝連合会臨時大会議案書の一部。以下ことわりない場合はここから引用）があるので、以下それを参照しながら関西での運動の経過を見ていく。

一九七二年二月、健全者ばかりで、神奈川青い芝の会の作った『さようならCP』の上映実行委員会が結成された。そのメンバーは、障害者問題を考えている学生のサークルや、さまざまな闘争をしていた活動家たちであった。そして、このメンバーが中心になって障害者解放運動を旗印に関西各地で上映運動を繰り広げていった。

ここにあるように、関西での青い芝の会の活動の発端は、まずは『さようならＣＰ』の上映実行委員会が「健全者ばかりで」結成されたところにあるらしい。もちろん上映運動には横塚も深く関与し、関西での上映運動を成功させるために七二年の初夏、大阪を訪問し、それから三ヶ月ほど滞在し、上映運動を牽引していたようだ。上映会は七二年七月にはじまり、その上映会に触発されるかたちで障害者たちの組織も誕生していき、また同時に健全者の組織も成立していく。その過程は次のように言われる。

七二年一〇月に、上映実行委員会のメンバーが編成し直され、『さようならＣＰ』上映事務局が編成された。そのころ、たまたま一人の脳性マヒ者が現れ、その脳性マヒ者を基軸に、一一月には、自立障害者集団姫路グループリボンが作られ、その中でねたきり障害者や歩けない障害者が街へ出ていくようになり、七三年二月に大阪で、六月には神戸で、自立障害者集団友人組織グループゴリラを組織していった。

このころ、上映事務局が障害者問題資料センター・リボン社となり、直接障害者の手足となるグループゴリラと、リボン社の任務分担が明確にされていった。

そして、七三年四月には、関西グループリボンに集まっていた関西各地の一部の障害者によって、大阪青い芝の会が結成された。

このように、まず一人の脳性マヒ者がたまたま上映会に現れ、彼女が姫路で上映会をすることで自立障害者集団姫路グループリボンが生まれる（古井 2001：365）。それから大阪青い芝の会といった障害者団体や、健全者たちの組織である自立障害者集団友人組織グループゴリラも組織された。そしてそれらの団体はいずれも、『さようならＣＰ』上映事務局（ほぼ同じメンバーで「リボン社」に組織替え）の肝いりで結成されたようである。

以降、関西の運動は、障害者問題資料センター・リボン社（上映事務局より発展的に移行）、障害者組織（青い芝の会やグループリボン[2]）、健全者友人組織（グループゴリラ）の三者の関係で見ていかねばならない。

「リボン社」は上映運動事務局から発展した組織である。そのメンバーは「健常者のみで、当時は反公害運動など社会運動を行っている者が多かった」（山下 2008：43）。また、「りぼん社の主な事業としては、資料や機関紙等の出版業務、財務管理業務（事務所を構成する諸団体〔青い芝の会、グループゴリラ等〕の財務管理）がある。運動を行っていくための主要な財源は映画の上映活動やカンパである。また、りぼん社は関西での障害者運動の形成に関わってきた健常者たちがスタッフとなっていることから、障害者運動／健全者運動の要となっていた」（同：43）。ここに述べられているように、青い芝の会、グループゴリラといった前線組織の財務管理をも行っていたようだ。黒幕として関西の障害者運動／健全者運動をある程度背後で操っていたのはリボン社であったと言えるのだろうか。後に、リボン社から派遣される運動の専従者たちの横柄さが問題となり、健全者組織解体のきっかけとなる（なお、「リボン社」は当時は「リボン」とカタカナで表記していた。運動が七八年に瓦解したのち、「りぼん社」と表記するよ

2　「グループリボン」と「リボン社」を混同しないように。

障害者集団グループリボンはその後自主映画の製作活動などを行うが活動は縮小していく。障害者団体としては次第に青い芝の会の方が勢力をましていき、そちらに障害者が結集していく。

なお、健全者組織「グループゴリラ」は「グループリボン」の友人組織としてまず結成される。「ゴリラ」という名前の由来は「リボンとゴリラ」というラジオ番組からの連想だという。「昔ね、『リボンとゴリラ』っていう、乱暴な男の子が女の子を守るラジオドラマがあった。［略］そよ風のようにヒラヒラするリボンを、むくつけき者が守ったり助けたりって、なかなかロマンチックじゃないの、とか言うて……」と、当時上映事務局の中心メンバーだった河野は述べてる（角岡 2010：36）。

なお、姫路でグループリボンをつくり、以降関西の運動で中心的役割をはたす鎌谷（現姓・古井）がグループゴリラについて、「『頭は出さずに、手足だけ出す』という意味で『ゴリラ』と名乗っていた」（古井 2001：367）というように、ゴリラの名前の意味のとり方ひとつをとっても、人の思惑が見え隠れしている。

うになり、現在にいたる。［山下 2008］では基本的に「りぼん社」とひらがな表記で統一されている）。
さて、その後の関西での青い芝の展開は以下のようになる。

七四年四月、大阪青い芝の会の第二回大会で、関西制覇という組織方針が決まり、この方針に基づいて、兵庫、奈良、和歌山、京都へと各府県に当時の大阪青い芝の役員が行き、各府県の青い芝の会の組織づくりを担っていった。こうして七四年一一月関西青い芝の会連合会の結成に至った。そして障害者の関西連合会の組織化に伴い、健全者も関西グループゴリラ連合会を結成していった。

青い芝の会の展開に伴い、健全者組織であるグループゴリラも同時に展開していった。そして七四年の一一月には関西青い芝の会連合会と関西グループゴリラ連合会という、障害者・健全者双方の関西連合体が成立する。

(2) グループゴリラという組織と実践

関西でこのように健全者組織が同時に展開していったのは、関東の青い芝の会にはなかった独自性であった。健全者組織が健全者組織として成立していった背景はなんだったのだろうか。

これも七八年議案書の「あゆみ」に述べられている。

　その当時、グループゴリラの会議には青い芝の会のメンバーが参加していたが、歩けない障害者の自立の総括からゴリラの運営は健全者のみでやるようになった。大阪青い芝の会の二人目の障害者は歩くことができず、青い芝の会の障害者が介護をしていたが長続きせず、家に帰してしまうことになった。この時の総括として、人に頼らず、障害者自身が考え、実行して行くのが自立であり、健全者も障害者と日常的につきあっていく準備もできていない甘さを反省し、健全者自身の側からも自立を支えていく体制を作っていく必要から、グループゴリラの会議から青い芝の会のメンバーは抜け、ゴリラはゴリラとしての組織性を明確にし、運営は健全者だけでやり、財政は、青い芝の会のカンパの四分の一をあてるということになった。

どうやら、介護を必要とする障害者の自立の失敗の経験から、健全者としても障害者の自立を支えていく組織づくりを自覚的にやっていこうとする考えが生まれ、そこから健全者組織グループゴリラの性格がはっきりとしたようだ。

　では、グループゴリラとはどのような考えのもとで、どのような活動を行っていたのだろうか。障害者運動に関わっていた健全者たちの思いのいったんが見られると思うので、当時のパンフレットから、その活動内容について簡単にふりかえってみる。
グループゴリラの活動には三本の柱がある。
①在宅障害者訪問
②行動保障
③自立障害者介護
である。それぞれの活動の詳細がパンフレットに書かれているので、それを紹介しよう。どのような思いから、ゴリラのメンバーが活動に入ったのか、よくわかると思う。

①在宅障害者訪問

あなたは街で障害者、とりわけ車イス等に乗った人たちを見かけたことがありますか?一〇〇人に一人は生まれると言われる障害者は、いったい何処に住んでいるのだろうか?……その多くは、家の中（在宅）や施設で、そこを世界と思い込んで住んでいます。在宅者の中には二〇年間も外に出たことがないという人も少なくありません。私たちは、そういった在宅障害者のもとへ訪問活動を行なっています。これは障害者との出会いをつくることでもあり、同時に友人運動にとって大切なことであります。（山下 2008：207-208）

街で障害者を見かけることなどほとんどなかった時代である。「二〇年間も外に出たことがないという人も少なくありません」というのは誇張ではない。街に障害者が出ることは、いわば地域から禁じられていた。そうした状況の中で、たとえば障害児殺しは起こるのだろう。隔離された施設へと送られるのであろう。ゴリラのメンバーは、青い芝のメンバーとともに、そうして閉じ込められた生活を送っている障害者のもとを訪問し、新たな出会いをつくりだそうとした。この訪問活動は「こんにちは訪問」とよばれたそうだ。ときには健全者だけで障害者宅を訪問したという（定藤 2008：122）。たいていは門前払いだったが、もし何か関わりのきっかけが生まれれば、次はともに街に出ようとした。

②行動保障

在宅障害者訪問等の活動の中で次に明らかになって来るのが、私たちの健全者であるが故の差別性であり、現社会の障害者隔離・抹殺の現実です。街に出る、遊びに行く、食事をする、風呂、トイレ。重度障害者の場合、他人の手足を使わなければ生きて行けません。［略］私たちの「障害者を差別する人間でありたくない！」想いの闘いへの突破は、まずもって障害者の行動を保障して行くことから始まります。差別と闘う障害者自らの運動の中で、送迎・介護等の日常活動保障を私たちは組織的にやり切らねばなりません。［以下略］（同：208）

当時、障害者たちは、外に出ることを著しく制限されていた上に、家族以外の他人の介護を受けた経験もなかった[3]。障害が重度であるほど、外出は困難であった。そしてその事態はまさしく障害者差別そのものであり、ゴリラたちは、自らその障害者たちの手足となりその行動を保障することで、差別と闘っていった（こうした活動が、関西においてより多数の障害者が青い芝の会に関わるようになるきっかけの一つとなった）。

③自立障害者介護

　青い芝の会等の闘いの中で、多くの重度在宅障害者が家を出、施設を出て、街中のアパートで生活をし始めています。施設、在宅による社会からの隔離・抹殺、障害者用の世界でしか生きることを許されない現状の中で、敢然として地域で生きる闘いを始めているのです。それは他人の手足を使わなければ生きて行けない彼らにとって、命をかけたことなのです。わたしたちが、彼らの二四時間介護を保障して行くことは、障害者としての生を生きて行く主張にどう関わりをもって行くのか、健全者としての生き様をどのように創り出して行くのかを問うものです。障害者のペースによる生活そのものの中での関わりは、障害者性と健常者性との、生身と生身とのぶつかり合いです。［略］

　わたしたちは障害者を抹殺する存在を否定し、障害者と付き合うことによって生じる多くの怖れ（従来の健全者の生活スタイルが切りくずされる）とキッチリ向き合って、障害者が自立し、共に生きる世界を生み出す過程を共有しようとしています。（同：208-209）

在宅訪問して障害者と出会い、そして次には外出をサポートする。そして最後に、本人が自分の意志で地域で生活する自立生活のサポートである。そしてこの自立障害者介護は単なる介護の保障ではない。障害者と健常者お互いが生身と生身でぶつかって、健常者としてはこれまでの生活スタイルが崩されていく。そうしてそのぶつかりあいの中から共に生きる世界が生み出されていく。自立障害者介護とはその世界を生み出す過程である、と言われている。

3　障害者と健全者の交流をはかるために、当時一〇〇名規模で大交流キャンプが行われていた。そういうところで初めて障害者たちは他人の介護を受けるわけだが、当初は身体が緊張してしまい、おしっこも出なかったというエピソードもある。

「最初のキャンプはやっぱり僕も緊張するしね。トイレもできなかったしね。朝一〇時に出て、結局明くる日の、日付が変わった二時頃にやっとトイレができるんですね。なんぼごくごく飲んでも出なかったし、今でも悪友で一緒に活動やっている小林君［小林敏昭。リボン社→りぼん社］がリラックスするようなギャグを言ってくれたから、それで気が緩んでおしっこしたことを覚えています。それがなかったら、僕はキャンプでトイレできへんかったと思います。怖いからね。それで終わったかもわからんけどね。でも話を聞いたら、キャンプの時はたいていみんな同じような経験をしてるんよね」（森 2003：187）

こうした活動が、どこまでこの理念に即して行われたかは、なかなか定かではない。しかし、障害者の自立を支援していく、地域生活を支援していく、という立場から見れば、今でも十分に参照に値する文章ではないだろうか。

なお、元ゴリラの一人がこんなぶっちゃけトークをしているのを耳にして、どことなくこうした理念とのギャップがおもしろくて共感してしまったのを覚えている。

ゴリラのメンバーってみんなさびしかったんだよ。ゴリラは田舎出の人が多くて。いけば誰や彼やがいるし、自分が何か必要とされてるんだなぁ、という実感というか。(ゴリラH 2010)

(3) 運動の展開——障害者と健全者の相克

さて、七三年ごろより、関西では、このように介護の体制づくりも視野にいれて、障害者運動が行われていった。関西ではその後続々と歩けない二四時間介護が必要な障害者が自立をしていったという。関西のこうした状況は、関東や全国の青い芝の会にも影響を与えることになった。七五年一一月鎌倉で開かれた全国青い芝の会の第二回全国代表者会議において、全国各地の青い芝の会の下に健全者組織を作り出す運動方針が打ち出された。そのときの活動方針には、なぜ健全者組織が必要か、そしてどの点に注意していかねばならないかなどが書き込まれている。

しかしながら、「青い芝の会」の運動はこれからもますます発展させ、深化させていかなければなりません。特に歩けないような人達、あるいは身の回りのことが自分でできない人達を「青い芝の会」の運動の中にどんどん参加させていく、いや、むしろこのような人達が中心になって社会をかえていくような体制を作っていかなければなりません。それには私達の手となり、足となりきって活動していく「健全者」の人達がどうしても必要になってきました。

しかも、この人達と私達「青い芝の会」の関係は「やってやる」「理解していただく」というような今まであった障害者と「健全者」の関係ではなく、むしろ敵対する関係の中で、しのぎをけずりあい、しかもその中に障害者対「健全者」の新しい関係を求めてお互いの内部においても葛藤しつづけるというものでなければなりません。このような状況を作り、それに耐え、さらに発展させていくにはたとえ「健全者」といえども（「健全者」だからこそ）前にも触れたごとく個人では限界があり、時にはせりあい、時には支えあって自己変革をしていく「健全者組織」が必要です。（一九七五年第二回全国代表者会議・活動方針）

このように、まず重度の人たちが青い芝の会の活動に参加するためには、健全者のサポートが必要であること、そしてさらに、健全者が差別者との立場を自覚し、自己を鍛え、自己変革をしていくには、時にはせりあい時には支え合うための健全者組織が必要だと確認されている。

こうして、障害者解放運動の進展のためには、障害者組織と同時に健全者組織の必要性も言われるようになる。青い芝の会は、先にも言ったように、社会変革の運動である。また横塚たちは、障害者運動は人間の歴史を変える運動だとも言う。障害者だけが意識変革するのでも、健全者だけが意識変革するのでもだめである。先のゴリラのパンフにもあったように、障害者が地域の中に出て行くことで、障害者と健常者が生身と生身でぶつかり、そのぶつかりあいの中から新しい世界が生まれてくるのである。

以下は七六年全障連結成時の横塚の言葉であるが、この当時、横塚は障害者運動と健全者運動の相互変革の思想を相当に深めようとしていたようだ。

> 障害者の主体性といった場合、［略］これは決して自分から殻を硬くするということではない。まして、おりの中で粋がっているということでもないはずである。（横塚 2007：291）
>
> 主体性というものは相対性の中に存在するし、自己というものも他人との関係の中にとらえることができるのであり、また他人（異質なもの）と交わり、相克の中で形成されていくものなのである。（同：291-292）

つまり、障害者が主体性を獲得していくということと、健全者が健全者として自己変革をしていくということは同様に重要な視点であり、双方にとっていずれか一方が欠けても成り立たないことなのである。（同：293）

横塚は、障害者と健全者相互の、組織を通じての自己変革に大きな期待をかけていた。しかし一、二年のうちに、その思いはあえなく挫折する。関西の活動は、横塚の思いとは裏腹にその内部で腐食が生じ始めていた。

（4）運動の瓦解――緊急あぴいるから組織の解散へ

リボン社を背後におき、青い芝の会とグループゴリラで関西の各地域、各地区で活動を進めていた関西の運動であるが、七七年一〇月、関西青い芝、関西ゴリラ、リボン社の三者の代表者連名で、「緊急あぴいる」と題された文章が発表される。それは自分たちの活動のあり方、特に健全者たちのあり方に対して痛烈な内部批判を迫った文書であった（三者の連名であるが、「関西青い芝の会よりつき出された」アピールである）。

そこで言われているいくつかの事例と問題点を以下に挙げるが、その前にもう一度関西における運動の体制について確認しておこう。

関西での障害者解放運動は、健全者ばかりで結成された『さようならＣＰ』上映実行委員会がまずは先導していた。それがリボン社という組織になる。そのリボン社がある意味元締めとなり、青い芝の会ができ、また健全者組織グループゴリラが成立する。リボン社がその両組織の財務を握っていたことはすでに述べた。また、さらに各地区の健全者組織の運動専従者はリボン社から派遣されたものだったようだ。

各地区の健全者組織に専従者をおくことになったが、それはりぼん社から派遣された専従者であり、専従者が中心となる役員会体制が敷かれていた。（山下 2008：43）

関西グループゴリラの中心的な存在となっている数人の健全者は、リボン社の社員となり、関西グループゴリラ役員会は、殆んどリボン社の理事で占められていた。そして、自立障害者で構成しているへちまの会で生活保護費の中からお金を出しあい、関西グループゴリラ代表に渡し、それがリボン社の理事の給料にあてられていた。（七八年議案書）

このように、リボン社、およびリボン社から派遣される専従者たちはかなりの運動の実権を握っていたようである。さらにリボン社の理事たちには給料が出ていた。その給料は自立障害者の生活保護費から出たものであった。もちろん、グループゴリラのメンバーにはいっさいお金は支払われていない。制度もない時代だし、そもそも解放運動の同志、友人たちであり、お金をもらって活動するという発想はなかった。

また、「リボン社の代表理事と関西青い芝の会連合会の会長二人の話し合いで関西の運動の大筋が決められ、そのようにして関西グループゴリラが、実は動いていたということが事実としてあった」そうだ（七八年議案書）。

実際に関西の運動の大筋が、ここに言われるようにリボン社代表理事と関西青い芝の会長二人の話し合いで決められていったのかどうか、また決められていったとして、それがどの程度のものだったのか、あるいは関西一円の各地区事務所への影響力がどの程度あったのか、それらの事実は今となってはなかなか確かめがたい。ここでは残された一つの文書を引用しているにすぎない。けれども、全体の体制として、リボン社がかなりの実権を握っていたこと、また各地区では専従者がかなりの力をもっていたこと、それに比例して、関西青い芝の会の会長等の中央レベルでの話はいざ知らず、各地区では障害者の地位は相対的に低かったこと、それらは十分に推察できる。ただし、他方で、運動じたいに広がりがあったことは事実ではある。すでに述べたように、二四時間介護の自立障害者が続々と誕生したわけだし、そのことは全国的にも模範となっていた。

こうした体制のもとに運動が進められていたわけだが、その体制に対して、七七年一〇月に「緊急あぴいる」として痛烈な批判が行われる。そこで出てきた事例と問題点をいくつかあげる。

「今までに上がっている事例」

イ．いわゆる専従者とよばれる、あるいはそれに類する人達の態度が横柄であり、介護活動にもあまり参加していないため、地域の情況にうとくなっており、専従者たる任務をおろそかにしている。

ロ．このような専従者等の態度を（専従者と障害者の主観的関係、歴史などとは関係なく）ゴリラの部分がまねるような情況が生れている。例えば、障害者の名前をよびすてにしたり、自分よりはるかに歳上の人に命令まがいの言動をする者がいる。［略］

ニ．自立障害者にランクづけを行う介護者が数多く見られる。（あの障害者は色いろ教えてくれるけれど、この障害者はだまってばかりいるから行くのはいやだ。）［以下略］

「したがって問題点は」

イ．障害者をバカにしたり、その日常性をおろそかにする事、そのような言動をする人が私達の運動の中から生れている事

ロ．親しみのつもりか何か知らないが、歳上の人までよびすてにして得意然としている態度は許

されないのではないか。（施設では職員が歳に関係なく、親密度に関係なく、ちゃんづけでよぶ差別関係とあまりにもにている。）［略］

ホ．障害者の側での問題点は、バカにされたり、ないがしろにされても腹がたたなくなっている事、また、その事に批判する問題提起を組織として充分にとりくめていないのではないか。［以下略］（山下 2008：220-222）

一読して明らかなように、専従者の態度が横柄になっており、いわば障害者を下に見ている、そして各地区のゴリラ（介護者）もそれをまねするようになっている、また障害者の側もそうした健全者の言動に反論できなくなっている、そしてそうした差別状況に対して組織全体としてとりくむことができなくなっている、そうした問題点が指摘されている。障害者差別を許さない運動であったはずなのに、それぞれの地区の実情は、健全者／障害者の上下関係が世間と同様のものになり下がっている、「差別と闘っている私達の内部で、そのもっとも根本的な所で差別情況が強化されていると言っても過言ではない」（同：222）

専従者に対して頭があがらなくなっている現状については、当時関西青い芝の事務局長ですら、次のようにもらしている。

今、関青に集まってきてる連中なんか、わしかてそやったけど、特に専従はこわい訳、なんでかというと、専従は動かすことができる。青い芝言うても動けへんけど、専従がいうたら動くわけや。そんならわしらにとってそんな専従は、本当に必要かということがあるわけ。なんぼ飾りたててもCPはCP。かくしきれん。ほんで片一方で専従ひっくるめた関ゴリはどうかというと、言葉だけで何ぼでもかくしとおせるやん。今までそうやった。ワシらかくしきれん。一方でかくしとおしたままきとる。…今たとえばワシがゴリラに言うことと、専従がいうことと、どっちを聞くかというと専従のいうことを聞く。何でかというと、専従の力が強い。こんな組織やったらワシらに必要でない。（月刊全健協七八年四月特別号、二〇頁）

こうした状況に対して緊急あぴいるは根本的な批判を投げかけたのであった。

この緊急あぴいる発表後、関西青い芝の会は同年翌月一一月に「財務管理を青い芝の会の脳性マヒ者に戻すこと、各地区の専従者が地域での介助をはじめとする活動家ら遊離していた状況をただすこと、りぼん社社員を解雇することといった項目をりぼん社に通達し」（山下2008：52）、リボン社はそれを受け入れることに決定（リボン社はその後も存続するが、現場の活動からは大幅に撤退し、雑誌等を通じての情報発信センターへと規模縮小する）。

また、関西グループゴリラ連合会もこの「あぴいる」を受け、組織内を点検、調査し、代表名で、今度はゴリラメンバーに向けた「緊急アピール」を発表する。
このアピールでは、各地区の現場がすでに介護をまわすことで精一杯になっていること、そして専従者と各地区の現場が乖離しつつあること、総じて言えば理念と現実のギャップがはなはだしくなっていることが浮き彫りにされている。

実際、地区の日常性は苛酷である。日々の行動保障に追われ、それのくり返しである。しかし、果たしてそれら日々の展開は、運動たり得ているだろうか、いな、悪循環でしかないだろう。単に忙しいことを活動の充実にはきちがえる傾向が目立つ。［略］
地区の活動で消耗し、介護を一種の忌み嫌う「仕事」の様にとらえ合理的に対応し、介護のシンドサのみでへたばり、そこからは関係の創造性など考えることもできない。［略］
役員会への参加役員の顔ぶれがいつも決まっており、とりわけ専従者部分で占められ、会議内容が専従者会議的になっている。［略］
専従者会議的運営は、他の役員に対し敷居を高くし、地区を隔離した討議になっている。（山下 2008：224-226）

なぜこうした事態にいたったのか。

関西での運動は、確かに健全者運動の組織化もあり、重度障害者の自立の面では進展した。七五年の全国代表者会議では、そうした関西のあり方が範にとられ、重度障害者の自立の促進と、健全者組織の設立が確認されたことは先に見た。しかしながら、関西レベルでは、そのことがまた別の問題を生むことにもつながった。短期間に集中して自立障害者が出てきたため、「自立の本来のあり方そのものが重要視されることなく、量の拡大のみに健全者が専念」するようになったということ。そしてまた、関係の創出、関係作りが運動の基本であったのに、障害者／健全者の間の関係が、次に言われるように「介護」に矮小化してしまった点である。

当初は障害者と健全者が世の中にいる限り、介護する、されるという関係ではなく、当然のこととして障害者と健全者が一緒に生きていくということが自立であると考えて障害者と健全者の関係作りを進めていたが、歩けない障害者の自立が続出するのに伴い、「介護」という言葉がとびかい、介護する側、される側という関係が確立していった。（七八年議案書）

重度者の自立の進展の中で、量の拡大にのみ目が奪われ、本来の自立の意味を問うことが忘れられていったこと、そうした中で、介護を忌み嫌う仕事のようにとらえるようになり、「障害者が自立し、共に生きる世界を生み出す過程を共有」するという自立障害者介護の本来の目標が見失われていったこと、そうしたことが問題点としてあげられるようになった。

緊急あぴいるに端を発するこの騒動は、グループゴリラを解散させるという方向で決着がつく。まず兵庫青い芝の会は兵庫グループゴリラを解散させ、そして七八年三月には関西青い芝の会連合会も関西グループゴリラ解散を可決した（ただし大阪青い芝の会はゴリラ解散に反対の票を入れる。後で述べるように大阪では青い芝、ゴリラともども運動の再建に尽力していく）。

また全国青い芝の会としても、この関西の動きを受け、七六年から成立されていた全国健全者連絡協議会を解散させた。

一方、ゴリラを解散させた関西青い芝の会自身も、自分たちの運動に対してもみずから引導を渡し、七八年五月に関西青い芝の会を解散させ、数年にわたる運動に決着をつけることになった。当時の会長は後年、「健全者の組織を解散させようと思ったら、もとにある障害者の組織を解散させなければ仕方なかった」（古井 2001：368）と述懐している。

(5) 運動の総括――自立の原点の確認

運動を終息させるにあたって、彼らの総括の原点にあったものはなんだったのだろうか。関西青い芝の会は、ゴリラを解散させるにあたって、自分たちの運動を自分たちの立場から総括している。彼らはそれまでの六年間の運動は結局健全者に依存した運動であり、脳性マヒ者としての自覚を喪失してしまった運動だと総括し、そして障害者の自立と解放の意味を再確認している。

少々長くなるが、この総括には、先に紹介した横塚晃一の脳性マヒ者としての自覚、そして「一人ぼっち」の原風景の描写や、脳性マヒ者独自の世界を創り出すとの主張、そして「社会を構成するすべての健全者が介護者であるべき」との考えが見事に反映されている。そしてその自立、自覚の意味に照らしたとき、健全者が二四時間ついてくれていることだけが自立ではないという厳しい主張も述べている。

健全者運動をいかなる思いで解散させたかを知るためにも、以下少々長いが引用し、彼らにとっての自立の本来の意味を確認しよう。

ここで、障害者の自立と解放について明らかにしていきたい。

総じてこれらの六年間の歴史を思いかえしたとき、これが解放につながるか否かは事実として明らかになっており、言うまでもない。我々障害者は、六年前をふり返って、考えていたことをもう一度思い返し、そのことを忘れてしまっていたことに気付かねばならない。

関西の各地での活動をしてきた脳性マヒ者が大阪青い芝の会を築いた時、皆で様々な学習をし、自分達の言葉や文化を創り出そうとやっ気になっていた。その当時、今の社会でのきまりや、常識、価値観はすべて健全者社会のものであり、それを今までの殺され続けてきた歴史の中で、いつも一方的におしつけられてきた。我々が脳性マヒ者として生きようとした時、我々がもつべき言葉も、ペースもなく、何もかもが未知の世界にあった。だから我々の存在を異次元のものとして規定するところから始めようということになった。しかし、いつの間にか運動のペースは健全者のものになり、一番大事なことが抜け落ちていき、初め四苦八苦して我々脳性マヒ者の文化を創り出そうといっていた、その作業を怠ってきた。又、脳性マヒ者の自立ということは、ねたきりの者はころがってでも、歩けない者は這ってでも地域のおっちゃんやおばちゃん、兄ちゃん、姉ちゃんとの関係をつくる中から生きていかねばならないと考えた。自分の今までの在宅や施設の中での支配された生活は、親や施設職員といった固定的な人により、その人達が義務と責任をもち、当然チンポコを握られたものとなっている。この関係こそが我々脳性マヒ者をやっかい者、じゃま者として抹殺し、差別をつくり出す原型となっている。こういった当初運動の基本としておいた原則が、今、我々のつくってきた運動の中で一体どのように反映されてきたのだろうか。

ゴリラがいるから、健全者が二四時間ついていてくれて、好きな所へつれていってくれるというようなことから、次から次へと出てきた自立障害者は、自立という意味をはっきりとらえないまま今日に至った。昔、施設は花園のようなイメージのベールでおおわれた所といわれてきた。関西青い芝の会で自立すると、これと同じように夢と希望とロマンの世界というベールでおおわれた、実は、ゴリラの存在が親や施設職員に代わっただけの、在宅、施設という場に加えてもう一つ障害者を管理していく場が設けられたにすぎない。これ程までに自立の姿が歪められてきたのである。これらの原因は運動の拡大と、強化というスローガンに基づき、ひたすら会員を増やそう、大きくしようということで青い芝の会もゴリラも原則を省りみることなく突っ走ったことにある。［略］そこで健全者は目的に向い、もっている力をフルに発揮した。それが、結局今の社会がなりたってきた歴史を繰り返すことにつながっていった。健全者は我々脳性マヒ者の前には万といるということを忘れ、ゴリラをつぶしたら歩けない「自立障害者」の明日からのメシは誰がはこぶのかなどという誤りをおかしてしまう所までに至ってしまった今、六年間の総括としては関西グループゴリラをつぶすしかない。そして、本来の健全者個人としてのつきあい方、健全者との関係のあり方をみつめなおすことが何よりの出発点であると確信する。

我々青い芝の会の闘いは、脳性マヒ者として生き抜くことが原点であり、この社会の中で異次元の世界の生物が堂々と生活していくことを築きあげることである。（七八年議案書）

介護してくれる健全者がいたら安心、介護してくれる健全者がいなければ自立できないなんていうのは、本当の意味での自立ではないのではないか。結局は健全者に首ねっこをつかまれた存在なのではないか。現在をふりかえって考えてみるに、今、障害者の地域生活がある程度進んだといっても、地域の中に派遣事業所という施設ができるだけではないのか。そしてまた、ヘルパーという特定の人間しか介護してくれないのだったら、社会の人々の意識は何もかわっていないのではないか。重度の脳性マヒ者のペースに立った文化がはたして何ほどかでもこの社会の中で築かれているか、そうした問いはおそらく現在においても障害者運動の根本で生きている問いであろう（例えば新田勲も同様の問いを投げかけている。第６章参照）。

この総括のときの関西青い芝の会長自身は、運動の理念を先行させるのではなく、「本来の健全者個人としてのつきあい方、健全者との関係のあり方をみつめなおす」という道を実践していく。

それまでは、運動ということで自立や解放ということを言ってきたけれど、その運動をやっている当の本人が現実の私生活の場面で社会とのかかわりにおいてＣＰとしての生き方を実践していかなかったら仕方がない。隣近所に顔を見せたり、子どもが行っている先に顔を出したりすることが、ＣＰ者の存在をアピールしながら社会の中に出て行くことにつながっている。
「青い芝」という組織をやめてから、私自身は、障害者運動の組織とはかかわることをやめてしまったけれど、私自身の運動は、私がＣＰとして生きている限り、形はどうであれ続いている。
（古井 2001：369-370）

このように、一部の者たちは、組織としての運動からは身を引いて、個人として地域の中でさまざまな人との関わりの中で生き抜いていくことを自らの運動として選択する。

こうして組織としての運動から身を引く者がいる一方で、また他方、それまでの運動の問題点を受け止めつつ、ほぼ壊滅状態になった中から、それでも組織として、集団としての運動をみなで力をあわせて再建していこうとする動きもあらわれている。ゴリラ解散に反対した大阪の動きである。

(6) 運動の再建――大阪における

なぜ大阪ではゴリラ解散が反対されたのだろうか。重度の自立障害者を多数輩出した大阪青い芝は、関西グループゴリラ解散の採決に対して反対の票を入れ、関西連合会を脱会した。そのあたりの理由は一筋縄ではないが、大阪青い芝には介護が必要な重度の障害者がすでにかなり自立生活をしていた、ということや、あるいは「健常者と融合せなあかん」という発想が他に比べて強かった、というところが大きな理由らしい(川島 2005)。

当時のゴリラメンバーの一人で、その後の再建に尽力したゴリラHはこう述懐している。

大阪、そのとき二〇人近くの自立障害者がおったんですよ。組織を解散した中生き残れる人が少ないのはだれが見ても明らかだったんですよ。しかもそんなに主体性のある人というのではなくて、もうすでに自立生活運動も大阪の中では大衆化してたんや。それでやめるわけにはいかなかったもんな。それでダブル介護っていうのがおおはやりでね。ダブル介護っていうのはおれがひとりおったとしたら障害者ふたりおるねん。ダブルで入る。

大きな理由でぼくたちが［大阪青い芝の方針に］ついてったのも、このシステム解体したら、もうぜったい介護はさ、蜘蛛の子をちらすようになくなるってわかってたもん。だって確実に人はおれへんのやもん。（ゴリラH 2010）

こうして大阪は関西青い芝のゴリラ解散とは同じ道をとらなかったが、リボン社体制が崩壊し、現場は大混乱におちいっていた。

ゴリラHさんは、そのときは平凡なゴリラメンバーの一員であったが、突然運動の専従たち執行部がいなくなったときの状況を次のように述べている。


突然上がいなくなったの。二〇代の中ごろのときにね。リボン社体制というのが昔あったんだけど。誰も責任者いなくなったから。昨日まで毎日介護入ってただけの人間が自分でなんとかせなあかんようになったの。それですごいエンパワメントされたのはあるな。それまでごっつう平平凡凡に生きてたんやもん。突然みんな辞めはったから。突然やめた。いなくなったん。ああ、みたいな。誰も信じてはいけないって、大きなふすまに文字書いて（笑）。（同 2010）

こうした混乱の中でも、障害者・健全者ともに力をあわせて運動を立て直していこうとする動きが起きる。七八年四月には、運動再建のために、大阪青い芝、大阪ゴリラ、りぼん社の有志メンバーにより問題は未整理ながらも三者共同の大阪全体会議が開かれる。八月には「薔薇の花計画　創造的中期運動プラン～提言」と題される運動計画が発表され、それまでの運動と現状の問題点を反省しつつ、今後の運動を三者共同で担っていくことが確認される。「緊急アピール、その後」ではじまる冒頭では、「全国的な健全者組織を解体して何が生み出されたのでしょうか」「大阪ではどうなったでしょうか」（山下 2008：231）と問題点が提起され、運動自体が何も進展していない現状の有様がふりかえられ、そして「このままでは一人一人の想いとは関係なく、私達は全体としてほろびて行くしかありません」、「生活は極端におしつまっています。在宅者や施設の人達に想いもおよばず、自立者の食事、洗たく、そうじ、否、外出すら充分に保障されていません。このような状態を見て、新しい意欲を持った仲間が私達の共同に参加してくれるでしょうか」と危機意識が表明される（同：233）。

こうした危機意識から、三者ともに自分のあり方をふりかえって、今後の運動をともに力をあわせて担っていこうということが確認される。関西レベル、全国レベルではゴリラなどの健全者組織は解体され、健全者運動は終わったようにも見える。しかし大阪では、今後の障害者運動において健全者も主体的に運動に関わっていくことが再確認される。いわゆる「健全者手足論」も運動の展開や障害者と健全者の関係を考える上で、実質的に否定される。

> 健全者は障害者の手足になり切るべきだとの時代を、関係の発展を全く考えの内にふくめない責任のがれ的論調もまたゾロ表れてきている現実もありますが、実際、私達が今までやってきた事はその事に他ならなかったのではないでしょうか。真摯な関係づくりがあったなら今日のうれうべき現状は生れなかったのです。
> 新しい酒には新しい皮ぶくろが用意されねばなりません。頭ばかり重くなるしがらみをすて、今はっきりと〈自己をあくことなく変革し続ける障害者集団の真剣な行動に領導された、主体性を持った健全者集団の行動、この両者の行動がおたがいを高め合う関係〉に向け、歩をすすめようではありませんか。（同：239）

筆者は、再建後にゴリラの事務局長を務め、現在も大阪の障害者運動の重鎮として活動している方とときどき話をする機会があるが、その方から「おれらも主体的に運動してたんだよ」

と聞くことがしばしばある。そのエピソード等はだいたい酒の席で聞くため、あまり正確には覚えていない。それでも自分なりに障害者運動において確かな位置をもって活動してきたんだという自負や気持ちはよく伝わってくる（第5章でこのゴリラH氏の生き様を記した。障害者運動に関わった健全者がいかに生きてきたか、あわせ読んで参考にされたい）。

その後大阪では、まず一九八〇年に、まだ見ぬ障害者たちへの訪問活動である「生活要求一斉調査」が行われる。青い芝およびゴリラのメンバーがペアになり、さまざまな障害者のもとをおとずれ、出会い、ニーズを聞きとる活動を展開した。そしてそのデータをもとに、さまざまな制度改善のために行政交渉を行っていった。

こうして制度や組織づくりの基礎が固められていった。八〇年代半ばには、生きる場、拠点としての障害者解放センターが設立される。八六年に全身性介護人派遣事業がはじまる。この頃、大阪グループゴリラは発展的に解散する。

関西の障害者運動は、リボン社体制の瓦解と関西ゴリラの解散、そして関西青い芝の会の解散によって一つの終息を確かにみた。しかし、一方ではこのように運動が再建されるという動きもあった。こうして大阪では障害者・健全者共同の運動が展開していき、おそらく全国でもっとも多くの自立障害者を生み出す土地となった。

青い芝の会の発想、とりわけ横塚や横田に代表される考え方においては、障害者の「自立」の捉え方に大きなふれ幅がある。一方では、健全者に依存し甘えてしまいがちな障害者の心性を叩き、一人の生身の人間として、それまでの健全者たちの監視の檻を打ち破って、社会の中に自分の身を投げ出せと説く。その際、健全者は敵であり、健全者は手足になりきるべきだと説く。他方で、障害者として自分の殻に閉じこもり一人粋がっていてはいけない、とも説く。そこでは健全者はともに社会を変える変革の主体であることが望まれる。

確かに一方では、健全者は敵であり、ゴリラは解散させるべきだという動きもあった。他方で、やはり健全者とともに運動をつくっていかねばならないという動きもあった。どちらがいいか悪いかではなく、そうしたいくつかの流れが合流しまた分岐しながら運動は全体として進んできた。運動は今後も一つの流れに収斂することなく、さまざまな流れが合流、分岐して進んでいく。次章で見る公的介護保障要求運動や自立生活センターの流れも、さまざまな流れのうちで独自のそして大きな流れである。

［文献］

岡部耕典（2006）『障害者自立支援法とケアの自律』明石書店
角岡伸彦（2010）『カニは横に歩く』講談社

川島雅恵（2005）「川島雅恵さんのお話」（聞き手・定藤邦子）立岩真也＋定藤邦子編『闘争と遡行・1』立命館大学大学院総合学術研究科立岩研究室
河野秀忠（2007）『障害者市民ものがたり』生活人新書
ゴリラH（2010）渡邉による二〇一〇年三月、四月、八月のインタビュー記録
定藤邦子（2008）「障害者運動における介助者の役割――大阪青い芝の会の運動におけるグループゴリラを事例として」Core Ethics vol.4
自立障害者集団友人組織全国健全者連絡協議会（1978）『月刊全健協』〈9〉七八年四月特別号
田中耕一郎（2005）『障害者運動と価値形成』現代書館
日本脳性マヒ者協会関西青い芝連合会（1978）『一九七八年臨時大会（議案書）』
古井正代（2001）「CPとして生きるっておもしろい！」全国自立生活センター協議会編『自立生活運動と障害文化』全国自立生活センター協議会
森修（2003）「森修」大阪人権博物館編『聞き書き　障害者の意識と生活』大阪人権博物館
山下幸子（2008）『「健常」であることを見つめる』生活書院
横塚晃一（2007）『母よ！殺すな』生活書院
横田弘（1979）『障害者殺しの思想』ＪＣＡ出版
若林克彦（1986）『脳性マヒ者の生活と労働（その4）』発行者：若林克彦

第４章

障害者介護保障運動史そのラフスケッチ②

――公的介護保障要求運動・自立生活センター・そして現在へ

障害者運動の歴史をふりかえるとき、必ずしも介護の問題が常に本質的問題だったというわけではない。先ほど関西の運動における健全者との攻防について見たとおり、一方では介護者としての健全者との関わりの中で運動を進めようとする動きがあり、また他方ではそうした健全者との関わりを断ち切ろうとする動きがある。思想的にはさまざまだが、介護に重い意味を置く運動と、できるだけ介護から距離を置こうとする運動がある。

たとえば全国青い芝の会から分岐した東京青い芝の会は、できる限り介護者との関係をつくらないような方向で運動を進めていく。彼らは幼い時からの障害者の独立の基礎として障害者年金の充実の運動に力を入れるが、介護保障の運動には関与しようとしなかった。むしろ人の手を借りるのではなく、テクノロジーの利用を推奨する。電動車いすをはじめとして、さまざまな福祉機器を開発し、創意工夫を重ねながら、安易に介助者に頼るのではなく自分でできる範囲をできるだけ広げようとする。

たとえば東京青い芝の会の寺田純一は次のように述べる。

障碍者運動の中には、「重度障碍者の自立の中心的課題は介護の保障である」とする考え方も強い。しかし私たちは、障碍が重ければ重い程、独立を確保するための住宅、設備器具、移動手段などの物理的条件の整備が重要であること、介助の問題もそれらを踏まえて考えなければ自立ではな

く、依存を助長する結果になることを、さまざまな機会を把えて訴えてきた。（寺田 1984：48）

中途障害の人の運動も、できるだけ介護者をいれないで生活していこうとする傾向がかなり強いように感じられる。介護者はできればいない方がよく、一人になれる時間ができるだけ多い方がよくて、さまざまな機械を利用しながらでも自分でできることがなるべく多い方がいい、という方向である。また、自立生活センターの運動も一部には介護者の存在をできるだけ希薄化しようとする発想がある。介護の人間関係を契約や金銭関係に換えることで、介助者を単なる手段として（いわばロボットの代わりとして）見ていこうとする方向である。

健全者・介護者・介助者との関係は、彼らを切っていこうとする方向から彼らとともにやっていこうとする逆の方向まで、団体や時代によってさまざまにある。今現在、制度がある程度整っており、どのような立場、見解の者たちでも制度を利用できるようになっている。また働いている人も、とりあえず給料をもらえる仕事として、立場や思想にとらわれずに仕事についている人が大半である。

実際に運動において、制度を作ってきた人たちは、そう多くはない。数少ない団体が現在の制度をつくってきたのであり、言ってみれば大半の人たちはその恩恵にあずかっているにすぎない。やっかいなのは、制度がある程度整い、一般化していく中で、制度をつくってきた人たちの思いや考え方が薄れていき忘却されていく点である。

もちろん、制度をつくってきた人の考えのみが正しいというわけではない。その考えが希薄化するのには、それなりの理由もあるだろう。それでも、どのような思いや状況、関係の中から制度が成立してきたのかは、ふりかえっておく必要がある。また、現在ではこの運動はほとんど知られていないので、ここである程度紹介しておく必要もある。

その運動というのは、七〇年代初頭の府中療育センター闘争にはじまり、八八年に全国介護保障要求者組合として結実する一連の公的介護保障要求運動、介護料要求運動のことである。介護保障制度の基盤をつくったのは、彼らの運動である。現在では自立生活運動といえば自立生活センターが有名であるが、構図的に見れば自立生活センターの運動は要求者組合につらなる公的介護保障要求運動の基盤の上にのっかっているという見方が妥当である。自立生活センターの発想だけからは、現在のような介護保障制度は出てこなかっただろう。

八〇年代の終わりごろから介護保障運動に関わり、現在も知的障害者の自立のための介護保障に関わっている末永弘（自立生活センターグッドライフ）は次のように言う。

もっとわかりやすく言っちゃうと、自立生活センターの理念をになった人たちがどの程度の介護の量を必要だったかによって性質が違っていて、最初実際介護が必要じゃない人たちが主力となって自立生活センターを立ち上げてきたんだけど、やっぱり東京の場合だとその手前に新田さんたちの運動があって、すごく重度の脳性マヒの二四時間とか筋ジスの人の二四時間とか、そっちの人たちのいわゆる自立運動が先にあって、その介護保障運動の上に、後から自立生活センターをくっつけたというような順番。（末永 2010）

障害者自立生活運動を日本でもっとも調査、渉猟し、人々とも数多く出会い、その記録を残している研究者、立岩真也も次のように述べている。

b［ヒューマンケア協会のような動き］の有償介助が軌道に乗ることができたのも、a［公的制度の充実を志向してきた運動］が要求し実現させてきた国・自治体の制度がある程度整っていたことによる。（立岩 1995：277）

以下、こうした見解に基づいて、まず公的介護保障要求運動の展開を見る。ついで自立生活センターの抬頭について述べ、さらにその二つの運動がある面で合流していく過程を見る。さらに、その後九〇年代からゼロ年代にかけて二四時間介護保障制度が成立していく過程を述べていきたい。

1　府中療育センター闘争から公的介護保障要求運動へ

(1) 新田勲と足文字

公的介護保障要求運動は、府中療育センター闘争を契機として生まれてくる。そして府中療育センター闘争から介護料要求運動にいたる一連の運動において、常に中心にいたのは新田勲という人物である。障害者運動の表の世界と裏の世界という表現を使ってよければ、裏世界のドンのような存在である。

東京都北区在住の重度の脳性マヒ者であり、足文字という独特の表現方法を用いる。わずかに動く足先を床にこすりつけ、あるいはどんどんと踏みならし、そこに独特の文字を書き、それを介護者が読み上げる、というスタイルをとる。その足文字は決して一朝一夕には読み取れない。介護者が長い時間をかけてそれに慣れていき、そうして数年するうちに、足文字との呼吸があってきて、あたかも新田自身の気迫がそのまま伝わるかのように、介護者がその言葉を読み上げていく。筆者も何度か行政交渉の席で同席したことがあるが、ものすごい気迫である。介護者との呼吸もぴったりとあい、まさしく、介護保障の必要性をまざまざと見せつけられる。

それは決して障害者一人の運動ではなく、介護者と一体となった障害者の叫びである。そのスタイルで、彼は七〇年代から現在にいたるまで、障害者介護保障制度の基礎を築いてきた。

新田は、近年『足文字は叫ぶ』という本を出版した。まず二〇〇八年に自費出版として出され、二〇〇九年に現代書館よりリニューアルして出版されている。リニューアル版はわりとコンパクトにまとめられているが、資料的には自費出版版の方が充実している。以下、この本を基礎として論述を進めていく。

新田は一九四〇年生まれ。七人兄弟で、そのうち新田勲と妹の絹子（現姓は三井、かたつむりの会代表）が重度の脳性マヒである。一九歳までいっさい他人との接触なく家に閉じ込められてすごす。入院生活を経て、父が亡くなり、働きに出ていた上の兄と母に面倒を見られながらすごすが、兄は勲らを見捨て家を出て結婚。「生活の収入源を断たれた母は、働きたくても二人の障害者を抱えては働きにもでられませんでした。それに、まだ幼い健全な兄弟も三人いました。収入源をたたれた母は心中するか、二人の障害者を施設に入れるしかありません」（在宅障害者の保障を考える会 1985：1）。

この頃は一九六〇年代半ば。全国的にはまだ入所施設すらほとんどなかった時代である。横塚らが障害児殺しの母親減刑嘆願に反対する運動をはじめたのが一九七〇年のことであり、まさに施設すらなく、母親は障害児と二人きりの世界に閉じ込められ、障害児殺しあるいは心中という選択肢を強いられていた時代である。もっと施設を、がその頃の掛け声であり、六〇年代の青い芝の会も重度障害者のための終身収容施設の建設を厚生省への要望項目に含めている。

(2) 府中療育センターと運動の原点——当事者と施設労働者が一体となって

そうした状況の中、勲と絹子は民間の施設に送られ、さらに障害が重くて手がかかるという理由で、一九六八年に「東洋一」といううたい文句で東京都によって建設された「府中療育センター」に入所する。彼らの活動は、この施設の劣悪な処遇に抗議をするところからはじまる。「府中療育センター」は生活施設というよりもむしろ障害の発生予防のための医療実験施設であった。彼らは入所時に、死亡後の解剖承諾書に署名をしなければならなかった。また入所してすぐ、素っ裸にされて全身の写真をとられる。そして、センター入所後は、ああでもないこうでもない、と何度も医者から手術を強要される。

彼らの運動は、センター内部の実態告発と、センターを「医療の場」ではなく「生活の場」にしろ、というものであり、外部からは青い芝の会のメンバーたちも支援に駆けつけていた。

当初センターでは一階部分だけは民生局が管理しており、そこから上の五階までは衛生局が管理していた。つまりまだ一階だけは生活の場として見られていたが、そのうちに民生局部分がなくなり一階を含めて全体を衛生局が管理するようになった。医療という権威で施設側が入所者（および労働者）の意向を無視して一切を自由にできる状態になったのである。「もともとの在り方と違って、衛生局管轄だから医療の場なのだとしてしまえば、障害者の生活も意向も無視できることになります。職員と少し親しくなると、その職員はすぐに異動させられてしまいました。そこでは障害者自身の生活そのものがどんどん侵されていきました」（新田2009：14-15)。そうした中、施設のやり方に業を煮やした新田ら数人の入所者が、一九七〇年ついにハンガーストライキを決行する。

このハンストは、入所者や外部の支援者、当局そして施設労働者、施設職員組合等のさまざまな人を巻き込み、新聞報道もされて大きな問題となる。ハンスト自体は、はじまってから九日で終息し、勝ち取るものもあまりなかったそうだが、新田自身は、このハンスト闘争について「当事者と施設労働者が一体となって福祉を発展させていこうという障害者運動の原点であったといえます」と述べている（同：24)。

ハンストは、入所者に理解のある職員を異動させる当局に抗議して開始された。職員本人も入所者も望んでいないのに、当局にとって都合がいいように職員を異動させていくやり方に対してである。新田らは、我々に理解のある慣れた職員を異動させるな、と声をあげ、ハンストを開始した。新田らのこの動きに影響されて、何人かの職員が、本来は自分たちの問題であるのにと、ともに声をあげたことが資料からうかがえる。

さらに新田は、このハンスト闘争の過程で職員の腰痛問題の根本的解決も訴えるようになる。すでに施設内では、過重労働による職員の腰痛問題が内々には問題となっていたが、しかしそれは簡単な配置転換というかたちでたえずごまかされていた。

すでに、このセンターが立つ以前から腰痛問題のおこっている施設がある。その施設ではいまも腰痛がすごい。そのことは、ここの管理者は知っていたはずです。国でも福祉対策としては、それに対して何の対策もたてず、ポカンとバカでかい建物を立て、名前だけは日本一といっても、こんなに犠牲者を出していて、どこが「日本一」の「療育」の場か‼
組合としてもはじめの腰痛者が少数の内になぜ、管理者へ圧力をかけなかったのか。組合としても管理者のいいなりになって、腰痛者が部品のように他の階に移されていることは気がつかず、ごまかされてきた。(同：23)

重度障害者として幼い頃から介護を受けてきた新田としては、家族であれ施設職員であれ、障害者の介護が一部の人に押し付けられ、その人たちが腰痛になっていくのがとてもつらいことなのだという。「私も障害者のひとりです。私にも親兄弟はいます。障害者として『腰痛者』という障害者を出すことは、私にとっては、いたたまれない程つらいことです」(同：23)。

こうして新田は介護者がつぶれていく腰痛問題を考える中から、家族ばかりでなく、また施設ばかりでなく、「障害者が真に生き生きと生きていける場」を模索するようになる（同：24）。

新田はこのハンスト闘争の過程において明らかになった腰痛問題を次のように評価している。「腰痛問題は、その訴えを通して腰痛を労働災害として認めさせていくきっかけになりました。介護につきものの腰痛を、障害者だけの問題ではなく、健常者だけの問題でもない、ともに考えていかなければならない問題として提起したのです。［略］介護を関係のなかから、お互いを思いやるものとして取り組んでいこうとする、障害者運動の原点であるといえるのです」（同：24）。

介護保障運動の原点とは、新田によればこのように「介護を関係のなかから、お互いを思いやるものとして取り組んでいこうとする」ところにあるという。以降新田はこのような障害者、介護者双方がお互いを思いやるものとしての介護という視点から、介護保障の運動を展開していく。

この後の運動の展開については次に見ていくが、介護についてのこの視点は、新田あるいは要求者組合に極めて独特のものである。青い芝の会の考えについては先に見たが、その中では、健全者（介護者）に対する思いやりという発想はいっさい出てこず、むしろそれを拒絶する立場をとる。健全者は敵であり、健全者は手足になりきるべきだという発想、あるいは介護者を生活にいれることは障害者の依存を助長するおそれがあるという発想が強い。むろん片方では健全者もともに社会を変革する一員であり、介護を通して社会の障害者差別を、身をもって実感してもらい、その実感の中からともに社会を変革していこう、という発想はある。しかしそこにおいて、少なくとも理念上では、健全者の体のことも思いやろうという発想はない。

新田自身は府中センター時代に東京青い芝系列の人からかなりの支援をうけていたが、後に東京青い芝を脱退している。東京青い芝の会は介護の保障や介護者との人間関係づくりはむしろ障害者の依存を助長する結果を招くと見ていて、二四時間の介護保障を求めて運動する新田のやり方には警戒心を抱いていた。後に新田とは路線対立することになる。

また八〇年代以降に自立生活センターなどで導入される契約という発想においても、そこにはお互いを思いやるという発想はない。むしろ一方は労働にみあった金を払う、一方は受け取った分だけ仕事をするという、金による決済という発想であり、それ以上でもそれ以下でもない部分がある。そこでは介助者の体や気持ちを考えるということは、あったとしてもだいぶ後回しのこととなる。

新田のこうした独特な立場は、現在の障害者運動史においてはほとんど忘却されているが、介護保障の基礎がこうした立場から生まれてきたことは明記しておかねばならない。

もちろん新田は、以下に見るように、青い芝の人々が指摘するような健全者の危険性を、身をもって経験しているし、またその介護保障の運動も「思いやり」という字面とは裏腹に、双方が双方をつぶしあっていくような、何人もの人をつぶしていくような過酷な運動である。しかしその運動の原点に、新田が障害者、介護者双方の思いやりをおいていることはやはり忘れるべきではないだろう。

（３）府中療育センター闘争から地域自立生活へ

さて、府中療育センターでの新田らの運動、すなわち「医療の場」ではなく「生活の場」に、という運動は、外部の支援者の助けも借りつつその後も継続的に行われた。たとえば新田勲の妹新田絹子は、センター内で異性介護による入浴を拒否し、一ヶ月の入浴拒否のストライキを行っている。

そうした運動の中でも、とりわけセンセーショナルで大規模に行われたのは、一九七二年にはじまり二年間にわたり続けられた、東京都庁前座り込みの抗議行動であった。テントを張って続けられたこの抗議行動には全国から青い芝の会をはじめとする障害者団体や学生など多くの支援者がつめかけた。

ことの発端は東京都が八王子の山奥に別の施設をたて、その経営を民間にまかせ、そこに府中療育センターの障害者らを移転させようとしたことにあった。新田らも移転組で、療育センターから人里離れた施設に追い出されようとしており、それに抗議するため移転阻止のビラ入れや集会などを行いつつ、最終的には東京都に対して体を張って異議を唱えるにいたったのである。

このテント闘争の詳細にはここでは触れないが、新田勲自身はこの運動に直接的には参加せず、むしろメインの路線から撤退して、別の行動をとっている。二年間におよぶテント闘争を中心的に闘っていたのは妹の絹子であった。勲は、この運動がはじまる段階で、運動に対するある種の違和感を抱き、絹子およびその支援者たち主流派メンバーからは分かれて別行動をとり、テント闘争が行われている最中にセンターを出て、別の支援者たちの助けを借りて、七三年には地域で自立生活をはじめている。

新田の抱いた違和感は、支援に関わっていた学生たちに対するものだった。一つは、運動が障害者自身の意向ではなく、学生たちの意向によって進められているのではないか、という違和感である。療育センターに異議を唱える障害者は、確かに外部の学生たちの支援を得ることができた。そして会議や集会その他の目的で、彼らによってセンターの外へ連れ出してもらうことも可能となった。たいしてわけがわからなくても、外出したい一心で、さまざまな運動の集会に顔を出していた。しかしそうこうしているうちに、「最初は、私の意向を中心として、青い芝の会と動きや方針を決めていたのですが、学生の運動団体が多くかかわるにつれて、障害者自身の問題が、少しずつ健全者の思想の運動として進められていきました」（新田 2001：208）。障害者たちがいくら運動に疑問を思っても「学生の一言で説き伏せられてしまい、こういうなかで、ますます私の意向は無視されて、他の障害者も、学生は外出させてくれるからと、学生についていってしまったのです」（同：209）。こうして運動自体がいわば学生のひきまわしになりつつあることに新田は違和感を抱いていた。

さらに新田は、運動を支持している中心メンバーの一人との話し合いの中で、学生に対する決定的な不信感を抱く。新田は、ある時点から、施設を出て地域で自立して暮らしたいという意向を抱いていた。施設を生活の場にするといってもそこには限界があることを感じていた。そのため、その学生に向って、「この療育センターの運動に対して、最終的に負けていったら、そちらは私たちとどのように関係を続けてくれるのか、私の意向としては、この運動に負けて他の施設に移転させられる段階で、外にアパートを借りて自立していきたいので、そのときは介護のボランティアとして支援していただきたい」（同：209）と話したという。

それに対してこの学生は、「俺はこの療育センターの運動は趣味としてやっているので、この運動に負けた後まで俺の生活は障害者の生き方には賭けていきません。この闘争が終われば俺はそこから去るし、だけど施設の問題はあなたたちの問題なので、そこに残された人のためにも、その施設にいて死ぬまで闘い続けていくのが義務です。俺はあなたが施設を出たら、一切介護の協力もしませんので、死ぬまで施設にいて闘ってください」（同：209）と返答したという。

新田はこの学生の考え方に怒り心頭に発し、もはや運動を彼らとともにやっていけないと、運動を離脱し、妹絹子ともこの時点では袂を分かつことになった。そして別の少数の支援者とともに、都庁第二庁舎前で座り込みを行う。すでに絹子らのグループはその二日前に都庁前で座り込みを行っており、絹子らの主流派グループと勲らのグループの間では、小競り合いがあったそうである。絹子らはその後ほぼ二年にわたり座り込みを続けるが、勲らは半年ほどで座り込みを解除。その後、勲は施設を出て地域で自立する準備を進め、センター内で若干の自立生活の練習をして、その半年後から北区の車いす住宅で自立生活を開始する。地域での介護保障制度確立に向けた運動は、新田勲のこの自立からはじまる（なお、新田絹子も、その後数年施設で暮らすが、数年後に施設を出て自立生活をはじめ、勲らとともに障害者の自立の運動、介護保障の運動を強力に推し進めていくことになる）。

（4）介護料要求運動のはじまりと介護保障の二つの意味——支援者の生活保障と障害者の介護保障

さて、施設を生活の場にするという運動には限界があると新田は判断し、施設を出て、何名かの支援者を介護者として入れて地域で自立生活をはじめるが、地域での介護保障は当時ほとんど何もなく、その生活を維持することは並大抵のことではなかった。支援者たちは運動の高揚が下火になると、一人また一人と去っていったという。

地域の中に支援者の手を借りて自立したのはいいけれど、一つの問題で闘っているときはたくさんの人が来て手を貸してくれます。しかし、それが終わると引き潮のように、サーッと支援者は引いていきました。［略］自立して半年もたたないうちに、介護してくれていた支援者はどんどん減って、一〇人足らずの支援者で二四時間の介護をやりくりしていました。だけど、その一〇人の支援者にしても介護のあいまを見て、他の仕事をして食べていかないと生活していけません。とにかく介護しても交通費や食事も出ないのです。そのように障害者の介護は精神的にもきつい状況のなかで、多数の支援者に腰痛や病欠者が出ました。そういう両者の状況のなかでは、健全者の健康を元に戻すには障害者が施設に戻るしかありません。（新田 2009：39）

運動が盛り上がっていたころはまだ支援者もたくさん集まっていたが、このように地域で安定して生活していこうとすると、支援者が一人また一人と去っていった。そして残された者たちが苛酷な介護のスケジュールをこなさねばならないようになって、体を壊すようになっていき、最終的に「健全者の健康を元に戻すには障害者が施設に戻るしか」ない、という状況になる。こうした状況を打開しようとして、次のように行政に対する介護料要求の提案がなされたのである。

このままだと障害者は施設に戻るしかないという状況のなかで、障害者のほうから「本来、障害者の介護は国や都がきちんと保障すべきことです。その上で支援者の生活保障、障害者の介護保障、双方が生きていく保障として東京都に介護料を要求していこう」と提起されたのです。(同：39)

ここで言われているように、行政に対する介護料要求運動とは、「支援者の生活保障」と「障害者の介護保障」の両側面があり、介護者と障害者の「双方が生きていく保障」である。同じく介護保障運動に関わった別の人は、次のように介護保障の二つの意味について述べている。

介助保障には二つの意味があるのだと思いました。障害者側からの介助保障とは、介助者が安定して毎日来て、やりたいことをして、どこへでも行って、社会との接点をつくりだしていく自立生活の基盤であり、また、介助者側からの介助保障とは、生活安定につながる給与保障が絶対に大事ではないかと思い始めたのです。(横山 2004：37)

介護保障にはこのように二つの意味、二つの側面がある。一方は障害者が地域で生きていくための介護の保障であり、もう一方は介護者が食べて生活していくための給与保障、身分保障である。新田らの介護料要求運動は、こうした意味で障害者だけの運動でもなく、また介護者だけの運動でもない。その双方が一体となった運動であり、双方一丸となって行政に対して介護料を要求していった。
少なくとも所得保障という面に着目する限り、障害者が地域で生活する際には生活保護という制度で所得保障がなされる。障害者の家族に対しても生活保護の可能性がある。しかし、障害者の介護に入るボランティアには実際には何の保障もない。「障害者のボランティアをして倒れても入院費も生活費も何もないのです」（在宅障害者の保障を考える会 1985：3）。健全者たる介護者も、介護をしすぎていては体を壊すし精神的にもしんどくなる。そして何より、介護がボランティアであれば他に仕事をしなければ食べていけない。他で仕事をして所得保障をして、その他の時間で介護に入ることになる。体や心を壊して介護に入れなくなった者が出たら、残された者がその穴埋めをしていかねばならない。過重なスケジュールをこなすことになりその人の体も心も悲鳴をあげるようになる。もちろん障害者と介護者は日々駅前や大学で介護ボランティア探しに明け暮れるが、なかなか集まらない。

そういう日々のなかで、年間五、六人のボランティアが見つかればいいほうで、辞める人のほうが多いという現実です。辞めていく人については辞められては困るので、辞めないでくれと拝み倒して説得するなかで、ごく自然に障害者も介護者を大切にし、介護者も自分が抜けたらこの障害者は死ぬかもしれないという思いのなかで、ともに生きるという関係ができていきました。そのなかで介護者も障害者も双方がすごく大切な存在としてとらえることができ、健全者のほうも真剣に福祉の問題は自分の問題と置きすえて考えていきます。現実に自分は腰痛になってそういうところでは他人事ではなく、行政に交渉する際も心の底から自分の生身の怒りの発言が自然に出てきます。（新田 2009：30-31）

ここでは学者の意向や行政の方針とか、一切、含まれておらず、全身性重度障害者の当事者、その介護に当たってきた介護者の苦しみやつらさや痛みの声のなかから、全身性重度障害者の二四時間介護保障の必要性を、このような現実と歴史のなかで国家行政に認めさせてきたのです。（同：31）

公的介護保障要求運動、介護料要求運動は、こうした障害者と介護者双方の「苦しみやつらさや痛みの声」の中から開始され、そして二四時間の介護保障制度が少しずつ徐々に認められていったのである。

（5）とりは空に　さかなは海に　にんげんは社会へ

ここで、新田らがつくった当時のパンフレットを紹介したい。長文になるが、介護料要求運動の過程や当時の時代の雰囲気、また行政の見解などがよくわかる貴重な資料である。読みやすい印字では他に掲載されていないと思われるので、ここに紹介しておく。

以下を読むにあたってあらかじめポイントを指摘しておこう。

このパンフレットは、「在宅障害者の保障を考える会」（「在障会」と略される）によって一九七五年に作成された。「在障会」は七〇年代半ばにでき、以降北区、練馬区、三多摩、立川市、田無市など各地域で、その地域の名前を冠して「在障会」がつくられ、それぞれの自治体ごとに介護料要求運動を展開し、各地で介護保障制度の基盤をつくっていった。

新田らが施設を出た当時、公的ヘルパー制度はいちおうあったが、内容はおそまつで、一回二時間程度で週に二回来てもらえるだけだった。他に生活保護の他人介護加算が一万八〇〇〇円程度分あった。

まず新田らが介護料を要求したのは、府中療育センター闘争の延長線上で、東京都に対してだった。一九七三年に介護人派遣事業の新規事業の予算枠を獲得し、七四年から「重度脳性麻痺者等介護人派遣事業」をスタートさせる。それにより、一回一七五〇円ほどで月四回分、正味七〇〇〇円程度の介護料を勝ち取る（同時に在宅者の所得保障として、東京都に重度手当を発足させた）。

次いで、国に介護料を要求していくことになる。新田らは施設職員の賃金から計算して、二四時間保障として、五二万円（！）の介護料を要求した（何の保障もなかった時代に五二万の介護料要求は今から見れば驚異的であるが、その後一五年くらいかけてこの額に近づいていく）。もちろん認められなかったが、その過程で、生活保護の他人介護加算の「特別基準」を認めさせることに成功する。

基本的には、以上の三つ、つまり「公的ヘルパー制度」、「重度脳性麻痺者等介護人派遣事業」と「生活保護他人介護加算特別基準」の三つが、地域での介護を保障する制度であり、新田ら重度障害者の二四時間介護の保障はこれら三つプラス・ボランティアの組み合わせで行われた（なお、「緊急一時保護制度」という制度も一部の自治体では利用されてきたが、規模はさして大きくなく、煩瑣になるのでここでは割愛する）。介護人派遣事業と生活保護他人介護加算特別基準の額は、以降交渉を繰り返すうちに年々上がっていく。

さて、以下は一九七五年に書かれたパンフレットである。

「とりは空に　さかなは海に　にんげんは社会へ」（介護料制度経過報告　介護人派遣センターの設立にむけて）

障害者に在宅保障はないのでしょうか

重度障害者が施設なり在宅で生きていく場合、介護して下さる人の手がなくては生きていけないことはわかりきったことです。又、今までの社会の現実の中では、障害者はのけものにされ、教育権をとりのぞかれ、健常者から社会構造あらゆる点に役にたたないもの利益の上がらないものと排除され、社会の片すみにたてた施設へとおいこまれてきました。その上に国の姿勢の中で、私達が決めていく権利の保障、在宅で生活したいと言った場合なにが保障制度としてくまれているでしょうか。

ヘルパーさんは週にたったの四時間

国の制度の中でヘルパー制度がありますが、それはどういう内容かと言えば、福祉事務所からお手伝いさんのような人が来ますがそれは週に二回、一回が二時間四五分とされていますが行き帰りの通勤時間ふくめてなので正味一時間四五分から二時間程度です。やる仕事は、障害者に手をかすのでなく、主に家事の手伝いです。年令は四〇すぎの人が多く過重労働である障害者を風呂に入れたりトイレに連れていったりはしません。誰もが生きていくためには風呂とかトイレはかかせませんが、年令的に過重労働は無理なのです。また重度障害者といえば食事の仕度・風呂・トイレ・洗たく・掃除・着がえとあらゆる点に人の手を要しているのです。でも国の政策はたった二時間、それも週二回と規定され、それで私達のように二四時間人の手を要して生活する者にとって、どうして在宅保障といえるでしょうか。ないに等しいのです。**私たちは、こういうことを一つ一つ問題にし、皆が社会のなかで生きられるような保障をめざして、健常者と障害者の上**

も下もない人間のいしき・かんかく・建物をかえていく運動体です。

私達は、社会の冷たい感覚の中で、家庭崩壊そこそこで施設へやむなく入り、施設の行政の規定の規則におし込められた生活をおしつけられ、そのあげく利益の上るもの上らない者と、軽度重度者と、本人の意思を無視したまま**犬猫のように**、あっちの施設こっちの施設と**たらい回しにされ**、利益の上らない重度者が入れられたのは、障害者予防発生の研究する障害者を医学的に研究する場でした。そこで、医療という分野の中の日常的研究材料としての生活を押しつけられ、私達はそれに抵抗するとともに私達の**生きる権利として**障害者自身が**自分の意志**で、施設なり在宅なりを選びとれるような保障をつくるために、あるボランティアの力をかりてそこを出ました。でも私達のような重度者二四時間介護がいないと生活していくことができないものにとってなみたいていの意志ではやっていけません。

私達は今の国の何一つ保障のとられていないなかで、医学の材料とされるくらいなら社会の中でのたれ死にした方がいい、これが今の国の姿勢ならばしかたがないと、施設を飛び出たのです。

介護を保障して下さるものとてほとんどなにもない中で

飛び出たのはいいが、ある程度のボランティアの力があるとはいえボランティアばかりの力をたよってはいられません。また、ボランティアといってもいくら交代でも、障害者の世話ばかりしてもいられません。ボランティアの方も他で働かないと食べて生活していくことはできません。月日とともに、障害者のトイレ・風呂車椅子のあげさげから、ボランティアの方に腰痛者がでたり、また生活、互いの感情的から一人二人とやめたりして、私達と残り少ないボランティアの生活はいきづまる一方でした。私達はこのままいったら、また施設に逆もどりするしかない、なんのために施設を出たかわからない。

私達は崩壊そこそこで、都の身障課へ行って、障害者が介護者を要して生活できるような保障――介護料を要求したのです。

私達は二四時間の日常的世話の介護料、介護者が生活出来るような、医療を含んだ介護料要求をしたのですが、半年余りの都との交渉の中で、都は予算がないということで最大限にしぼり、出来た制度は、在宅者で脳性マヒの一種一級と受ける対象者がしぼられ、金額は一回が一七五〇円、一月四回という、月七〇〇〇円の介護人派遣事業を制度化した。だが、私達の要求した額、中味もまるでちがう。まして二四時間介護を必要な障害者にとって一月七〇〇〇円の介護料でどうして介護者の保障となるのでしょうか。**七〇〇〇円の額では、一日人を要したら終わってしまう。**あとの日はどうしろというのでしょうか（この介護手当は、五〇年七月より一ヶ月五回とされ、一回の金額が二三〇〇円で一ヶ月一万一五〇〇円とされています）。

そこで私達は、国に対し、生活保護の中の特別基準というものを、介護料として要求したのです。

国ははじめの段階では、どうしても生活保護のわく内でやれない者、**介護がいないと生活出来ない者に対し、最低生活を維持していく金は出すといったのです。**私達が最低生活を維持していくことは、**二四時間介護の人がつくことからはじまります。**

私達は国に対し二四時間の介護者に支払う金を計算し、国に提出したのです。でも国では、最低生活を維持していける金を出すといいながら、私達の提出した書類を見て「今の社会通念からみて、障害者だから、こんな高い介護料はだすことはできない。だけどあなた達はせっかく施設から出て社会の中で生活しているのだからそれを認め、また**今の社会通念から判断して、一日四時間、一時間が四〇〇円、**一ヶ月四万八〇〇〇円の介護料なら認める。それで介護がいなくって**生活出来ないなら施設へ入るしかない。施設に入るのなら世話するし、施設の職員の予算もだす**」というのです。私達はしかたなく四万八〇〇〇円をのんだのです。五〇年二月のことでした。

四万八〇〇〇円の内容は、生活保護の他人介護加算一万八〇〇〇円と都の重度手当五〇〇〇〇円、福祉手当をふくんで四万八〇〇〇円と出されてきたのです。正味二万円しか国では出して来なかったのです（なおこの特別基準のわくは、生活保護をうけて、重度障害者で日常的介護を要して生活してかいごがいないとさいてい生活でも維持して生活出来ないものに対し、二万余円の特別基準を、障害者から要求を出されれば認めますと半年の交渉の末あきらかになりました。）

どうして施設に入らないと介護の保障がされないのでしょうか

国では、施設に入所している一人の重度障害者に対して、民間の施設で二〇万、都立、国立になると五〇万以上出されています。在宅障害者も施設障害者も日常的介護をようする障害にはかわりません。在宅でもたくさんの障害者が介護保障をまちかねていますし、施設には入りたくない障害者がたくさんいます。

私達はこうした国の一つ一つの差別的・隔離する方向の政策を、一つ一つ自分の手で、自分自身の生きていく保障としていくために

・都の身障車椅子住宅を一人一人の障害者の機能にあわすような住宅の改造交渉をし、次から入る障害者に対し、ハーフメイド式にさせたり、

・都の重度手当を、生活保護を受けている障害者に対し、収入認定すると、国ではていきしてきたが、それを都や国と交渉して保留とさせたりしてきました。

私達はこうして少しずつ、自分自身の生活の保障を勝ち取る中で、社会へ出てから三年近くなりますが、私達の真の保障、介護をして下さる人が日常的にすくなくなって困っています。

介護料を国や都からひき出したといっても、介護者の食費、電車賃程度で、介護者の真の生活保障をなしとげるには、まだまだほど遠いものを感じられます。

また健全者と障害者の介護する側される側どうしでもこの問題はさけようもなく対立した関係

のまま去っていく人が、多数にいます。**障害者にとって、皆さんの意識が一番の保障**ですが、それをどうしても対立となって出て来る私達と介護者のこの問題が大きい山場となり、あがりさがりの状況のまま進んでいます。でも、こうしたかかわり関係の中で一人一人考え苦しみながら歩みどこかで互いの生きかたを認めあって進んでいく、こうした地道な皆とのふれあいの中で、私達、また、真の互いの保障、福祉を望んでいるのです。［以下略］（新田 2008：56-64）

以上が七五年に新田らによってつくられたパンフレットの内容である。ほぼここに介護保障運動の出発点がある。この時点ではまだ各制度はどれも貧弱だが、これ以降新田らの運動により徐々に各制度の内容は拡大、拡充していく。

新田らのイメージとしては当初から地域での介護者にも施設職員並みの給与保障を、というのがあった。だから、彼らは当初から、当時の施設職員の賃金から計算して、月五二万円の介護料を要求している。上の資料にあるように、厚生省の考えは、「今の社会通念から判断して、一日四時間、一時間が四〇〇〇円、一ヶ月四万八〇〇〇円の介護料なら認める。それで介護がいなくって生活出来ないなら施設へ入るしかない。施設に入るのなら世話するし、施設の職員の予算もだす」というものであり、当時は地域の介護者・介助者がそれを仕事としていくなどという発想はどこにも存在しなかった。新田らはこれ以降、障害者の地域で生きていく介護保障

＝介護者の生活保障、身分保障というところで、介護料引き上げの運動を続けていく。現在、地域で障害者の生活を支える介護者・介助者がこの仕事で飯を食えているのは、この新田らの運動が切りひらいた地平の上に立ってのことである。

（6）介護料の推移――七〇年代から九〇年代

では介護料はその後どのように推移したか、簡単に一〇年おきぐらいに見てみよう（以下の数字は「要求者組合通信」を適宜参照した。たとえば九五年の数値は「要求者組合通信」1995.9.18 No.48）。

①介護人派遣事業[1]

一九七四年　一回一七五〇円　月四回　計七〇〇〇円

一九八五年　一回三八一〇円　月一一回　計四万一九一〇円（東京都の実施分。実施主体が八〇年より市区町村に移管されたため自治体によって格差がある。多いところで、例えば北区では一回四七三〇円　一泊二三六五円　月一八回、一七泊　計一二万五三四五円）

一九九五年　一回七〇二〇円　月三一日　計二一万七六二〇円（東京都の基準額、市区町村によってはさらに一回あたり数百円～千数百円の上乗せがある）

②生活保護他人介護料

一九七五年　一万八〇〇〇円（一般基準）　四万八〇〇〇円（特別基準）

一九八五年　三万五八〇〇円（一般基準）　九万六〇〇〇円（特別基準）

一九九五年　七万五〇円（一般基準）　一八万七〇〇〇円（特別基準、東京都での金額。他はもう少し低い）

③家庭奉仕員派遣事業→ホームヘルプ事業[2]

一九七五年　一回二時間ほど　週二回

一九八五年　週一八時間以内

一九九五年　都内A市　週六六時間（市の独自制度四四時間含む、毎日一二時間）一八五〇円／時間

B市　週八四時間（毎日一二時間）　一三六七円／時間

C市　週八四時間（毎日一二時間）　一三三〇円／時間（九時～一七時）一六二七円／時間（他四時間分）

上記の推移を見て明らかなように、制度は徐々に拡大していった。

1　一回あたり何時間と厳密に決まっているわけではない。今の時間給制とは異なり、何時間介護に入ってもこの金額はかわらない。金額的には当初おおよそ一回四時間が目安で、だんだんのびていき、一回八時間くらいが目安と言われる。九三年より全日保障となった。もともと東京都の制度だが、市区町村でばらつきがあり、運動の強い地域では上乗せがあった。後に東京都以外の自治体にも広がっていく。大阪では八六年から開始された。

2　派遣対象者は当初は脳性マヒ者に限られていたが、徐々に脳性マヒ者に限らず全身性の障害者に拡大していった。このホームヘルプ事業の変遷には説明が必要だろう。七〇年代、八〇年代は公務員ヘルパーが役所から公的に派遣されていた時代である。介助内容や派遣回数・時間もきわめて限られていた。さきほどのパンフレットにも触れられている通り、介助内容は家事援助が主であり、派遣時間は公務員の労働時間相当の九時～一七時の間で週にせいぜい二回、一回二時間が基本であり、どれだけ多くても週一八時間までという決まりがあった（八二年に週一八時間の上限枠が設けられる）。また中高年の女性が多く、男性の同性介助のニーズには合わなかった。それに対して、九〇年代半ばになると運用が次第に柔軟になり派遣時間数も大幅に拡大してくる。ヘルパーは、かつては選べない正職ヘルパーであったが、今や障害者自身が選んで社協や家政婦協会に登録してもらったヘルパーたちとなる。このようなヘルパーたちは「自薦登録ヘルパー」と呼ばれた。こうした登録ヘルパー方式によって、九〇年代以降は大幅に時間数が拡大し、ヘルパーの確保も成功していくようになる。この登録ヘルパー方式の導入も、新田らの地道な交渉の末に成立していったものだ。制度的には、介護人派遣制度のやり方を、国の予算で出るホームヘルプ事業にあてはめようとしたかたちになる。この介護人派遣事業に類似する自薦登録方式のヘルパー制度が、のちに二〇〇三年の支援費制度では日常生活支援、二〇〇六年の自立支援法では重度訪問介護という枠組みになっていく。ただし登録ヘルパーの拡大の背景にはゴールドプランをはじめとする国全体の動きもあるので、そのあたりについては3節で簡単に触れよう。

新田らの求めていた二四時間の介護保障制度が確立するのは九三年のことである。九三年に東久留米市と田無市で、三つの制度を組み合わせて二四時間の介護が保障される。たとえば東久留米におけるその時の二四時間介護保障の内訳をみると、一日二四時間のうち一二時間がホームヘルプ事業（の登録ヘルパー）で一万二八六〇円、八時間が介護人派遣制度で七〇九〇円、残り四時間が生活保護他人介護料という具合に、二四時間すべてが埋まることとなった。金額でいえば、一時間あたり一〇〇〇円程度であったが、それでもある一定の保障を介護者にできるようになっていったのである。月額の介護料で見ると、七五年には計六万程度（＋週二回短時間の公務員ヘルパー派遣）だったのだが、この九三年の時点では計八二万になっている。

（7）公的介護保障要求運動における介護料の意味

さて、以上、介護料要求運動における金額の推移を簡単に見たが、新田らの運動は基本的に金をどんどん獲得していく運動であり、それが「物取り主義」「金取り主義」として諸方面から批判を受けたのも事実である。

とりわけ第3章で見た青い芝系列の運動では、基本的に介護に金が結びつくということはありえなかった。介護は健全者が障害者差別を肌で感じる契機であり、自己変革の契機でもあった。ともに新しい社会をつくっていく「友人」として運動をたてている以上、両者の関係に金が介在する余地はなく、そもそも介護関係に金が入るなんてことはまったく考えられなかったようだ。健全者が金をえるために介護をやりはじめてしまったら、あるいは金をえるために障害者との関係をもつようになったら、本来の運動の意義を忘れてしまうだろう、という危機感があったのだろう。介護は障害者解放運動や反差別運動の一環であって、金をもらうから介護をするとか、金をあげるから介護をやってもらうとか、そうした代物では決してなかった。

そうした金にからむ危険性については、介護保障運動の運動内部においてもさまざまな議論や葛藤があったようである。しかしながら、新田やその介護者たちの場合、金をあげるから介護をしてくれ、という発想は出てこない。八〇年代の半ばに日本ではじまる自立生活センターにおいては、障害者が介助者を金で雇うという発想が前面的に出てくるが、新田の場合、障害者と介護者の関係は金によって結ばれた関係ではない。

今日面接しました。じゃあ渡邉さんを雇います、ということじゃないわけ。じゃぁ君、障害者運動、障害者に対してどう思ってるの、そもそもお前のこれまでの人生はなんだったのか、みたいなところからはじまる。君これまで障害者とどうつきあってきたの、と。いや、ほんとに。そういう話から、じゃぁまず介護に入ってそこらへんをちゃんと話そうよ、そこらへんを覚悟してくれないと、うちはサラリーマンじゃないから。介護を自分の生活の糧としてやるんだったら、

このことを考えない限り介護が成り立たないから。（益留 2010）

このように新田においても、まずは健全者としての意識に問いかけてくる。地域から排除されてきた障害者と地域で生き続ける健全者という非対称な関係の自覚の上から、その上でいかにともに生きていくか、介護を通してともに生活していく中から考えていこう、という。そしてまたこの仕事はお金のための仕事でもなく、やはり「いのちを看る」仕事だと捉える。たとえばお金の話なら、いくら払うから・いくらもらうから、いくら分だけの仕事をやってもらう・いくら分だけの仕事をする、それで終わり、という関係になるけれども、新田の場合は、それでは重度者の介護は成り立たない、あるいは介護という「いのちを看る」営みは成り立たない、と見ている。

「君は福祉の捨て石になれるか?」

「今の給料がほとんどなくなっても、君は重度障害者の介護を続けるか?」

筆者自身も新田からこのように言われたことがある。たとえお金がなくても、お互いの関係を続けられるのかどうか、そこがまず問われてくる。そしてその上ではじめて、お互いがともに生きていく道を模索しあう。また新田は障害者に対しても無償で介護をやってくれる人がいるからといって甘えるな、と言う。

わたしは自分の生活を支えてくれる人がいれば、自分のできる範囲のなかで少しでも、その人の生活を保障していくことが当然だと思います。共に生きるということは、障害者も健康な者もそこに共に生きて食べる保障がない限り、成り立たないのです。道端で手をかりるという単純な問題ではありません。動けない者にとって介護の手は自分の生きる保障なのです。その生きる保障を自分で考え、確実な保障としていく、わたしたちの生活を支えてくれる人たちの生活保障を考えていく。このことはわたしたちが社会に住む以上、課せられたやれねばならない義務です。（新田 1982：18）

こうして双方がともにそれぞれの生活を、責任をもって看ていこうという関係がとり結ばれる。

（8）専従介護体制と介護者の生活保障

それから、障害者の地域で生きる介護保障＝介護者の生活保障・身分保障という関係の延長線上に「専従介護体制」という考え方があらわれる。新田はこの「専従介護体制」を八〇年代の前半に考え実行にうつしたようだ。八〇年代の前半はまだ月の介護料の総額が二〇万もいかないころだろう。二〇万としても、一ヶ月七四四時間で割ると一時間あたり二六〇円程度である。この額を一人一人の介護者に払っていてもとても生活保障なんていうところには至らない。

現実に、お金を払うといっても交通費＋アルファ程度の半分ボランティア的な状態では、日々の介護はなかなか集まらないし、埋まらない。介護をやるといっても、健常者は他でアルバイトをしなければ食っていけないし、そうすると、介護に入れる時間にも支障をきたすようになる。だから、介護者の中の有志の少数の人に、ある程度責任をもって介護に入ってもらう、そしてその分の生活の保障をする、というやり方でいったらどうだろうか、と考える。その生活保障のお金は行政から出る介護料をいったん障害者のもとにプールして、そして責任をもって穴埋め等にも入る専従介護者に重点的に支払う。そうして他の仕事でアップアップしなくてもよいような保障をする。そうした専従介護体制を新田は八〇年代はじめごろに考え、そして多くの他の自立障害者もそれにならって同じような介護者体制をとっていったそうだ。

この専従介護体制の特徴の一つは、時給制を採用しないところだ。自立生活センターにおいては契約の時間分だけ、金額分だけ、わりきって介助をする、というかたちになるから、基本的に時給制の発想が色濃い。時給制というのは一時間いくらとか、そういうアルバイト的発想なので、基本的には小遣い稼ぎという発想になりやすい。

他方、新田ら要求者組合の発想は、介護者の生活保障という観点で月給制をとる。たとえば九〇年ごろでは、毎週〇曜日一枠（九時〜一九時あるいは一九時〜九時）で月に二万円というたてかたをする。介護者Aさんから見れば、毎週〇曜日の障害者Bさんの日中（あるいは夜間）

の生活は自分が責任をもって守る、ということになり、障害者から見れば、毎月のAさんの生活費二万円は私が責任をもって面倒をみる、ということになる。だからそこには、時給制の場合にありがちなように、君明日から来なくていいから、とか、もう今日で介助やめます、という安直なもの言いはない。

要するに、専従介護とたてた地域は、時給を採用しないんですよ。考え方が違うんで。どんなに安くても月給で払おうというふうに考えたわけですよ。さっきいった一枠二万というのは、時給に直せば時給五〇〇円なんだけど、あえて時給といわずに月に二万払うんだと。要するに一ヶ月で私たちはあなたの生活を保障するから、あなたも一ヶ月私の介護を保障してくれという、そういう合意のつくりかたを当事者と介護者がお互いにつくろうというのが、その専従介護という意味なので、そうすると一時間いくらという問題でなくて、いくらあればあなたは介護者として食っていけますか、という話になるわけですよ。（末永 2010）

さて、新田らの公的介護保障要求運動は、世間ではまったく知られていないし、運動に関わっている人たちの間でも現在では認知度はあまり高くないのだが、まぎれもなく確たる成果をあげ、全国の重度障害者たちの導きの糸となり、重度障害者たちが地域で生きていくための基盤をつくっていった。基本的には東京都内で活動していたが、活動を全国にも知らせ、つながるために一九八八年には全国公的介護保障要求者組合を結成している。それ以降も介護保障運動の中心にやはりどかっと座っている。

しかしその運動の過程がきわめて重苦しくしんどい歩みだったのも事実である。運動には、逃れがたい、あるいは逃れてはいけない息苦しさがあった。障害者と介護者の双方がお互いの生活に責任をもちあう、というのは、実際にはとてもしんどいことである。人間関係なので、本当に気まずくなりうまくいかなくなることもある。お互いが不信感でいっぱいになることもある。そして、実際に日々の介護はまわらない。いつもいつも介護者探しで必死の日々である。特定の介護者が続けざまに入らざるをえず、介護も関係作りも杜撰になる。双方のいらいらがつのる。しかし双方がお互いを見捨てないことを運動の原点においてやっているので、その行き詰った関係からも逃れてはならない。そうしたプレッシャーの中で運動をやっている者の中には心を壊す者たちもいた。

介護保障運動には、そうした重苦しさも一面でつきまとっていた。それは「いのち」を守る、ということに伴う必然的な重苦しさ、そして必然的といっても多くの人が避けて通りたがる重苦しさなのかもしれない。

そうした中で、ある意味颯爽として登場してきた一群の人々がいた。それが、自立生活センターをつくった人々である。

2　自立生活センターの擡頭

（1）「表の運動」と「裏の運動」

高橋さんは［日本の障害者運動には］「表の運動」と「裏の運動」があると言う。「裏」のほうは「府中（療育センター）闘争の中から出た、日本の、東京独特の、いわゆる自立運動……俺なんかそっちから入ったから……」。

「ヒューマンケア協会なんかは、表の、かっこいい運動なわけよ、ね。かっこいい運動だし、エリート運動なわけよ……。教養豊かな人たちだしさ。でも、教養豊かだから何でも取れるってはなしじゃない」（立岩 2001：255）

ここで「高橋さん」というのは、高橋修のこと。一九九九年に惜しまれて亡くなっている。八〇年代の介護保障運動に参加し（一九八八年結成時に全国公的介護保障要求者組合書記局長、九一年副代表、九五年代表、九七年辞任）、九〇年代は主に自立生活センターの活動に尽力した

（全国自立生活センター協議会（ＪＩＬ）九三年副代表、九五年事務局長）。介護保障運動と自立生活センターの運動の両方のど真ん中を駆け抜けていった無二の人物であった。

その「高橋さん」が障害者運動に「表の運動」と「裏の運動」があると言う。「裏の運動」が1節で見てきた新田勲らの運動だとすれば、「表の運動」が次に見る中西正司らの運動である。その中西正司が一九八六年に仲間とともに設立したのが日本で初めての本格的な自立生活センターと言われる「ヒューマンケア協会」である。[3]

(2) 自立生活センターについて

自立生活センターについては、すでにそれなりの知名度もあるだろう。現在二〇一〇年時点で、障害当事者団体としては全国で一番大きな勢力をもち、その名を冠する団体は全国に一〇〇以上存在する。その連絡協議会としては全国自立生活センター協議会（ＪＩＬ）が存在し、厚労省はじめ行政関係にもかなりの影響力をもつ。自立生活センターは運動体であると同時にサービス事業体であり、実際に自立生活プログラム（ＩＬＰ）やピアカウンセリング、介助サービス、送迎サービスといった障害者が地域で暮らしていくために必要なサービスを、障害者自身の視点から提供しており、そうした地域自立生活支援の事業体として、運動体だけのところにはない力強さと根強さをもつ。

「自立生活センター」（CIL＝Center for Independent Living）という組織はもともとアメリカで一九七〇年代前半に成立したのがはじまりである。七二年カリフォルニアのバークレーで州から補助金を得てバークレーCILが発足し、ほどなくしてボストンやヒューストンでも同様のセンターが誕生した。その後七八年には連邦法により自立生活センター設立のための基金

3　ただし、「自立生活センター」という名称自体は、すでに八〇年代初頭に「三多摩自立生活センター（CIL・S）」がある。介護保障を主とする新田らの運動系列の団体で、高橋修が代表をしていた。多摩地区は日本の介護保障運動がもっとも盛んな地域であるが、その運動の流れの一環として、こういうセンターがあったらしい。また他に八〇年代初頭には千葉市で宮崎自立生活センターができ、また八四年には静岡自立生活センターが誕生している。八六年には京都で長橋榮一が日本自立生活センターの設立を宣言している。いずれもアメリカの自立生活センターの影響を受けたもので、特に京都の日本自立生活センターは、バークレーCILのマイケル・ウィンターからCILの名称独占権を付与された書面を受け取っている。

なお、自立生活センター（Center for Independent Living）には、名称の条件がある。アメリカでは州からの補助金がおりる団体の条件として、各地域によって異なるが、そういうものがあるらしい。日本では九一年に全国自立生活協議会（JIL）が設立され、その時以来「自立生活センター」と名乗る団体の条件が掲げられている。その条件とは、代表と事務局長が障害者であり、また運営委員の過半数も障害者、そして権利擁護を基本として自立生活プログラム、ピアカウンセリング、介助サービス、住宅相談等の活動（事業）など（そのうち最低二つ）を、障害者種別を超えて提供していること、などである。こうした条件は国によって異なる。例えば韓国のCILでは事務局長に障害者が就く決まりはなく健常者が就くことが多い。

が設置され、アメリカの各州で自立生活センターが設立されるようになった。アメリカでその自立生活運動を引っ張っていたリーダーたちが日本に来るようになったのが八〇年代の前半である。同時に日本からも、多くの障害者が八〇年代前半からアメリカの自立生活センターへと研修に出かけるようになった。こうして自立生活センターのことは八〇年代前半から少しずつ日本でも知られるようになっていった。

自立生活センターの特徴としては、障害者が地域で自立して生活するのに必要な援助サポートを、ピア（仲間、同じ境遇にあるもの）である障害者自身が組織的に事業として行う、というのがまずあげられる。従来も確かに運動の中で、先輩の自立障害者が後輩の障害者に対して相談にのったり、アドバイスをあげたりしたことはいくらでもあっただろう。しかしそこはまず人間関係やつきあい、あるいは運動の同志という部分が前提としてあり、なんらかのサービスを提供している、というわけではなかった。また、補助金の出る事業としてそうした自立支援を行うという発想もまるでなかっただろうし、「自立生活プログラム」や「ピアカウンセリング」という一定の枠組み（マニュアルもある）の中で組織的に計画立ててやるという発想もなかっただろう。

そうした状況の中、日本でその自立生活センターを具体的にかたちにして運営させていこうとしたのが中西正司らである。自立生活センターと名のつく組織はヒューマンケア協会設立以前にもすでに存在していたが、ヒューマンケア協会がもっとも用意周到に準備を進め、そして事業展開に結び付けていったと言える。

(3) 中西正司とヒューマンケア協会の構想

中西正司は一九六六年上智大の学生時に交通事故で受傷し、頚椎損傷をおう(以下のプロフィールは[中西 2001：33-34]より)。

施設入所を二年間経験し、「衣服の着替えに二時間かけ、トイレの自立訓練だと言って六時間も便座に座らされるというような異常な訓練を二年間実体験して学んだことは、リハビリテーション不信の契機となった」という。また「退所の際、より重度な障害者が残されていることに、今後彼らを地域に連れ出さねばという負い目を感じていたことは、自立生活センター設立の動機ともなっている」。七〇年代は頚椎損傷者連絡会に関わり、また東京都ケア付き住宅検討委員会の委員も務めているが、彼はむしろこのときケア付き住宅のような集住生活ではなく地域分散居住が本来あるべき姿と確信したようである。八三年に八王子に転居し、そこで「若駒の家」に参加。「若駒の家」は七八年に設立された障害当事者自身によって管理運営される、当時としては先鋭的な、障害者のたまり場的な通所センターであり、ヒューマンケア協会もそこの一角からスタートしている。

そして八四年に、渡辺益男（学芸大）、斎藤明子（現・コミュニティサポート研究所）、高嶺豊（ハワイ大学大学院卒、元ハワイCILカウンセラー、現・琉球大学教授）などといったメンバーとともにIL研究会を立ち上げ、自立生活センター設立の準備を進めている。この時点で、自立生活センターの事業を行政に認めさせて補助金を得ること、無償のボランティアに頼らず有償のサービスを提供すること、対象の障害種別を限定しないこと、サービス内容や時間帯等を限定しないこと、専門の介護職化という道をとらず、あらゆる市民が参加して支え合う社会を目指すことなど、のちの事業展開の基本的構想が確認された。

こうした準備計画のもと、八六年よりヒューマンケア協会を立ち上げる。「明確に意識して事業体を運営しようとの考えから、事務局は有能なスタッフの精鋭主義をとった[4]」（中西 2001：36）。その有能なスタッフとは、樋口恵子、安積純子（現・遊歩）、阿部司、そして中西正司の四名であった。経理に強い、あるいはカウンセリングに強いなどといった自立生活センターのサービス提供と事業運営に必要な資質をそれぞれがもっており、そしてみなアメリカの自立生活センターで研修を受けたメンバーであり、アメリカの自立生活センターの事業内容や運営の仕方等をすでに学んでいた。

中西はまた、事業体としてのヒューマンケア協会を従来の障害者運動の運動体から明確に区別しようとした。従来の運動体では事務所はたまり場的なものとなり、だれがいつ来てもいつ

ヒューマンケア協会がこのように「有能なスタッフの精鋭主義」からスタートしたことは、自立生活センターの一つの特徴を物語っているように思われる。自立生活センターは単なる運動体ではなく、各種サービスを提供する組織であるため、そのスタッフには事業運営の責任と能力が問われてくる。だからだれしもがそのスタッフになれるわけではない。スタッフとなるにはサービスを提供する資質や組織を運営する資質が必要である。自立生活センターの当事者スタッフと一般の当事者会員とでは同じピア（仲間）とはいえ、その間にある種の線引きがあることも事実である。

また、少なくとも第3章とこの章で紹介してきたこれまでの運動は脳性マヒ者たちによる運動であったが、ヒューマンケアのスタート時のメンバーに脳性マヒ者が入っていないことも、それまでの運動との違いを示す意味で象徴的である（もちろん脳性マヒ者以外の人々による運動も、たとえば「車いす市民全国集会」など、七〇年代から活発に行われはじめていた）。脳性マヒ者たちが、アメリカから入ってきた自立生活運動をどう受け止めたかについては、次のようなエピソードがある。

「八三年、脳性マヒの人たちを中心として実行委員会で、アメリカの自立生活（ＩＬ）運動のリーダーを招いて全国数ヶ所で『障害者自立生活セミナー』が開催されました。実行委員会の多くのメンバーは、アメリカの脳性マヒ者の自立生活の現状を知り、自分たちの運動と重ねあいたいという思いをもっていました。しかし、この期待は、来日メンバーの多くが言語障害をもたないポリオや頚椎損傷などなど、脳性マヒ者が一人も含まれていなかったことで失望へと変わりました。そして、アメリカの自立生活運動は、労働に参加できる障害者の運動であり、日本の脳性マヒ者たちの運動観との隔たりが明確になっていきました。その一方、障害者としてのアイデンティティを見出したいと模索していた頚椎損傷や筋ジストロフィーなど、脳性マヒ以外の重度といわれている障害者に大きなインパクトと希望を与えました」（樋口 2001：15）

帰ってもいい反面、公私の区別がなく、時間や連絡もルーズになりがちであった。たとえば「若駒の家」もたまり場的な場所であり、さまざまなボランティアが出入りする場であり、昼過ぎから出てくる者、夕方から出て深夜までいる者などさまざまで、事業体としての自覚は薄かった。だから「自戒の意味もあってネクタイと背広をつけ、九時の始業、五時でオフィスを閉じることを励行した。時間内に通所センター［若駒の家］の人たちがきても相談以外は受け付けないようにしてけじめをつけた。一般の高齢者の利用者と若駒の家の利用者を公平・平等に扱い、身内、外の区別をなくして団体としての公明・公平性を目指した」（同：35-36）。

このようにサービス事業体としての組織の引き締めを行いつつ、一方で主たる事業内容である自立生活支援のためのサービスのあり方も模索した。当時「自立生活プログラム」や「ピアカウンセリング」については本場アメリカでも体系だったものはあまりなく、四人で協議しながら独自に内容を開発していったそうである。たとえば自立生活プログラムは以下のように検討されていった（当初大いに参考にされたのが、知的障害者のための生活訓練マニュアルだったというのは現在から見たら少々驚きである）。

「アメリカの」どこの自立生活センターもプログラムの運営はリーダー任せで、ラフスケッチ程度のマニュアルしかなく、いざやろうとするとどこから手をつけていいのか皆目分からなかった。

そこで安積、樋口、阿部、中西の四人が、留学体験をもとにしながら討議して、日本の実情に合ったプログラムづくりを開始した。初期に大いに参考にしたのは、すでにあった、精神障害者や知恵遅れの人たちのための生活訓練のマニュアルである。障害をありのまま受け入れること、何が必要で何が必要でないかの確認、自分の意思をはっきり他人に伝えることなど、これまで日本にあった生活訓練が技能中心だったのに対し、自己の確立や自身を身につけ、生活意欲を高めるといった精神面の充実に重点を置くプログラムを作った。プログラム［の講座］は月に四度、三ヶ月をワンクールとし、プログラム・リーダー、助手、それに受講生五～六名でスタートした。……プログラムは一回ごとに先の四人で成果を検討、カリキュラムの見直し、新設などを頻繁に行なって、徐々に協会独自のものを作り上げていった。（ヒューマンケア協会 1996：13）

こうして最終的に一九八九年には、現在でも多くの自立生活センターで利用される『自立生活プログラム・マニュアル』が完成する。同様にして、ピアカウンセリングも、安積らが中心となり、その手法が開発され、現在にも通じる原型がこの時点で完成した。

中西らはヒューマンケア協会発足時より特にこの自立生活プログラム部門を意図的に強調したそうだ。発足時に各紙で新聞報道もされたが、その際特に自立生活プログラムをメインに報道してもらったらしい。介助サービス事業は非障害者たちも行っているが、障害当事者自身による障害者の自立支援の事業体としては自立生活プログラム部門にむしろ大きな独自性があったからだ。また一方でアメリカの研修において、自立生活プログラムがなければ障害者が依存的になり自立しない、ということも学んでいた。自立生活センターは単に介助者を派遣するだけの団体ではない。同時に自立支援も行うのである。それまで多くの障害者はもともと親や職員に依存して介護を受けてきたから、単に介助者が派遣されても何かしてもらうのを待つだけである。自分で自分の生活を切りひらき、組み立てていくにはそれ相応の支援が必要である。自立生活センターでは自立生活プログラムと介助サービスが車輪の両輪である。「ＩＬプログラムの勉強だけ教えられても実際に地域に使える介助サービスがなければ誰も使わない。介助だけ提供すると依存するだけで自立ができない」（中西 2001：35）。

事業運営としては、当初はスタッフにろくな賃金も払えなかったが、八八年に東京都が「地域福祉振興基金」二〇〇億円を設置し、中西はその担当者と交渉。それにより自立生活センターの活動に対して人件費込みの助成金を得ることに成功し、これが大きな財政基盤となる。ヒューマンケアの初年度の総収入が二五〇万円程度（内、助成金三〇万）だったところ、八八年には一〇〇〇万円を超え（内、助成金六八五万円）、さらに九三年には三〇〇〇万円を超える（内、助成金二五〇〇万円）［ヒューマンケア協会 1996：46］。なお、助成金は東京都の地域福祉振興基金の他にも、各種財団の単年度助成金や雇用促進事業団の助成など、さまざまなものを最大限に利用していった。

この東京都地域福祉振興基金は、後続の都内の自立生活センターにとっても大きな財政基盤となる。また、中西は同様の路線で九六年には自立生活プログラムやピアカウンセリングを必須事業とした「市町村障害者生活支援事業」を国の事業として創設させることにも成功する。全国の多くの自立生活センターがこの事業の委託を受けることを可能にし、そしてこれにより全国で、特に大阪などで多数の自立生活センターが助成金を得て運営基盤を安定させることが可能となった。そしてこうした自立生活センターの発展は、障害当事者たちのエンパワメントや自立にとってきわめて大きな基礎となった。それは障害者たちが「当事者」として社会的にも政治的にも力をつけていく過程であった。

(4) 自立生活プログラムと雇用主モデル

次にヒューマンケア協会の発足時の介助サービスに対する考え方を簡単に見てみる。

一つは、先に見たように、介助サービスは必ず自立生活プログラムと介助がセットである、という考え方がある。単なる介護保障、介護派遣ではダメなのである。また、障害者と介助者の関係で言えば、介助は雇用関係であり、障害者が金を払い介助者を雇う、という発想がある。そしてまた、介助サービス事業を地域の誰にも開かれた住民参加型事業として位置づけ、コーディネーターを入れて利用者と介助者の調整を組織的に行う、という民間福祉団体的な発想がある。

まず、介助サービスが自立生活プログラムとセットでなければならないということについて。すでに先にも見たが、ここには中西自身の体験も含まれていた。中西は、八王子に来て以来、近所の大学の学生ボランティアを入れて一人暮らしをしていたが、結局学生との関係がうまくいかなかったようだ。ボランティアを入れないと一人暮らしが成り立たないため、近所の大学の福祉系サークルとのつながりをつくっていき、夕方には多い時は四、五名の学生が集まってくるようになったが、

毎晩夕食会と麻雀大会を続けることによって介助者を確保する生活が七年間続いた。たしかに夜と寝泊まりの介助者には事欠かなくなったが、朝は一〇時一一時でなければ誰も起きてくれないこともしばしば起こった。生活の安定は確保されたものの、そうなると自分の生活というものはなくなり、今度はこれが苦痛になってきた。（ヒューマンケア協会 1996：2）

このように介助の確保のために自分の生活を学生に合わせなければならない。学生に合わせる生活なので、夜は毎晩麻雀につきあわないといけないし、朝起きたいときに起きることもで

きない。ボランティアであっても、ちゃんと言えればいいのだけれど、やはりどこか遠慮してしまうのだろう。ボランティアに合わせざるをえない生活が苦痛になってくる。それならば、次に述べるように介助者に金を払い、仕事として介助をやってもらえばいいとも言えるが、しかし金を払うからといって介助者を使いこなせるかといえば、そんなことはない。やはり障害者の側がはっきりものを言えなければ、介助者はルーズになってくる。そういう意味でも、介助者にふりまわされず自分の生活を自分で組み立てていけるようになるためには自立生活プログラムはやはり必要だった。安積も当時の事情を次のように述べている。

あそこ［ヒューマンケア協会］でプログラム［ピアカウンセリングか自立生活プログラム］をやろうというきっかけは、中西さんが自分の介助者の問題で苦慮してたんだ。学生を集めてやってたんだけど、うるさくなってたんだよ。アルバイトでも介助者がきちんと来た方がいいと、そういうことでアメリカに行ってアテンダントのシステムを見てきたんだけど、それを使いこなす障害者がいなきゃ、使いこなせないんだっていうことがよくよくわかって。例えば、介助人が約束破っても文句が言えないとか、来ても茶飲み話ばかりでやってほしいことが言えないとか、そういう人が多い。遅れても、真剣に謝られちゃえば終わりじゃない。三〇分なり一時間なり仕事ができなかったわけだから給料減らすよとか言えればいいわけだけど。（安積 1995：51）

自立生活センターで言う有償介助は、単に介助者に金を払えばいい、というわけではない。もし介助者の仕事にルーズなところがあれば、それははっきりと言わねばならない。障害者が自分の生活を自分で組み立てるには、介助者を適切に管理せねばならないのである。こうした介助者を管理する力をつけることも自立生活プログラムの目的の一つである。

そしてこのように介助者を適切に管理するための一つの重要な手段として、障害者が雇用主の立場になり、金を支払い介助者を雇う、という発想が出てくる。このことについては、中西は次のように述べている。

> 自立生活センターの介助者は、障害者に対して被雇用者の立場に立つ。当事者と介助者をめぐるこの力関係は、重要な意味をもっている。
> 自立生活センターができる前には、ホームヘルプサービスは一日一〇時間必要でも一時間しか支給されなかったから、ボランティアに頼る以外になかった。障害者は地域で暮らそうとすると卑屈にならざるをえなかった。介助してもらうたびに「すみません。ごめんなさい」と言いつづけることにうんざりしていた。（中西・上野 2003：137）

中西が大学三年生の時に交通事故で障害者になって考えたことは、「今後一生介助をうけなければ生活できない。哀れみの福祉はうけたくない。どうすれば能率と効率を重んじる資本主義社会のなかにあって、もっとも劣等な労働力として位置づけられる障害者が、介助を受けながら、非障害者とのあいだで対等な人間関係を持てるだろうか」という問いであった。

考え出した答えは、「ボランティアに頼ることはやめて、有料の介助者を使うことにしよう。資本主義社会の論理を逆手にとって、障害者が雇用主になって、介助者の雇用と解雇権をもつ。そこではじめて、毎回遅刻してくるボランティア気分の介助者に、障害者自身の口から苦情を言うことができる。そうすることで、社会から無視されることなく、対等な人間関係のなかで、責任のある介助が権利として得られる道が開かれる」（同：137-138）というものであった。

このように障害者自身が介助者に対して雇用と解雇の権利をもつことによって、介助者に対してはっきりものを言えるようになる。しかし、これまで親や職員、先生にばかり介護してもらっていた障害者がいきなり介助者に対してそんなことを言えるようになるわけがない。だからこそ、同時に自立生活プログラムも必要なのである（なお、当時から現在にいたるまで、厳密な意味で言えば［法律的には］、利用者である障害者が介助者に対して雇用主になったことはない。障害者と介助者に間には、日本の制度においては、雇用関係はないのである。だから厳密には障害者は介助者の解雇権を持たない。欧米のダイレクトペイメントシステムにおいては、障害者は介助者に対して雇用主となる。しかしそのシステムを利用するためには障害者は「雇用主」になるための研修を受けねばならない。雇用主としての義務や介助者［労働者］の権利についても学び、一定の資質を身につけなければその制度を利用できないのである）。

（5）民間介助サービス事業体としてのヒューマンケア協会

次に、コーディネーターを入れて組織的に行う介助サービスのシステムについて。中西らはそれについて、当時の先駆的な民間在宅福祉団体から多くを学んだようである。

まず、組織的な介助サービス事業を彼がやろうと思ったのには次のような事情がある。ヒューマンケアをはじめる以前は、中西らはボランティアを入れて生活していたわけだが、ボランティアの数にも限りがあり、常に介助者探しに追われ、ある意味で介助を必要とする障害者同士でボランティアの取り合いみたいな状態にもなりそうだった。

八四年当時、若駒の家には数名の重度身体障害者が自立生活しており、限られた数のボランティアだけでは取り合いになる事態も懸念されてきた。ときには介助者のいない障害者から緊急電話を受け、その時に自宅にいた介助者を車を運転して連れていったこともあった。このようにコーディネートすることが度重なると、どうせ一生介助者探しをしなければいけないなら、組織的な介助サービスを始めた方がよいだろうと考えるようになってきた。（ヒューマンケア協会 1996：2）

中西としては、どうせこのように介助者（ボランティア）をまわしながらやっていくしかないのなら、それを事業化してやっていった方がいいだろう、組織をたてて、障害者と介助者に登録してもらい、両者の間の仲介・斡旋を業務として行う、そのように組織的に事業運営していった方がより介助体制も安定していくだろう、と考えたようである。そうして有償の介助派遣を行う事業体の立ち上げに着手した。

神戸のライフケア協会などの当時民間で先駆的な介助サービスを行っていた団体に見学にいき、介助派遣のコーディネートのやり方や組織運営について学んでくる。行政の硬直した介護保障ではできない部分について、住民相互の協力により柔軟に対応し、そのニーズを満たしていく民間福祉団体のノウハウを吸収してきた（なお、コーディネーターが障害者と介助者の間に入って組織的に介助の調整や派遣をするというやり方は、アメリカではとられていなかったやり方である。アメリカでは、介助者の紹介まで行うが、それ以降は当事者間の契約に委ねられた。また、スウェーデンのアドルフ・ラツカによっても、このやり方は「障害者と介助者の間にコーディネーターのような中間媒体が入ると障害者の声が届きにくくなる」として批判されたという［中西 2001：35］）。

実際にとられた事業のやり方は次のようなものだった。利用会員から介助の依頼があった場合、事業所に勤めているコーディネーターがニーズの聞き取り等をし、それから介助会員を紹介する。利用会員と介助会員の双方がこの人でよいと合致すれば、実際に介助が行われ、利用会員は介助の実績時間数分の支払いをし、それを介助会員が受け取る。ただし双方ともに、仲介・調整のコーディネート料として事業所に少額の手数料を収める。たとえば利用会員が八〇〇円を介助会員にそして五〇円を事業所に支払ったとしたら、介助会員は受け取った八〇〇円のうち五〇円を事業所に支払う、よって事業所は計一〇〇円の手数料を受け取り、介助者は実質七五〇円を受けとることになる、というわけである（立岩 1995：286）。

ここで採用されている介助サービスのあり方は、制度を活用しようとしたものではないので、金額的には少額のやりとりである。また利用会員も身銭を切っての利用になるので、長時間の利用はほとんどの場合できない。ヒューマンケア発足当初は、時給六〇〇円、すなわち「朝一時間半、夜一時間半で合計一日三時間、これを三〇日で九〇時間、時給六〇〇〇円で五万四〇〇〇円という年金額に相当する時給設定と」された。そこには、「当時の自立生活実践者は、一日最低限三時間程度の朝晩の寝起きの介助程度で生きられるレベルの障害者が多かった」という事情もあったようだ（ヒューマンケア協会 1996：25）。

さて、これでは利用する側としても自費のために財布のひもと相談せざるをえず時間数には限界があるし、働く側としても時給の低いバイトかパートという扱いにしかならないわけだが、ヒューマンケア協会の介助サービスのやり方には積極的な意味が込められていた。

まず彼らは、介助を必要とするすべての人をサービスの利用者と考えた（だから高齢者も利用者に含まれる)。行政の制度は必ず対象者が障害の種別や程度、所得等によって限定され、狭い範囲しか適用されない。また行政の制度の場合、提供者や内容、時間も限定され、利用者がサービスを自由に選ぶというわけにはいかない。そしておうおうにして福祉の枠内の人間関係に終始し、地域に開かれていかない。

だからヒューマンケア協会の考え方でいけば次のような理念が並ぶこととなる。「市民が主役になる」「お上は何もかもやってくれなくてよい」「福祉を規制緩和する」「福祉はみんなのものだ」「行政を仕切り直して使い勝手を良くする」「何でもありの福祉職は楽しい！」「ステージはコミュニティ、そして市民が主役」（ヒューマンケア協会 1994：5-8）

これまでお上におしきせられた枠内でしか生きれなかったけれども、これからは自分たちが主役となって、福祉を市民みんなのものと考えてコミュニティをつくっていこう、という宣言だ。

その際、福祉職もフルタイム・ワーカーだけでなく、様々な人々が少しずつ時間を提供しながら福祉に関わることが、福祉を市民みんなのものと考える上で、推奨されていく。

〝福祉を一生の仕事〟と思っている人のみで福祉分野の仕事をこなそうとすると、福祉が、サービスを提供する人と受ける人との間のせまい世界に閉じ込められてしまう。そして高くつく。むしろ他の分野での就労経験を持つような人々にどんどん参加してもらい、幅広い層の人々が〝他人事〟でなくかかわる形態こそ望ましい。(同：8)

また、「効率」という観点からも、介助者はフルタイムの公務員である必要がない、と言われる。

その［介助の］提供者は、フルタイムで働く公務員であることを要しない。多様な就業形態があってよい。介助は朝晩の寝起きと食事時に集中する。そのため常勤介助者をむやみに増やすことは、効率の悪化を招くとともに得策でない。パートタイマーでローテーションを組むことになる。(同：36-37)

(6) 高橋修——裏の運動から表の運動への接触

さて、福祉を狭い世界に閉じ込めずに広く地域に開いていく、みんなの目に見える活動にしていく、そして市民の「ニーズ」から働く人の働き方も再編成していくという中西らの発想は確かに積極的な意味をもっていた。次の節で二四時間介助が九〇年代を通じて広まっていく過程を見るが、その際の自薦登録ヘルパー方式などは、ここに見られる発想とも通じるものがある。規制が緩和されるべきところは緩和されねば、障害者の二四時間介護保障などは成立していかなかっただろう。しかしここにはやはり「安上がり福祉」のお先棒をかつぐという可能性も否定されえず残っていた。

以上のような中西らの考え方は、新田らの要求者組合系列の人々からすれば認められない部分も多かったであろう。まず中西らのやり方では、重度者の長時間介護は保障されない。結局は部分的な介助だけですむ程度の障害の人々しかやっていけないシステムなのではないか。また介護者の賃金もアルバイト的な額しか保障されえず生活保障とはなりえない。最終的には自費に頼るシステムでは、介護者の身分保障はなされない。そしてアルバイト的に入るということ自体が、そもそも責任をもって双方ともに命を看合うべき介護関係には不適切なのではないか。

しかし、このような問題点があるにもかかわらず、要求者組合系列の主要メンバーの一人が中西らに関心をもち接触する。それが、三多摩自立生活センターや在障会等で公的介護保障の運動をしてきた高橋修である。中西の運動が「市民」、「ニーズ」、「サービス」、「コミュニティ」などを前面に出した、従来の運動の泥臭さを脱臭させた「表の運動」だとすれば、高橋や新田の運動はどろどろの人間関係と行政に対する仮借なき追及を基礎に置く「裏の運動」だった。

そこに身をおいていた高橋がなぜ中西らの運動に近寄ったのか。彼自身はヒューマンケア協会が設立された当初はその有料介助システムについて行政の腹の痛まない「安上がり福祉」だとして批判的に語っている。

基盤となる金がなければさ、ヒューマンケアだって成り立たんわけじゃない。……お金持ちの障害者しか自立できないわけじゃない。そうでしょ。お金を行政に対してさ、一番嫌な役だからさ、行政に対してさ、金出せ。ねえ、一番しんどいことじゃない。その一番しんどい……それがあってはじめてさ、行政の障害者に対する対応ってするわけじゃない。……ただ有料介護者を紹介しますっていうだけならさ、なんにもないわけよ。安上がりにならないように、施設にいるだけの金が必要なんだっていうことを行政にぶつける、その部分の活動がなければさ、ほんとに安上がり福祉になる。だって行政の腹痛まないわけだからさ。……時給八〇〇円か九〇〇円になったってさ、週五日働いたって一四、五万にしかならないわけじゃない。そういう面じゃやっぱり、金取り虫だって言われたってやっぱりそうせざるをえないと言うかさ。（立岩 2001：252）

あそこ［ヒューマンケア協会］の問題点はさ、安上がり福祉といかに調和するかだね。あのパターンだと、ひじょーうにこわいね。問題性を認識している部分はいる。ところが、その認識をもっているうちはいいけど、だんだん人の輪が広がることによってその辺がぼやけてくるわけ。そうい

うときに、その部分が一人歩きしだすと、まったくいいとこ取られちゃうなという。（同：254）

しかし、こういう懸念を感じながらも、それから少し後に高橋は知人とともに立川市でヒューマンケア協会と類似の住民参加型の介助サービス事業を行うケアセンターの立ち上げに関わる。高橋はこのころ一方で介護保障の運動を行いつつも、そこにもある種の問題意識をもち、さまざまに試行錯誤していたようだ。介護保障運動に対してはその当時、彼の中でかなりの葛藤があったらしい。介護者との人間関係などにより彼自身かなり精神的に疲弊していたそうだ。その当時彼と一緒にやっていた人がこう証言している。

［ケアセンターの事業をはじめたとき在障会の］専従介護の人たちから、ものすごいいきおいで、［高橋が］糾弾されたんですよ。でも、ボランティアでは介護者が続かなかったっていうことと、それにそのときにね、高橋がずっと精神科に通っていたんですよ。……ボランティアの人たちがいなくなってきたということが一つ。もう一つは、専従介護人とのやりとりで疲れてきているんだよね、高橋が。専従介護人と高橋のどっちが介護の中心なのか、わからなくなってきているわけよ。……自分の生活のペースと専従介護人のペースとの折り合いをつけるのに、ずいぶん疲れてきて、という状況のなかだったんです。

そして、とにかく人が確保できなくて、そのとき、高橋は胃潰瘍をわずらったんですよ。で、精神的にちょっとおかしくなってという状況のなかで、なんとかきちんと人がくる仕組みをつくらなければ、どうにもならないねって、高橋に言って。（同：253）

このように専従介護人とのやりとりに高橋が疲れ切っていた、そして精神的にもまいっていた、ということが大きな事情としてあるらしい。そして実際にボランティアも集まらない。人間関係を基礎にした新田らの介護保障運動のやり方での生活に行き詰まりを感じていたらしい。より広く人を確保していく仕組み、より安定的に「きちんと人がくる仕組み」などが求められていた。その中で新しい発想を求めて中西らに会いにいき、そして中西らのやり方が「安上がり福祉」になるおそれを感じつつ、その事業を参考にしようとしていた。

(7) 自立生活センター立川——公的介護保障要求運動と自立生活センターの合流

高橋はこうした葛藤を八〇年代の後半から数年間続けたそうだ。最終的に彼は、この「表の運動」と「裏の運動」を合流させる。そうして誕生したのが九一年に設立された「自立生活センター立川」である。そこでは、ヒューマンケア方式と要求者組合的な専従介護方式の両者を組み合わせた体制が取られることになった。

CIL立川の介助サービスの部門は、介助者がその仕事に連続して長時間入りそれを収入源にしていく「特別部門」と、時間単位での「一般部門」の二本立てで開始された。と同時に、「公的保障」を要求し続け、「時給六〇〇円七〇〇円じゃあ、とっても障害者のニーズには対応できない……バイトの主婦のマンパワーの確保しかない」［略］という状況を、時間当たりの単価を上げていくことで変えていくのである。（同：255）

つまり要求者組合の中で言われている専従介護を「特別部門」というかたちで行い、一定の介護者の生活保障をし、安定的な介護の保障を確保する。他方で、一般部門としてさまざまな住民が時給制でバイトやパートとして介助に入る仕組みもつくる。さらに行政交渉によってその時給をアップさせていくことで人手不足を補おうとする。要求者組合の専従介護体制に見られるベーシックな介護保障・生活保障の部分と、多くの住民がさまざまに介助に関わりそして障害者の選択の自由をより広げる住民参加型福祉の部分の両側面をこうして高橋は自らの自立生活センター・立川に導入する。

こうしたヒューマンケア方式と要求者組合方式の出会い・連携は画期的であった。

一方は、すべての人が参加可能な普遍的な広がりは認められるが介護保障の基礎が弱かった。他方は、基礎の保障はあったが広がりに弱くときに選択の自由のなさと狭い人間関係に苦しまざるをえなかった。中西と高橋の出会い[5]により、その広がりと基礎の両者があわさることが可能となったのである。さらにそこには、自立生活プログラムやピアカウンセリングによる障害者のエンパワメントという強力な武器もついていた。

（8）自立生活センターの展開

こうして要求者組合の他のメンバーも自立生活センターに関心をもち、それぞれにセンターを立ちあげていくことになった。一方で、もともとヒューマンケアで行われた自立生活プログラムやピアカンに影響を受けてセンターを立ち上げていく人々もいたので、東京都内にはヒューマンケアの系統のＣＩＬと要求者組合の系統のＣＩＬの両者が誕生していくことになる。

ＣＩＬはもともと八王子が一番最初にできて、町田、そのあと世田谷、立川に高橋さん。八王子の中西さんと、町田の堤さんとか、あっちの人はいわゆるピアカンとかＩＬを重視するという流れから来てた人たちで、で、その後横山さんや高橋さん益留さん[6]という人たちは、いわゆる要求者組合の結成をしてきた、新田さんたちと一緒に介護保障運動を担ってきた側の当事者たちの流れなんで、だから自立生活センターに二種類の流れが実はあって、もともと介護保障派だった横山さんとか高橋さんが自立生活センターに参入してきて、益留さんもまぁやっぱり自立生活センターでいこうということになって、いわゆる介護保障派自立生活センターに入ってきたという整理ですかね。勝手に整理しちゃいけなんですけどね、わたしが。ちょっと系譜がだから違うんですよ。自立生活センターの中で。中西さんとか町田のピアカンを重視するタイプとは。立川も、高橋さんがはじめたので、介護を重視するタイプでしたね。（末永 2010）

こうして、表の運動と裏の運動の二つの流れが九〇年代初頭に連携することになった。中西らも介護保障の行政交渉を起こすようになり、九〇年代半ばからヒューマンケア協会のある八王子市も公的介護保障が充実していくようになる。他方、全国介護保障要求者組合のすべてのメンバーが自立生活センターの流れに合流したわけではなかった。要求者組合には自立生活センターに終始批判的な人もいた。その後、諸事情あって、要求者組合は九〇年代後半に分裂。自立生活センター寄りの人々は全国障害者介護保障協議会を結成する。新田らの要求者組合は

５　中西の方では、高橋との出会いをこう表現している。

「彼［高橋］は専従介助者との人間関係に疲れ、住民参加型のシステムで介助者との関係が契約関係に立つシステムに興味をもっていた。一方ヒューマンケアはサービスは行うがホームヘルパーの介助派遣時間増加要求等の行政交渉は一切行わないという点では対極にある団体であった。これが新たな自立生活センターという当事者主体の事業体と全国公的介護保障要求者組合［略］という運動体が連携するきっかけとなった」（中西 2001：38）

このころから活動規模が縮小していく。

逆に中西らは、全国の自立生活センターの連絡組織である全国自立生活センター協議会（J

6

九〇年代に入って自立生活センターを立ち上げた益留俊樹（自立生活企画）に、要求者組合に属していたのになぜ自立生活センターをやろうと思ったのかを聞いたことがある（益留 2010）。ヒューマンケアの介助サービスのやり方を最初聞いたときは、基本的に理解できなかったという。同じ介助者に金を払うにしてもその意味合いが全然違う。

「金で人を雇うみたいな事に対して、［わたしたちも］介護料要求はずっとやってきたんだけど、個人的な介護者との関係があって、その上で介護に金を出す、その人の生活保障をするという考え方と、事務所がある程度仲介マージンとって介護者を手配するという、当事者と介護者との関係がまったくない中で介護関係を仲介するというのが理解できなかったですね」

中西らのように介助者はアルバイトでもいいと考える立場と、新田や益留たちのように介護者には自分の生活を守ってもらう、そして自分たちも介護者の生活を守る、と考える立場とではやはり大きな違いがあった。

「そもそも介護というのはボランティアが最初だったし、そこで本当に運動として介護保障をいっしょにやっていくという、そういうところにまわる覚悟というか、意識をもった人が介護者として雇われる、昔言ってた専従というのはそういう人だった。そうじゃなくてただ単に運動として支援したいし、自分は別に仕事してるから、お金いらないからボランティアでいい、交通費程度でいいよ［という考え方］、それでは当然障害者の生活は何ら保障できないし、守られないわけだから、自分達の生活を保障するために介護者を雇って身分保障して、少ない介護料を有効に使って介護者を専従化する」

しかしながらそうはいっても現実には、そうした専従介護者の確保だけでも大変であり、生活や人間関係が苦しかったのも事実である。

「介護者にしても当事者にとってその介護者を求めているのか、というふうに言ったときに、いないから来てもらう、いないからいわゆる専従化するというその流れというのがどうしてもあって……基本的に介護じたいが当時はボランティアとうまがあうのが前提でないというか。とにかく今日明日のトイレ介護、食事介護、風呂介護を探す中で、たとえば毎日呼びたい人なのか、下手したら半年に一回、一年に一回ぐらい来ればいいというぐらいの人なのか、そのへんは取捨選択があるけれど、少なくとも好き嫌いは言ってはられない状況にある人にとってはもう本当にかたっぱしから電話をかけてきてもらってたというのはあるからね。だからそういう意味でいえば専従になるんだったら誰でも雇うみたいなね」

高橋もこうした状況に苦しんでいて、自立生活センターに傾斜していったという。

「中西さんとかのヒューマンケアとか　そういう勉強会をしようというのがあって、高橋さんもその当時立川で在障会とかをやってたんだけど、すごい介護者とのやりとりに消耗していて疲れたというのがあって、で、このまま一対一の介護者をやっていたらそれこそ自分の身がもたないし、そういうことができるのは一部の障害者にしかできないから、なかなかこの過酷な介護関係というのを標準化できない。だからその代理をできるセンターが必要だろうということで、高橋さんなんかはそこからセンターに傾斜していった」

だから、今の専従介護の体制は、ある意味で特殊な強い人達しかやっていけない体制、特定の障害者の個人的魅力でもっているような体制でもある。もっと介護を社会化、標準化して組織的にやっていかなければ、多くの障害者が自立していけない。そうした中で中西らのＩＬの活動にまず高橋が影響され、そして益留らも影響されていったという。

「高橋さんがＣＩＬをつくるというときになんであの高橋さんがそういうセンターをつくるのか、と勉強しにいったときに、ＩＬというのは、それこそ自分には無理だと思っていた人たちが、力をつけてそこで一人暮らしとか自立していく過程をまのあたりにしたときに、やっぱりだれでもできる自立生活にしないと、それは介護も社会化しないし、介護が社会に受け入れられない、やっぱそうなんだというふうに考えて、障害者の自立運動というのを自分達の仕事にしていこうというのが、センターをつくる、そこで『誰もが創造的で自立した生活を』というサブタイトルが［自立生活企画には］あるんだけど、そこが原点です」

ＩＬ）を九一年に立ち上げ、九〇年代を通じて次第に全国的にもＣＩＬを広めていく。全国各地で自立生活プログラムやピアカウンセリングの講座が行われるようになっていく。すでに述べたが九六年より市町村障害者生活支援事業が創設され、自立生活プログラムやピアカウンセリングといった自立生活センターの活動が行政的にも認められる活動となっていった。

3　九〇年代とゼロ年代の動き――二四時間介護保障制度の定着へ

以上で障害者の介護保障運動に関わる基本的な潮流はおおよそ紹介した。次に、運動の中で勝ち取られてきた介護保障の制度が九〇年代以降、広がり定着していった過程を見ていこう。すでに述べたように、二四時間の介護保障制度がはじめて日本で認められたのは一九九三年のことである。ただし、この時点で二四時間の介護保障が制度として認められたといっても、東京都田無市や東久留米市在住の一人、二人の重度障害者（および介護者たち）によって勝ち取られたにすぎない。この時点で全国的に見ればいわば特例中の特例である。そもそも新田らが重度脳性麻痺者介護人派遣事業や生活保護他人介護加算を勝ち取ったときも、当初は新田らだけが利用したにすぎない。制度は、そうやってごく少数の人たちが、行政と交渉して勝ち取り、そしてそれを突破口として後続の人たちに広がっていくわけである。それはこれまでもそうだったし、これからもそうだろう。日本で二四時間の介護保障が認められている地域は現在でもごく限られている。まだ認められていない地域で、それを認めさせていくには、常に重度障害者が自ら行政に訴えていかなければならない。しかし一度一人の人で認められれば、後の人はかなり楽に利用できるようになる。

新田らのつくった重度脳性麻痺者等全身性介護人派遣事業は、その名の通り当初は東京都が派遣対象者の拡大をおそれて、対象者が脳性マヒ者に限定されていた。それが八七年に「重度脳性麻痺者『等』」の「等」の一字が加わり、脳性マヒ者以外にも頚椎損傷や筋疾患などの全身性障害者が利用可能になる。この介護人派遣事業は東京都独自の制度だったが、他地域でも八〇年代半ばから、徐々に同様の制度が成立していくこととなる。大阪では八六年に「全身性介護人派遣事業」が成立。これは大阪青い芝の会の人たちの努力によるものだった。

こうして制度は、八〇年代を通じて時間数、金額、対象者、地域などさまざまな点で拡大していった。今に連なる介護保障の基本的な考え方、運動の方向性はここですでに出揃っているのだが、量的に劇的に拡大しはじめたのは九〇年代に入ってからのことである。運動の核心部分はすでにあり、その量的拡大には、当時の高齢者介護をめぐる社会情勢も大きく後押しをしていたとも考えられるので、ここでは一度簡単に高齢者介護をめぐる動きを追ってみる。

(1) 高齢化社会の進展——医療問題から介護問題へ

高齢化社会へと急速に向かっていた日本社会で高齢者介護が深刻な状況におちいりはじめていることは、識者にはすでに七〇年代後半から知られはじめ、八〇年代に入ってからは一般的、社会的にも次第に認知されはじめていた。

当初は介護の問題というよりもむしろ老人医療の問題とされたらしい。どういう背景があったかというと、まず七三年に老人医療無料化制度がスタートし、高齢者の医療負担がゼロになり、老人たちは非常に医者にかかりやすくなっていた。平均寿命も急速に伸び、老人の人口比率も高まり高齢化社会に向かっている時期でもあった。他方で、核家族化も進行しており、家族介護の機能も低下していた。

ホームヘルプは当時家庭奉仕員派遣事業の時代で、もともと身よりのない低所得のお年寄り世帯を助けるためのものだった。そうした中で、何らかの事情で介護を要する状態になった人々は、まずは家族が介護を抱え込まざるをえず、それが限界に達すると、いわゆる「老人病院」におしこまれていった。彼らを支えるような福祉・介護サービスは当時はなく、むしろ医療が受け皿となり、老人病院に収容されていった。

その結果、いわゆる「検査漬け」「点滴漬け」「ベッド縛りつけ」といった「寝たきり老人」たちが、人々の目に見えぬところで急速に増えていった。同時に、老人たちをベッド縛りつけ、薬漬けの状態にして、彼らを食いものにして営業利益を上げているという、いわゆる「悪徳老人病院」もこの頃から報道等で世間に知られていく。しかし当時の世論としては、悪徳病院に批判の目はいっても、そこに収容されている老人たちの状況を問題視する認識にはなかなかならなかったらしい。

日本の高齢者介護が社会問題化した発端は、いわゆる「寝たきり老人」そのものの実態への問題提起ではなく、「悪徳老人病院」の営利優先主義の告発からであった。……なぜそのような病院に多数の老人が、しかも長期間入院しているのか。なぜ入院せざるを得ないのか、本人や家族はどう思っているのか、という事態の本質には迫らなかった。というより、正しくは迫れなかった。誰も解決策を示し得なかったからだ。（岡本 1996：72-73）

政策的には、こうした悪徳病院批判は、無料化により急速に伸びていた老人医療費の高騰を抑える目的と同時に行われた。八二年には老人保健法が制定され、老人医療に自己負担が復活し、受療の伸びが抑制される。同時に老人病院の見直しにより薬漬け等の過剰診療も抑制されようとした[7]。

さて、高齢者介護の問題はこうして当初は老人医療の問題として浮かびあがる。そこに「医療から介護へ」という動きが次第に出はじめ、特に政策のあり方が介護のあり方の刷新へと大きく転換するのが八九年であろう。

すでに八八年には厚生省と労働省によって「長寿・福祉社会を実現するための施策の基本的考え方と目標について」（いわゆる「福祉ビジョン」）が国会に提出され、ホームヘルパーを二〇〇〇年までに五万人まで増加する、などの目標が設定されていた。

(2) ゴールドプラン、そして「ホームヘルプ事業運営の手引き」

さて、こうした構想をバックボーンとしながら、政治的に大きなメルクマールとなる福祉・介護政策が八九年一二月に発表される。[8] それが「高齢者保健福祉推進一〇ヵ年戦略」、すなわち通称「ゴールドプラン」である。政治情勢的には消費税導入の年であり、その不人気をうけ自民党が夏の選挙で完敗。もともと福祉目的税として導入された消費税の大義名分をはたすために、福祉・介護サービスの大幅な充実を目指した「ゴールドプラン」が策定される。政治的かけひきの一面もあったが社会的にはついに来るべきものが来たという、大きな転換点であった。

このゴールドプランにより、施設系の整備の目標も示されるが、とりわけ在宅福祉の充実が図られたのが画期的である。特にホームヘルパー（当時は「家庭奉仕員」）に関しては、当時三万人程度であったところから、二〇〇〇年までに一挙に一〇万人にするという数値目標が掲げられる。ヘルパーの増員に向けての強力な後押しが得られることとなった。
九〇年は、ゴールドプラン発足の年。福祉八法も改正され、在宅福祉サービスが社会福祉事業の一環として位置づけられ、在宅福祉の積極的推進が図られる。同年、家庭奉仕員派遣事業が「市町村ホームヘルプ事業」となる。このときから「ホームヘルパー」という名称が公にもちいられるようになる。派遣時間の上限一八時間という枠もなくなり、ヘルパーの増員、整備の目標へ向けて動いていく。

---

7 このころ、同じく八二年には家庭奉仕員派遣事業も大幅に改正される。従来は非課税世帯に派遣が限られていたが、費用負担の導入と引き換えに全世帯対象の制度となった。またこのときから時間給のヘルパーが登場し、社会福祉協議会や家政婦協会への事業委託も進み、派遣の弾力化が行われた。なお、このときの通知の中で制度の普及化や派遣回数の増加を目指して「家庭奉仕員の派遣は原則として一日四時間、一週六日間、一週当たり延べ一八時間を上限としてサービス量を調整し、これに対応できる派遣体制の整備を行うようにすること」と書かれたが、これにより実質的にはホームヘルプは一週間あたり一八時間が上限という規定ができるようになってしまった。大半の地域では一八時間には到底達せず、週一、二回の派遣が通常であったが、制度を伸ばそうと努力している地域ではこの上限規定に遮られ、それ以上に伸ばせなかった。この上限が撤廃されるのは九〇年代に入ってからである。

8 八九年は、家庭奉仕員の運営要綱も改正された。このときはじめて、業務内容において身体介護と家事が区分され、身体介護には家事に対して一・五倍の単価になるという差別単価も導入された。また派遣事業の民間委託もさらに拡大し、特別養護老人ホームやシルバーマーク取得の民間業者も参入が可能となった。派遣対象者の要件もさらに緩和された。

しかし、各自治体レベルでは慣例の一八時間枠は依然として残っており、時間数は伸び悩んでいた。またヘルパーの数もなかなか増えなかった。しかも一八時間という上限はあくまで上限であり、たいていの地域では週に一回か二回来てくれるだけであった。そうした中、九二年に「ホームヘルプ事業運営の手引き」が厚生省の老人福祉課課長の手によって書かれる。これは、市町村に対してサービスの拡充や派遣の弾力化を求め、また画一的なサービス時間の決定を強い調子で戒めるものであり、介護保障に関してきわめて画期的・革新的なものであった。以下、この「手引き」よりホームヘルパーの派遣回数や派遣時間について書かれたところを引用する。これによって、その後障害者の介護保障の時間数は急速に伸びることになった。

ホームヘルパーの派遣回数等

・ホームヘルパーの活動状況については、福祉マップ等の現時点のデータによると、利用者一人当たり全国平均では、週一回、二〜三時間のサービス提供となっており、対象者のニーズに必ずしも十分応えたものとなっていない。特に平成元年度において、介護型ホームヘルプについて充実することを期したが、在宅ねたきり老人に対するホームヘルパーの派遣について、極めて低調な地域がみられる。

・このような結果となっている主要な原因の一つとしては、市町村がサービスの提供に際し、サービスの回数、時間を対象者や家族の状態にかかわらず一律に定めているなど、ニーズがあるにも関わらず制限を行っていることである。いたずらに画一的なサービスの決定を行うことは、適当ではない。このような要綱等を定めている市町村は、早急に改正する必要がある。

・派遣回数等サービス量の決定に当たって、昭和五七年社老第九九号「家庭奉仕員派遣事業運営の改正点及び実施手続き等の留意事項について」において、派遣体制の整備の指針として示している「家庭奉仕員の派遣は、原則として、一日四時間、一週当たり六日間、一週当たり述べ一八時間を上限としてサービス量を調整し、これに対応できる派遣体制の整備を行うようにすること」の規定をもって、対象者に対するサービスの上限、あるいは、ホームヘルパーの活動時間の上限として理解されている向きがあるが、この規定はあくまで派遣体制の整備の目安であり、高齢者個々人に対するホームヘルプサービス量を定めたものではない。繰り返すが、ヘルパーの活動時間の上限でもなく、また、対象者に対するサービス量を規定したものでもない。

・サービス量の決定に当たっては、当該老人の身体状況、世帯の状況等を十分検討した上、必要に応じて高齢者サービス調整チーム等において、他のサービスとの調整を図った上で、適切に決定されるべきである。いずれにしても画一的にサービス時間を決定すべきではなく、たとえば一五分や二〇分という短時間でも、逆に長時間でも、ニーズに応じてサービス時間を決定すべきである。

（平成四年三月六日厚生省老人福祉計画課全国保健福祉関係主管課長会議資料より）

このように、繰り返し、画一的なサービス決定や上限時間の規定を行うことを戒め、ニーズに応じて短時間でも長時間でもサービス時間を決定することが説かれている。[9]

その後の厚生省の大きな動きとしては、九四年四月に厚生省に「高齢者介護対策本部」が設置され、夏には高齢者介護・自立支援システム研究会がはじまり、介護保険への本格的な動きの嚆矢となる。

同じ九四年には、ゴールドプランが見直され、「新ゴールドプラン」が発表される。そこでは、「利用者本位・自立支援」が目標として明文化されると同時に、ホームヘルパー増員の数値目標が九九年までに一〇万にであったところを一七万におくなど、さらに介護対策の整備目標が引き上げられることになった。

その後、さまざまな審議会の勧告や法制度の整備を伴いつつ、二〇〇〇年の介護保険制度の成立まで準備が進められていった。

高齢者介護をめぐる状況はおおよそ以上である。

(3) 全国公的介護保障要求者組合による要求行動

次に、いかにこうした状況が障害者の二四時間介護保障につながっていったかを見てみる。

九二年にヘルパー派遣の時間数の上限規定を厳しく戒める「ホームヘルプ事業運営の手引

き」が当時の老人福祉課課長によって出されたことはすでに述べた。これには、一方では高齢者介護をめぐるホームヘルプの動向も関係しているが、やはりそれ以前に障害者運動の度重なる要求行動があったことは見逃されてはならない。

障害者の二四時間介護保障は、新田らの介護保障運動の中で運動の当初から求められていたものだ。八八年に新田らは、東京だけでなく全国的に介護保障を浸透させるために「全国公的介護保障要求者組合」を設立する。当時厚生省が認めていた地域での介護制度は、家庭奉仕員派遣事業と生活保護の他人介護加算だけで、脳性麻痺者等介護人派遣事業は東京都が独自に金を出している制度でしかなかった。東京都は新田らの運動により、ある程度介護保障が充実していたが、その他の地域ではまだまだ貧弱であった。新田らは要求者組合の設立以来、厚生省に生活保護他人介護加算の増額要求や家庭奉仕員派遣事業の充実の要求をしていくとともに、

9　なお、その他、ホームヘルプ事業の委託先についても画期的なことが書かれている。従来では、ホームヘルプの委託先は、次第に民間委託されていく過程の中で、社協や家政婦協会、さらに特養ホームや福祉公社なども含まれていったが、さらにこの「手引き」の中では「上記以外の者に対して地域の実情から委託することが適当と考えられる場合には、都道府県を通じて厚生省に協議いただければ、その可否について検討することとする」とまで言われるようになった。この文書により、後に自立生活センターなどの当事者団体がホームヘルプの事業委託を受ける道が開かれた。

会員内で議論を重ねながら全国的な「新介護保障制度」を求めていく（なお、一口に厚生省といっても、生活保護関係に関しては保護課が、家庭奉仕員派遣事業［ホームヘルプ制度］等に関しては更生課が、交渉相手となった）。

生活保護の他人介護加算は九一年四月に大幅にアップする。これは原爆特別措置法の介護手当との絡みが大きいと言われているが（立岩 1995：262）、これも新田らが常に増額を求めていたものであった。

「新介護保障制度」については、次の三点が原則として要求された。

1　生活保護の枠に拘束されない、介護を必要とするすべての障害者に適用されるものであること。
2　介護を社会的労働として位置付け、それにみあった保障制度であること。
3　どのように重い障害を持っていようと、地域で生きる権利があることを認める制度で、一日最大二四時間介護保障が念頭に入れられた制度であること。

（要求者組合通信 1991・12・25 NO.20）

この「新介護保障制度」は、その後具体的に何かの制度をかたちづくったというわけではないが、公的介護保障の基本原則を示すものだった（なお介護者の保障に関する部分は、その後の自立生活運動において新田らの影響力が弱まっていくにしたがって影が薄くなっていったように思われる)。

こうした新しい介護保障制度を要求するとともに、同時に現実的対策として現行のホームヘルプ制度(旧・家庭奉仕員派遣事業)の充実も繰り返し要求していった。たとえば九一年一〇月の交渉においては、次のことが要求されている。

①現在、ほとんどの自治体がヘルパー制度を週六回・一八時間派遣の制限をしているが、この制限をとり払うように各自治体に強力に指導すること。
②ホームヘルパー業務への身辺介護に伴い、必要な時に必要な介護が得られるように派遣回数・時間の拡充と、同性介護保障のため男性ヘルパー確保の見解と方策を示すこと。
③ホームヘルパーの増員を達成するように、各自治体に対する強力な指導、ならびに財源措置などの方策を行うこと。(同)

ここに見られるように、厚生省に対して、ホームヘルパーの時間数上限規定をとり払うよう各自治体に強力な指導をしてほしいと、交渉の席で力強く要求されている。九二年の「ホームヘルプ事業運営の手引き」は老人福祉課課長によって書かれたものであり、そこには高齢者介護をめぐる社会状況や有識者や革新官僚の判断があっただろうが、その前段にはこうした重度障害者たちの要求があったのである。

(4) 九三年、二四時間介護保障の成立——東久留米などで

さて九二年の「手引き」が一つの大きな武器となり、その後介護保障が急速に伸びていく。九三年四月に東京都の田無市と東久留米市で、ホームヘルプの派遣時間数が一挙に増え、二四時間介護保障が全国ではじめて成立する。東久留米での交渉の簡単な経緯を見てみる。

「手引き」を受けて、九三年の三月の東京都議会で、都側が「週一八時間」という時間上限の撤廃を表明する。新聞でも報道され、さらに数日後には東京都から各市町村あてに「週一八時間撤廃の通知」が出る。

同じころ、重度の脳性マヒ者の石田さん(石田義明。現・自立生活センターグッドライフ代表)と介護者八名が東久留米市の福祉部長、福祉事務所長、他担当職員と二四時間の介護保障について話し合いをする。

石田「二四時間介護というか、夜間の介護も保障してほしい。夜の人にも介護料を払いたい。できれば昼の人には払って、夜の人には払わないというのはやりたくないけど、今の制度では夜の人までいかない。だから介護券の枚数を増やすとかそういう努力をしてくれるとありがたい。

介護っていう問題は僕だけの問題じゃなく障害者全体の問題なわけだし」［中略］
SB［介護者］「こうやって話し合う前提として、石田さんのような重度の障害者にとっての二四時間介護保障の必要性は認めていただけるわけですよね」
部長「誰か介護者が二四時間ついていなければ生活できないという意味での必要性は認めます。ただ、行政がどこまで保障すべきか、又、国や都がすべきことと市がすべきことという役割の問題も含めて考えていきたい」
石田「僕は昨日も一一時まで電話かけて介護者探してた。生活かけて介護者探しをやってる。そういう障害者の現状知らないからそんな机上の理論が言えるんだ」
SB「今、昼についてはなんとか介護が制度的に保障されてて、夜は石田さんがそうやって必死に探してるわけです。部長や所長はそういう現状をなんとかするために話し合いに来られているわけですよね、石田さんに夜はなんとかボランティア探しするためにがんばってくださいと言うために来てるわけじゃないですよね、だから夜も含めて二四時間制度的になんとかできるように、その方法を話し合っていくという前提でいいですよね」
部長・所長「はい」（要求者組合通信 1993・5・14No.28）
この話し合いの中にあるように九二年の時点では、東久留米市においては夜間分の保障はなかった。あったのは一日あたり三時間分のホームヘルパー制度（月二六日）、それから東京都の介護人派遣制度八時間分（月二六日）、そして生活保護他人介護加算四時間分、そして他に都独自制度として緊急一時保護月七日分だけであった。単純に考えて一日あたり一五時間程度の保障であった。金額的には四六万強（当時はまだ月あたり三〇～三一日の保障もなかった。東京都の介護人派遣事業が全日派遣になるのは同じく九三年度より）。

それが、こうした経過のあと、一挙に跳ねあがることになる。石田さんは交渉のあと、その後の様子を聞くために毎週役所に連絡をいれていた。若干のやり取りの後、一日一二時間×週七日間の申請書をともかく提出。そして四月初め、突然、石田さんに対して一日一二時間週七日を認めるとの回答があったそうだ。

こうして、九三年度から、ホームヘルプ制度が一挙に一日三時間から一日一二時間に伸びる。さらに全日保障もつくようになった。具体的にはホームヘルプ一日一二時間（三〇日）、介護人派遣事業八時間（三〇日）、生活保護他人介護加算四時間、（他に緊急一時保護月七日）である。これで二四時間保障である。金額的には月当たり合計八二万円となり、一挙に三五万円以上も介護料が増えることとなった[10]。

これ以降、国の制度であるホームヘルプ事業を活用して介護保障の制度が普及していく。二四時間あるいはほぼそれに近い時間数が支給される自治体の数は、九五年には一〇ほど、そして二〇〇〇年には二〇ほどに増えていく。支援費が開始されるとき支給時間上限設定の問題も起きるが、それも運動によってクリアし、その後も各地で交渉が行われ、二四時間介護保障のある自治体はどんどん増えていく。筆者のいる京都では二〇〇七年に二四時間介護保障が実現。全国の一七政令市（当時）のうち、九番目だった。その際の交渉に筆者も参加。数名の重度障害者とともに交渉した成果であった。現在、全国一八〇〇の自治体数を考えればさほど多くはないが、都道府県レベルで言えば二〇〇九年時点で、四七都道府県のうち三一の都道府県において、少なくとも一つは二四時間介護保障のある市町村がある状態である。

（5）自薦登録ヘルパー方式の展開

さて、ホームヘルプの時間数が九〇年代に急速に伸びた背景には、もう一つ、「登録ヘルパー制度」が発展していったという事情がある。

10　なお、月当たり合計の介護料だけでいえば、立川市がすでに同等の金額を出していた。立川市は高橋修の本拠地であり、また立川競輪の税収もバックにあり、立川市独自の介護人派遣制度を行っていた。東京都の基準である一回八時間分の介護派遣事業に加えて、週四五時間（一時間一七一〇円）の派遣制度を設けていたのである。二四時間の時間数を行政が認めたのは九三年田無市や東久留米市が最初だが、実質的には九一年ぐらいから金額的には同等の保障が立川市で行われていた。

当時ホームヘルプ事業は、ほとんどの地域で、障害者が選ぶことのできない公務員ヘルパーが派遣されてきたわけだが、すでに多摩地区では登録ヘルパー制度が行われていた。

多摩地区では、市のヘルパー職員が少ないため、ほとんどを家政婦協会に委託しています。しかし、派遣されてくるのは女性が多く、昼の限られた時間や、障害者のニーズに答えられないヘルパーばかりです。そこで、障害者の介護者（男性も）を、家政婦協会に登録して、ヘルパーとして派遣してもらいます。その結果、障害者は安心して必要なときに介護が受けられるし、介護者には介護料が支払えます。（要求者組合通信 93・7・28 No.29）

もともと脳性マヒ者介護人派遣事業や生活保護他人介護加算の制度利用においては、障害者自身が介護人を見つけて介護に入ってもらい、そうして介護ができると認めたら彼らを行政に登録し、そして彼らに介護料を払う、というあり方であった。登録ヘルパー方式はこのやり方を、国の定める制度であるホームヘルプ事業においても適用しようとしたものであった。

多摩地区ではこのシステムをすでに採用しており、行政としては時間数のアップと同時に人（ヘルパー）の確保も行う必要がなかったので、ホームヘルプ制度の時間数を伸ばしやすかった。もしこの登録ヘルパー方式がなければ、時間数を増やすと同時に正職ヘルパーの数を何倍にも増やし派遣に対応していかないといけないが、そうしたことは現実に無理であった。むしろ障害者が自分たちの推薦する介護人を社協や家政婦協会に登録して、派遣されるかたちをとった方が、介護の質も量も担保される。男性の介護人も確保しやすいし、公務員ヘルパーのように時間に縛りがあることもない。行政が公務員を確保するよりも、障害者自身が介護人を選定して介護料を支給した方がより多く、より的確に、そしてより効率的に介護が保障されるのである。

そして新田らは、この制度を全国的に普及させていこうと考えた。九二年に厚生省にこのシステムを提案し、厚生省の担当者も同意し、そこから担当者との間で学習会が開かれる（登録ヘルパー方式を厚生省が正式に認めることを要望した要望書は、要求者組合通信92・4・20No.22に掲載されている）。

その後登録ヘルパーのあり方について両者の間で協議し、九四年には厚生省より登録ヘルパーの指示文書が各自治体に出されることになる。この指示文書は以下に示す通り、障害者側の要求がしっかりと反映されたものとなっている。

①　ヘルパーが提供するサービスの内容をめぐって、利用者から次のような種々の問題提起がなされている。

ア　日常生活のニーズに対応したサービスが受けられない。（量の不足）
イ　身体障害者の身体介護のための体力や技術に欠ける者が派遣される。
ウ　障害の特性についての理解に欠ける者が派遣される。
エ　コミュニケーションの手段に欠けるため十分な意思の疎通ができない。
オ　同性ヘルパーを派遣してほしい。

② 今後の事業運営に当たっては、こうした利用者の深刻な問題を踏まえその改善に努める必要があるが、その際、次のような視点が重要である。［中略］

ウ　重度の身体障害者の中には、身体介護やコミュニケーションに当たって特別な配慮を必要とする者が少なくない。こうした者への派遣決定に当たっては、利用者の個別の事情を十分考慮し適任者の派遣を行うように努めることは当然であるが、こうした対応が可能となるよう実施体制について十分な検討が必要であること。この際、身体障害者の身体介護やコミュニケーションの手段について経験や能力を既に有している者をヘルパーとして確保するような方策も検討に値すると考えられる。

（平成六年三月二日厚生省社会・援護局更生課社会福祉関係主管課長会議資料より）

こうして、「身体障害者の身体介護やコミュニケーションの手段について経験や能力をすでに有している者をヘルパーとして確保するような方策」すなわち、自薦による「登録ヘルパー方式」が制度的に認められるようになる。

この登録ヘルパー方式は行政から見ても障害者から見てもメリットのある制度であった。行政からすれば、ゴールドプラン等でヘルパー増員計画を掲げていてもなかなかヘルパーが増えない状況の中、ヘルパー数をより多く確保できるし、それに行政が自ら確保するよりも障害者たちの多様なニーズに答えることのできるシステムであり、個別支援や自立支援という時代の趨勢に適合している。また障害者からしても、公務員ヘルパーを待っていてはいつまでたっても介護者は増えないが、自分で見つけた介護者を登録できればより多く介護人を増やすことができるし、より自分のニーズにあった介護者に来てもらえる。

二四時間の介護保障が各地で広まっていった背景には、一方では上限規定撤廃の指示文書があり、また一方には自薦登録ヘルパー制度の指示文書があった。たとえ上限規定が撤廃されても介護者が確保されなければ意味がなく、また自分の選んだ介護人を登録して介護料を保障できたとしても時間数に上限があるならば十分な介護保障にならないのである。

なお、こうした登録ヘルパー方式の推進には危険性が一つあった。場合によってはそれが安上がり福祉につながるからである。登録ヘルパーは時間給であり、そして雇用関係も不明確である。時給制ヘルパーの時間単価は九六年時点で昼間帯一三八〇円、夜間帯一七二五円であり、そこそこの金額なので、職を求めている人などにとってはかなり食いつきやすいのは確かである。しかし、そのままでは労働者としての基本的な身分保障はないので、実際には継続に困難があった。時間単価が一五〇〇円前後でも、そこから必要経費を差し引けば、通常の労働時間で手取りは一〇万円台である。それに昇給等もない。

要求者組合通信で計算されている試算によれば、正職ヘルパー一人あたりの年収（四〇〇万円くらいから、昇給によって八〇〇万円くらいまで。内、市の負担分は一四五〜五四五万円）があれば、時給制の登録ヘルパーは少なくても毎日一二時間程度、多ければ毎日四三時間程度分雇えることになる。時間数だけで見たら、正職ヘルパーは土日休み、昼間帯のみで一日四時間ほどしか派遣されないのに、時給制ヘルパーなら三六五日毎日一二時間〜四三時間分の派遣が可能となるのである（要求者組合通信 95・8・20 No.47）。

ある意味で、障害者の自立生活の推進という観点からは、避けようのないヘルパーの身分解体であった。この身分解体をどう考えるのか、それは現在にいたるまでの課題であり、解決がどこかに落ち着くというものでもないだろう。身分解体によってこそ、はじめて障害者が自分のニーズに見合った介護者を選べるようになる、そして量も確保しやすくなり、自立生活も進展した、という側面は確かにある。他方で身分解体がいきすぎて、介護者の確かな生活保障がままならなくなれば、介護の継続は難しくなり、ひいては常時介助を必要とする障害者の生活は不安定なものとなる。すでに見たように介助者・介護者のあり方については障害者運動によっても考え方に相違がある。介護者に公務員並みの所得保障をするべきだという意見もあれば、他方でできるだけフルタイムの福祉職員はなくすべきだ、という意見もある。そのあたりのことについては現在でも意見はまとまっていない。

(6) 自薦ヘルパーと研修義務

登録ヘルパー方式導入にあたって厚生省とのやりとりの中で一つ課題としてあがったのは、研修をめぐる問題だった。当時厚生省のホームヘルプ事業の従事者は一定程度事前に研修を受ける者が就くことになっていたが、登録ヘルパー方式でそれをやっていたらヘルパーをすぐに確保できない。むしろ障害者のもとですでに介助をやってきた介護人の実績と経験を買ってほしい、というのが障害者たちの意見であった。すなわち身体障害者の個別のニーズにあわせた身体介護やコミュニケーションの「経験と能力を既に有している者をヘルパーとして確保するような方策も検討に値すると」考えてほしい、ということだ。結果、各自治体によってそれぞれ違うが、厚生省は一律の事前の研修義務を定めなかった。

自治体の対応は次のようにいくつかあった。(全国障害者介護制度情報九八年三月号)

1　現状のヘルパーでは対応できない重度障害者の場合に限り、まず推薦する介護人をヘルパー登録し、ヘルパーとして働き始め、九ヶ月以内に3級研修（の講義だけ二五時間）を受ける条件で登録可能という方法（熊本市など）

2　全身性障害者介護人派遣事業の対象者・介護人の組み合わせに限り、3級研修を免除するという方法（広島市）

3　特別障害者手当て受給の全身性障害者などに限り登録できるという方法（東京都田無市の市登録ヘルパーなど：委託先では全障害者が研修なしで登録可）

4　重度障害者の場合に限り、推薦する介護人がその障害者の介護に事前に四〇時間等以上従事している場合に研修を免除する方法（東京都世田谷区、小平市の市登録ヘルパー等：委託先では全障害者が研修なしで登録可）

介助者、介護者への研修が義務付けられるのは、二〇〇三年の支援費以降のことである。ただし、そのときでも従来より介助・介護に入っているものに対しては多くの場合「みなし資格」が出て、それで介助に入ることができた（現在でも当時の「みなし資格」のままの者もいる）。現在では重度訪問介護従事者養成研修が二〇時間分行われている。もともと重度訪問介護というのは、介護人派遣事業や自薦登録ヘルパー制度の延長としてできた制度である。だから障害者自身が介助者を見つけ育て、そして介護人として認定する、という趣旨が根幹にあるのである。研修に関係する人々、研修に何らかの意見を言う人々はその趣旨を勉強してから、何らかを言ってほしいと思う。

(7) 自立生活センターによるホームヘルプ事業受託

九〇年代後半から、自立生活センターなどの当事者団体が自治体からホームヘルプ事業の委託を受ける、という形も成立していく。「ホームヘルプ事業運営の手引き」には、社協や家政婦協会、特養など以外の団体でも「地域の実情から委託することが適当と考えられる場合には」厚生省と協議の上で、委託が可能と示唆されていた。広く民間へサービス提供者を拡大していくことは厚生省の意図であった。また自立生活センターなども当事者自身こそが当事者のニーズを把握でき、もっとも適切なサービスを提供できるという理念のもとで運営しているので、ホームヘルプの事業受託はまさしくその実現の一つであった。九六年に自立生活センター立川が母体となって設立した「ヘルプ協会立川」が立川市からホームヘルプ事業の委託を受けることとなった。民間任意団体による二四時間滞在型のサービス提供は全国でも初のケースであり、新聞では「サービス革命」と報道された（要求者組合通信 1996.5.31 No.55）。

九六年はまた「市町村障害者生活支援事業」のはじまった年でもあった。この事業内容は、障害者の生活支援のための各種相談や自立生活プログラム、ピアカウンセリングであり、実施主体は市町村であるが、すでにそれらの事業に実績のあるいくつかの自立生活センターが委託を受けていった。

こうして、自立生活プログラムやピアカウンセリングといった事業の委託と、ホームヘルプサービスの委託を受けた自立生活センターが誕生していくことになる。自立生活センターはＩＬ部門と介護保障部門の両面で財政基盤も整い、また多くの障害当事者の支持も集め、大きな組織となっていく。運動は、自立生活センターという障害当事者団体による組織的な運動が大きな力を握っていく。

(8) 二〇〇三年支援費上限撤廃運動

最後に二〇〇三年の支援費制度成立の直前に起きた上限問題を簡単にとりあげる（以下の記述は『全国介護制度情報』二〇〇三年一月号による。そこに支援費上限問題にかかわる全資料が掲載されている)。

二〇〇〇年に介護保険が施行され、同様の「措置から契約へ」の流れの中で、二〇〇三年四月から支援費制度がはじまろうとするその直前のことだった。

二〇〇三年一月八日、その年の四月からはじまる支援費制度において、ホームヘルプの時間数に上限を設けるとの情報がインターネット上に流れた。この情報が急速に当事者団体あるいは当事者間に伝わり、支援費上限阻止の運動が大規模に行われることになった。

ホームヘルプ時間数の上限規定は九二年から撤廃されていて、しかも厚生省は毎年のように各自治体へ上限撤廃を強く指導してきたのに、支援費制度がはじまる直前になり、時間数に上限を設ける予定との情報が流れたのである。当時すでに多くの障害者たちがある程度長時間の介護保障を各地で勝ち取っていたため、この情報がリークされた途端、多くの障害者たちが激怒し、厚労省につめかけることになった。

一月一〇日には早速、次のように新聞でも報道された。

「支援費制度：障害者のヘルパー利用時間に上限　厚労省が一転」

行政が決めていた障害者福祉サービスを四月から障害者自身が選べるように改める「支援費制度」について、厚生労働省が身体・知的障害者が受けるホームヘルプサービスの時間数などに「上限」を設ける検討を始めていることが分かった。厚労省はこれまで、「障害者に必要なサービスを提供する」との考えに基づき、時間数に上限を設けないよう地方自治体に指導してきた。制度導入目前の大きな方針転換に、障害者団体は強く反発している。（以下略）（毎日新聞 2003.1.10）

厚労省としては、支援費制度開始にあたり、目安として一律に身体障害者には月あたり一二〇〜一五〇時間程度、知的障害者には三〇〜五〇時間程度の上限を設ける意向とのことであった。厚労省の言い分としては、予算のパンクを避けるため、目安として各自治体に配分する国庫補助金に上限を設ける、というものだ。しかし当然ながら、月あたり一二〇〜一五〇時間（一日四〜五時間）では、重度の障害者たちは生きていけない。厚労省としては、国庫補助金は一二〇〜一五〇時間分は出す、あとは各市町村で勝手に金を出してくれ、ということだが、もちろん国からの補助がない中で独自に金を出す自治体などはそうはない。国庫補助の枠が上限となり、時間数が切り詰められていくのは目に見えて明らかだった。

メール等での呼びかけに応え、全国から厚労省の建物に障害者たちがつめかけることとなった。まず一月一四日にＤＰＩやＪＩＬ、全国介護保障要求者組合、全国障害者介護保障協議会といった当事者団体が中心となり、四〇〇〜五〇〇名の障害者たちが厚労省内に結集する。厚労省の課長との交渉は紛糾。障害者たちは厚労省の一階、五階（障害福祉課）、一〇階（大臣室）にわかれて抗議行動を展開した。

その日の課長交渉ではらちがあかなかったため、翌日は局長交渉となる。そこでも、国庫補助の上限規定については撤回せず、進展なし。

そして一月一六日、日本の主要な障害者団体が集まり、最大規模の行動が行われる。集まったのは、上記のＤＰＩをはじめとする当事者団体、そして古くからある日身連、さらに日本障害者協議会（ＪＤ）、そして知的障害者関連ではとても力のある育成会、この主要四団体である。厚労省とのやりとりの窓口はＪＩＬの中西正司がつとめていた。


「〈障害支援費上限〉身障者ら一〇〇〇人が厚労省前で抗議」

四月にスタートする障害者の「支援費制度」で、厚生労働省がホームヘルプサービスの時間数に「上限」を設ける方針を示していることについて、全国の身体・知的・精神障害者ら約一〇〇〇人が一六日午前、東京・霞が関の同省周辺に集まり、方針撤回を求めた。立場の違う障害者団体が一〇〇〇人規模の共同行動を取るのは初めて。同省周辺で大規模な集会が開かれるのは、九五年七月に薬害エイズの抗議で約三〇〇〇人が旧厚労省を囲んだ時以来という（以下略）。

（毎日新聞 2003.1.16）


しかしこの主要四団体による大規模行動でも事態は進展せず、同時にこのころ、各自治体から厚労省あてに、上限設定の撤廃を要求する要望書が提出されはじめる。

たとえば東京都からの要望書では「上限の設定は、支援費制度のもと、ホームヘルプサービスの充実に係わる負担を地方にしわ寄せするものであり、実質的には、障害者に対する利用時間の制限と同様の意味を持つものとなります。まして、現在、提供しているサービスの水準さえ維持できないというようなことがあれば、支援費制度の根幹を揺るがす深刻な問題です」と述べられていた。

東京都に続き同様の要望書が各都道府県からも次々と提出されていった。

一六日の行動後もかけひきは続くが、状況は平行線をたどる。それでも連日障害者たちは厚労省前で抗議行動を行っていた。途中から厚労省内への立ち入りも禁ぜられ、建物周辺での冬の寒空のもとでの粘り強い抗議行動であった。

この行動は各新聞でも大きくとりあげられることになり、二二日読売新聞、二三日毎日新聞、二四日朝日新聞の大手三紙の社説で厚労省の方針が批判される。

二八日には全国課長会議の予定があり、そこで上限規定が報告されたら終わりなので、当事者たちは最終的にはこの会議自体を封鎖する意気込みだった。

しかし、それに先だって障害者団体代表たちとの水面下の協議の中で両者が妥結し、二七日厚労省が上限規定の撤廃を表明し、障害者団体との合意にいたる。これがおおよその支援費上限問題の顛末である。

詳細な説明は抜きにするが、国庫補助基準が個々人の支給量の上限ではないこと、そしてすでに支給量が多く出ている自治体に対してはサービスの低下がないように従前額を保障すること、そうしたことが約束された。

筆者自身はこの行動には参加していない。介助をバイトでしているころであり、そうした行動があったことをうわさで聞いていた程度だった。しかし、多くの人はこのときの行動が一つの大きなメルクマールだったとみな口をそろえて言う。主要四団体が連帯して行動したのもこのときが初めてである。当事者団体同士もそれまではイデオロギーの差や地域の差などがあり、ときにはいがみあったりしていたが、このときばかりは連帯して同じ目標に向かって動いていた。「もうわやくちゃだった」「ごっつうすごかった」「すごい熱気だった」そういった言葉で多くの人は表現している。

今、わたしたちはこのときの行動を土台として生きている。もしあのとき厚労省の姿勢が通っていたならば、予算は切り詰められ、国庫補助の上限規定も個々人のサービスの上限とされ、今のように障害者のホームヘルプが伸びていくということもなかっただろう。サービス量全体が抑制されるから、介助者も今のように多くの人は働いていなかっただろう。

支援費制度が開始され、多くの団体がＮＰＯ法人等の資格をとり、ホームヘルプ事業に参入していった。そして、ホームヘルプを利用する障害者、地域で自立生活をはじめる障害者も増えていった。サービス量が増え、需要が高まる中、多くの若い人たちが障害者ホームヘルプの事業所に就職するようになっていった。

支援費制度では、「身体介護」と「家事援助」という居宅介護の他に、長時間滞在型のサービス類型として新たに「日常生活支援」が設けられた。基本的に自薦登録ヘルパーや全身性介護人派遣事業を活用していた重度障害者たちはこの日常生活支援という枠組みで長時間介助の支給決定を受ける。そしてすでに彼らの介助に入っていた介助者たちには、「みなし資格」が与えられることになった。この日常生活支援が自立支援法では「重度訪問介護」となる。

ゼロ年代のその後の展開としては、二〇〇六年前後に障害者自立支援法をめぐる運動があり、そして二〇一〇年にはそうした運動の成果として、障害当事者たちによって構成される「障がい者制度改革推進会議」が設けられることになったわけだが、それらの詳細や経緯についてはここでは割愛する。

二〇〇三年以降、障害者介助・介護をとりまく風景は様変わりしたように思う。それ以降、運動を知らない多くの人々が障害者、介助者含めてこの現場に参入した。多くの障害者（＝利用者）はサービスとして介助を利用しているだろうし、また多くの介助者は「仕事」として介助を行っているだろう。多くの人にとって、制度はすでにあるものであり、以上述べてきたように障害者たち自身が自ら勝ち取ってきたもの、つくり上げてきたものである、という意識はあまりないだろう。わたしたちは今、これまでの運動がつくり上げてきたものを土台にして、新たな地平に立っているのだと思う。その地平の上に何を築いていくのか、それはわたしたちに課せられた新たな課題であり、どこかに答えがある、誰かが答えをもっているというものでもない。この現場にかかわる一人一人が意識的にせよ無意識的にせよ取り組んでいる課題なのである。わたしたちは過去から何を学びとり、そして未来へ向けて、今それぞれの現場において、何を築いていけるだろうか。

［文献］

安積純子（1995）「〈私〉へ――三〇年について」安積純子・岡原正幸・尾中文哉・立岩真也『生の技法』（増補改訂版）藤原書店
大熊由紀子（2010）『物語介護保険（上）』岩波書店
岡本祐三（1996）『高齢者医療と福祉』岩波新書
在宅障害者の保障を考える会（1985）「重度者の自立と介護保障〈その経過と現状そしてこれからの問題〉」
障害者自立生活・介護制度相談センター『月刊全国障害者介護制度情報』（全国障害者介護保障協議会の機関紙。一九九七年九月より各号）
末永弘（2010）渡邉による二〇一〇年三月のインタビュー記録
全国公的介護保障要求者組合『要求者組合通信』一九八八年より各号
全国自立生活センター協議会（ＪＩＬ）（2001）『自立生活運動と障害文化』現代書館
立岩真也（1995）「自立生活センターの挑戦」安積他『生の技法』（増補改訂版）藤原書店
――（2001）「高橋修――引けないな。引いたら、自分は何のために、一九八一年から」全国自立生活

センター協議会編『自立生活運動と障害文化』全国自立生活センター協議会
寺田純一（1984）「二八年まだまだ遠い自立への道」全国障碍者自立生活確立連絡会『碍――GUY――VOL．1』
中西正司（2001）「自立生活センターの誕生」全国自立生活センター協議会編『自立生活運動と障害文化』全国自立生活センター協議会
中西正司・上野千鶴子（2003）『当事者主権』岩波新書
新田勲（1982）「専従介護者にたくす介護保障」『季刊福祉労働』第一七号
――（2001）「障害者に生まれて幸福だったと自分を偽るな。本音で生きろ！」全国自立生活センター協議会編『自立生活運動と障害文化』全国自立生活センター協議会
――（2008）『足文字は叫ぶ！』全国公的介護保障要求者組合
――（2009）『足文字は叫ぶ！』現代書館
樋口恵子（2001）「日本の自立生活運動史」全国自立生活センター協議会編『自立生活運動と障害文化』全国自立生活センター協議会
ヒューマンケア協会（1994）『ニード中心の社会政策』発行：ヒューマンケア協会
――（1996）『自立生活センターの誕生』発行：ヒューマンケア協会
益留俊樹（2010）渡邉による二〇一〇年八月のインタビュー記録
横山晃久（2004）「公的責任の追及――障害者の介助保障とは何か」『季刊福祉労働』第一〇四号

第5章

障害者運動に対する労働運動の位置と介護保障における「労働」という課題

前章で見たように、公的介護保障要求運動、そして自立生活センターなどによる介助サービスの事業化の展開を通じて、介助が仕事・労働となっていった。

それでも、九〇年代まではそれが「労働問題」とみなされることはなかった。介護保障は常に障害者問題、あるいは障害者の自立生活運動の課題であり、介助者・介護者の労働問題としては浮上してこなかった。もちろんそこには、地域での介助・介護が一切労働とは認められていなかったという事情がある。だから介助・介護を社会的労働にする、というのが介護料要求運動の一つの目的であった。

介護料は確かに上がっていき、一部の地域では介助者・介護者もそれで生活できるくらいにはなっていった。しかしその際、介助者たちが使用者と雇用契約を結んだ労働者であったかといえば必ずしもそうではなかった。介助者・介護者たちがそうした意味での労働者となったのはやはり二〇〇三年以降のことだ。それまでは何がしかボランティア気分もあったが、次第に労働者になっていった。

もともと介護保険のヘルパーも、ボランティアとして認識されやすく、労働者とはなかなかみなされなかった。そうした状況を是正するために、厚労省が通達「訪問介護労働者の法定労働条件の確保」を出して、ヘルパーの労働条件を守ることを事業所に指導したのが二〇〇四年のことである。その通達の中で、ヘルパー（もちろん介助者も含まれる）は労基法で定められる労働者に該当するとみなされ、労働者として守られるべき基本的な権利を有することが示された。

しかし、介助者たちが労働者としての権利を主張することに、多くの障害当事者は警戒心を抱いている。それによって、障害者の生活が抑圧されてきた長い歴史があるからだ。そうした労働者による障害者の抑圧の歴史を踏まえずに、介助者・ヘルパーが労働者としての権利だけを主張することは、危険な結果を生む恐れが十分にある。

この章では、そうした抑圧の歴史的経過を簡単にたどる。その上で最後に「労働者」の視点から見た介護保障の課題を簡単に述べる。ここではその解決策は述べない。事業所経営者（自立生活センターの代表等を務める障害当事者も含まれる）と労働者の双方に課題だけを提示し、後は現場にまかせることとしたい。

1　介助・介護における「労働」問題の浮上

現在自立生活センターＨＡＮＤＳ世田谷代表で、七〇年代後半から新田らとともに介護保障運動を続けてきた横山晃久は、かつて地域で自立生活をはじめたときの様子を次のように述べている。

私の生活は、介助者集めからまたはじまり、毎日毎日大学にいき、ボランティアサークルを回り、夕方には駅前で介助者募集のビラを配る日々が一年間続きました。……夕飯を食べ終わったら、毎日毎日次の日の介助者を探すのに電話を掛けまくり、見つかればまだいいほうで、見つからない場合もありました。介助者がいない日は前夜にパンを買ってきてもらい、パンツをはかずに寝ました。……私は、毎日毎日夜になると次の日の介助者を探すような日々に疑問を持ってきました。（横山 2004：36-37）

私が思ったのは、介助料要求運動を真っ先にやらねばならないということでした。前から不思議に思っていたのですが、施設では「介助労働」という言葉が存在しているにもかかわらず、地域ではそんな言葉がなかったことに改めて気がつきました。同じ介助内容をやっていて、片や労働ということがきちんと位置づけられていて、その一方では、社会的労働として位置づけられていないということでした。ですから私たちが介助保障というときには、社会的労働として「介助労働」を位置づけさせることも、厚生省や東京都、世田谷区にきちっと要求していこうと思いました。（同：37-38）

ここに述べられているように、施設では障害者介助は労働と認められており、職員にはそれなりの給与が支払われていた。しかし、地域では障害者介助は「労働」とは認められておらず、結局ボランティアや活動家、篤志家といった人たちに介助に入ってもらって自立生活を続けていかざるをえなかった。そして地域での介助保障のために介助料要求運動を真っ先にやらねばならなかった。けれども、介助者にまっとうな給料を払えるようになるまでには長い月日が必要だった。介助者になけなしの介助料を支払っていた時代のことを横山は、さらに続けて次のように述べている。

……それまで介助者との関係においては、人間関係重視ということが一番重要でした。正当な労働対価が払えないなかでは、どうしても人間関係重視という理論がまかり通るものです。これではボランティアと同じだと、私は痛感させられました。介助関係において人間関係ももちろん大事であるけれども、やはり、社会的労働の位置づけがなければ、学生は学校を卒業すると他のところに就職したり、また働いている人でも職場の異動があると長続きはしません。(同：38)

たいした介助料を払えなかったので、人間関係重視で介助者のことをよけいに気遣わねばならず、また食べていけるだけの仕事ではなかったので、介助者は学校を卒業したりするとあっさりどこかにいってしまった。

そういう時代が長く続いたのち、今ようやく介助が社会的労働と認められるようになりつつある。

今、多くの場合介助者たちは、まず給料の得られる仕事として介助をはじめ、従来とは逆に学校を卒業して他に就職先のない人々が介助職につくようになっている。地域での介助・介護が生計の糧となる仕事として成立しはじめている。それは、介助が横山たちの述べていた社会的労働に近づいてきているということだろう。

しかし介助が社会的労働となるにつれて、他方で「労働」につきまとう特有のしんどさが、少しずつ介助者たちに意識されはじめるようになっているのも確かである。介助が仕事となることでのしんどさについては、現役介助者たちの以下の言葉から窺い知ることができる（第1章参照）。

というか、介助、前は完全に手足論、手足になるべきだと思っていたから、それで自分を出さないで仕事をしてると、それはすごいしんどいこと。昔ボランティアで入ってたころは、それでもそんな長時間毎日毎日ではなかったからそんな問題なかったんだけど、仕事で毎日介助に入っていると、しかも長時間。ほんまにしんどいというというか。

おれまた怒られんのかなぁ。やだなぁとかいうことはもちろんありますけどぉ。「仕事」なんでね。

仕事と割り切ればたいていのことは乗り越えられますよ。別に個人的なつきあいをするわけでもないんで。二時間なら二時間、この時間一緒にすごせて、はいさようならというだけの関係なんで。

温厚に介助を終わらせるために、いろいろ自分の感情をかえますね。うーん。その人のためにというよりかは自分がしんどいから。自分がしんどいんで、そのしんどさ、緊張、そういうしんどさを消すために、いかに自分をつくるか、ということを考えていますね。

介助者たちの給料や労働時間等の労働条件がデータ的にどのようなものになっているかについても第1章で示した。またコーディネーターたちのさまざまなしんどさの声もそこで紹介した。「労働」としての意識が少しずつ浮上しはじめている。

事業所は、介助者たちに以前のようにボランティア感覚で働いてもらうというわけにはいかなくなりつつある。雇用契約、労働時間、解雇問題、残業問題といった労働問題がときに労働争議のかたちをとって聞かれはじめるようになってきた。頭を悩ましている経営者も少なからずいることだろう。

しかし、ここには大きな課題がある。そのことをこの労働問題について考える人は必ず心にとどめておいてほしい。

筆者らは二〇〇六年に「かりん燈」という介助者の会を立ち上げた。まさしく、介助者の生活と労働の問題を取り上げる会である。

当時、自立支援法施行の影響を受け、現場に危機が訪れていた。介助現場では、障害者福祉の後退がささやかれ、給料も下がり、将来の見込みがない暗い雰囲気がただよっており、介助者たちも離職していった。そして日々の介助がまわらなくなり、障害者の生活を守るという意識の中で多くの介助者たちは過労で倒れる寸前となっていた。その頃障害者たちは障害者自立支援法反対の大きな声をあげ、さまざまに活動していた。その活動をサポートしつつ横目で見ながら、筆者はこの危機的状況は自分たち介助者の問題でもあるのではないか、と思っていた。介助者自身も声を上げていかないといけないのではないか、と考えていた。けれども、まわりを見渡し、またネット等でいろいろ検索しても、介助者として声をあげている人は誰もいなかった。

どのような仕方で運動をしたらいいのか、どのような仕方で声をあげたらいいのか、まったく分からなかったが、ともかく仲間とともに、この危機的状況は自分自身の問題でもあると考え、かりん燈の活動をはじめることにした。しかし介助者が介助者として声をあげることの難しさは直感的に感じていた。

大阪の障害者運動の重鎮であり、七〇年代のグループゴリラの時代から活動しているHさんから、「障害者自立生活運動の中で、はじめて介助者の労働問題をとりあげたのが、かりん燈さんなんだよ。だから偉い」ということを言われたことがある。それだけ、障害者運動の中で介助者が労働問題について声をあげるのが難しかったということだ。そこには障害者側から警戒される要素も多分にあった。

では一体、介助者が労働問題について声をあげることのどこが危険なのだろうか。なぜ介助者が声をあげるのが難しいのだろうか。介助者はなかなか労働問題を口に出すことはできない。また労働運動の要求の仕方は障害者運動にとって不適切な部分が多い。そこには深い歴史的事情や構造的要因がある。介助・介護において労働問題が自覚されつつある今、何が障害者から警戒されているのか、そして介助者にとって反省すべき点は何なのか、そのあたりのことをふりかえっておく必要がある。

まず障害者運動と労働運動の歴史について簡単にふりかえってみよう。

2　労働運動による抑圧の歴史

障害者運動の歴史を見ていくと、しばしば労働運動との出会い（ないし衝突）に出くわす。たいていの場合、その両者の出会いは幸せな出会いというよりも不幸な出会いという側面が強い。多くの場面で障害者たちは労働者によって裏切られてきたし、地域生活実現の動きを阻まれてきた。

再度七〇年代に青い芝の会によって提起された主張をふりかえってみる。はたして障害者という存在は労働者に比してどういう位置におかれてきただろうか。働いて稼ぐことの価値が重視される現代社会（特に高度成長期の日本）において、障害者はどのような存在であったか。

横塚らの師である大仏空は「一生懸命働き、社会の役に立ち、金を残し、自分の家を建て、良い家庭を築く、このようなことが善人の手本であり幸せの見本とされているけれど、このようなことができない人達はどうなるのかね」と横塚らに問いかけたそうである。そして、まさしくこのようなことができない脳性マヒ者たちは「『不幸な人』すなわち悪とされる」との現実を彼らにつきつけたそうである。（横塚 2007：112）

彼ら脳性マヒ者たちは、障害者のこうした立場を認識することから出発する。まさにこのような立場に障害者がおかれているからこそ、当時頻繁に起こった障害児殺しやそれと同時並行に進んだ隔離収容政策も正当化されていくのである。

［母親は］「この子はなおらない。こんな姿で生きているよりも死んだ方が幸せなのだ」と思ったという。なおるかなおらないか、働けるか否かによって決めようとする、この人間に対する価

値観が問題なのである。この働かざる者人に非ずという価値観によって、障害者は本来あってはならない存在とされ、日夜抑圧され続けている。（同：42）

当時、所得倍増政策による高度経済成長とそれに伴う労働力不足が現われ、働くことだけが正義であるという風潮に拍車をかけていた。エリートには金をつぎこみ、国家の役に立たない者は大隔離施設へ（一九六五年六月、佐藤首相のお声がかりで作られた社会開発懇談会が「社会で暮らすことのむずかしい精薄等についてはコロニーに隔離せよ」と中間答申をしている）という労働力確保を目的とした権力者の意志と、施設さえあればこの悲劇は救えるという肉親達（大衆）の要求とが妙にガッチリ結びついて巨大コロニー網の建設へとすすんでいった。（同：40）

働かざる者人に非ずという価値観の中では、障害者は本来あってはならない存在である。障害者たちは、そうした価値観の中で、ある者は隔離収容施設に送られていき、そしてある者は「一般健常者に負けるな、他人の三倍も四倍も努力して健常者に追いつけ」（同：90）と果てしのないリハビリ（社会復帰）に駆り立てられていた。障害者は一般労働者に比したら「下の下」（同：56）であり、あるいは社会にとってまったくの役立たずであった。こうした意味で労働者という存在は、構造的に見てそもそも障害者を抑圧する存在なのであり、労働者自身の中にその自覚がない限り、障害者解放はありえない。

我々は障害者があらゆる面で苛酷な状況にあるのは、ひとえに我が国労働者階級の認識にかかっていると主張し続けてきた。（同：137）

小山　労働者ってのはてめえらの賃金のために労働組合を作り、賃金闘争をやってるだけ。それじゃ労働の価値観てのは変わっていかない。まさにその労働の価値観によって障害者はしいたげられてるんだ、そこに気がつかなきゃだめだと思うんだがね。皆さんの中でいいとされている労働の価値観がいかに障害者をしいたげているか、抑圧しているかということ。それにまず気がつくということが先決じゃないか。（同：201）

横塚らはこのように、労働者自身が既存の労働の価値観を維持する限り常に障害者に対して差別者・抑圧者であり続け、それゆえに障害者解放は労働者自身の自己変革抜きにはありえないことを指摘した。これは根本的な問題提起だった。むろん、労働の価値観の問い直しという作業は一朝一夕で片がつく課題ではなく、障害者運動はその後繰り返し、いたるところで労働者たちと向き合い対峙せざるをえなかった。以下、障害者が労働者によって抑圧された事例、あるいは裏切られた事例をいくつかあげてみる。

第４章で府中療育センターのことを取り上げたが、まず簡単に施設での事例をあげる。施設という環境は、典型的に労働者が障害者に対して抑圧者として機能しやすい。基本的に、施設での障害者の生活は、労働者の勤務体制によって規定されている。

だっておれたち施設に入ってるときは施設のめしは四時半だったよ。施設の職員が五時で帰れるようにするためにね。

これは最近筆者が聞いたある車いすユーザーの言葉だ。夕食が四時半というのは今でも多くの施設で共通だろう。もちろん朝食も昼食も毎日同じ時間に決まっている。朝のトイレの時間もみんな一斉に行われるところがほとんどだろう。こうした機械的な生活を強いていること自体が、そもそも差別的で抑圧的なのだが、なかなか改善に向けて動こうとする人はいない。もちろん風呂の回数や時間も決定されている。だいたい週二回が施設処遇の常識だろうか。

府中療育センターでは七〇年代当時、女性の入浴介助を男性が行っていたそうである（現在でもそれがまかり通っている施設はある）。新田勲の妹である新田（現姓三井）絹子は次のように当時の実態を報告している。

はいって三日目、入浴日だった。裸にされてつれていかれ、目の前に海水パンツ一つの男性が立っていた。びっくりして声もでない……。出てからというものご飯も食べられず、一日中泣いていた。それからは入浴を拒否し続けた。わがままだ、いれてくれるだけでもありがたいと思わなければいけない。ぜいたくだ、などとよくいわれた。労働力削減のために、男子をつかうのである。（三井 1996：4）

施設入所者は、お風呂に入れてもらえるだけでもありがたいと思わなければならないのである。そして労働力削減のために男性介護職員が使われていた。このとき、女性介護職員は絹子のことをおもんばかり絹子とともに行動を起こすのではなくて、むしろ現状容認を絹子に強いようとしたのである。異性介護を拒絶して入浴拒否に出た絹子に対して、施設側の言い分は次のようなものであった。

「女性としての気持ちは十分に理解できるが、現在の体制では、女子介護員だけによる入浴は無理」「身障者はフロに入れる時体をこわばらせ、服を脱がすのが大変。それに全員が体重の重い成人ばかりで、私たちの体がもたない。入浴が終わると手がしびれ、ほとんどの介護職員が腰痛に苦しんでいます」（同：53）

これ自体は、納得のいく言い分なのかもしれない。しかし絹子が求めていたのは、労働者自身がこの問題をともに積極的に考えていくことだった。問題を積極的に自ら考えてくれる労働者がいないことを絹子は手記の中で嘆いている。

もちろん施設労働者の中にも入所者たちに理解を示し、障害者問題を自分自身の問題と捉え、障害者と真摯に向き合ってきた人たちがいたのも事実である。第4章で紹介した府中療育センターにおけるハンスト闘争のことを新田勲は「当事者と施設労働者が一体となって福祉を発展させていこうという障害者運動の原点であるといえます」と評価している。しかし大勢では、障害者は労働者の大きな壁に阻まれていた。たとえばそのときのハンスト闘争では、次のような労組執行部の裏切り行為もレポートされている。

日本の重症心身障害者の医療研究のモデル施設として昭和四三年に発足した東京都立府中療育センター（府中市）で、四人の重度身体障害者が一一月二九日から一二月七日まで、職員の勤務異動に反対してハンストに突入した。れっきとした都職労傘下の組合がありながら、組合がストライキで反対するのではなく、身体障害者が生命の危険を賭してハンストをやったのである。

その特異性の内容をいっそうきわ立たせたのが労組執行部の態度だ。ハンストを無視して当局が人事異動をゴリ押しにしてきたのに対して、労組執行部は、職場全体投票にかけた。結果は当局の人事異動に「反対一〇五票、賛成七四票、白票三」で反対が勝った。ところが執行部は「執行部責任で開票の結果を判断して七四票に重きを置き、まげて局の方針をのむ」という、前代未聞の決定を下したのだ。（新田 2008：39）

新田らのまわりには確かに彼らを真剣に応援した職員もいただろう。もともとハンストの原因が、理解ある職員の異動に反対する、というものであった。けれどもその要求は、こともあろうに組合執行部によってもみ消されることとなったのである。

その後新田は、施設は障害者が真にいきいきと生きられる場所ではないと悟り、施設を出てボランティア数人の助けを借りて自立生活をはじめる。その生活がすぐ危機に瀕し、介護料要求運動をはじめたことは先に述べたが、その介護料要求運動でもまた労働運動と一悶着あった。東京都と介護料の制度の話し合いを進めていく中で、「民生支部執行部とヘルパー組合から、少しの介護料にしても介護制度をつくられたら、『私達の職業が安上がり福祉となる』」（在宅障害者の保障を考える会 1985: 5）と言われたそうである。

ヘルパー組合の言い分としては、「長年の活動の中で正職を勝ちとり、身分保障を勝ちとって来たのに、こういう介護制度や、その金で人を安く使われることをどんどんやられたら、また私達は非常勤に戻されて行く」ということであった（同：6）。ヘルパーたちのことを考えたら、これも納得のいく理由ではある。しかしこのときヘルパー組合の言い分が通っていたら、地域で重度障害者が暮らすための介護保障制度ができることはなかったのである。公務員ヘルパーの勤務時間は結局いつまでたっても基本的に九時〜一七時だった。土日正月は休みで、派遣回数もきわめて少なかった。彼らは自らその勤務体制を柔軟化することはできなかった。彼らが、二四時間介助の必要な重度障害者に対して、その二四時間介助のニーズを満たそうと動くことはなかった。障害者（消費者）のニーズではなく、労働者のニーズが先に立つと、障害者にとってはきわめて不便な状況が生まれてこざるをえないのである。

このことは、すべての福祉関係者がしっかり認識すべきだろう。労働者はその基本的傾向として労働強化を嫌がる。勤務時間が長くなったり不安定になったりするのを嫌がるし、仕事内容が増えるのを嫌がる（ある看護師から聞いた病院の実例。ある入院患者におむつがあてられた。排泄したので、新入りの看護師がおむつを交換した。そしたら上司にしかられたそうである。「患者に言われたからといって、おむつを交換してはダメ。おむつ交換の時間は決まっている」。なぜダメかというとその理由は、「クセになるから」。不定期の患者のニーズに対応していたらたまったものじゃない、という感覚がその病院の看護師たちにはあるらしい）。

介護では、第一に介護を必要とする人のニーズが優先されねばならない。そしてそれを優先できるシステムがとられなければならない。この際、当事者が介護料を握り自ら介護者を管理するというのはきわめて有益なやり方である。それによってはじめて障害者自身のニーズに即した介護保障が成立するのである。労働者の善意があてにならないことは、歴史が証明している。

さて、右に述べたのは福祉の現場での労働者との衝突だが、たとえば障害者は公共交通機関を利用する際にもしばしば労働者と衝突していた。七〇年代後半に川崎市で起きた、脳性マヒの障害者たちによるバス乗車闘争を覚えている人もいるだろう。それは障害者たちに対して乗車拒否を続けた交通局への抗議の姿勢だった。

以下は、その当時の「全日本運輸労働組合協議会への抗議文」からの引用である。

> このような状況を作り出してきたのは、単に行政だけの責任であるとは我々は言わせません。なぜならこの問題の発端となったのは「車イス障害者をバスに乗せることは労働強化になる」という現場労働者の声であったからであります。我々は今までそして現在もずっと、あらゆるところで労働強化になるということで、労働者から、我々の意思を無視され、物として扱われ、抑えつけられてきました。（横塚 2007：299）

介護労働においても、交通運搬業務においても、障害者たちのニーズに応えようとすると、労働者から見たらよけいに手間がかかる。もちろん一方では人的余裕もなく、障害者のニーズにあわせた特別の人員を用意していなかった、という事情もある。しかし多くの現場労働者は、障害者の生活改善のためにともに環境の向上を目指そうとしたわけではなく、むしろ「労働強化」の名のもとに、障害者の生活を制限する側にまわったのだ。

あるいはまた、障害者運動に協力すると見せかけて、労働運動が障害者運動を都合のいいようにおみこし的に利用した例もある。

一九七四年は日本で、最初かつ最大規模の労働者春闘の年だったと言われている。障害者運動もその際に優生保護法改正阻止と障害者の生活保障の充実のために春闘に協力した。しかしその結果はいかなるものであったか。一方で優生保護法改正阻止は成功した。しかし他方障害者の生活保障の充実に関しては次の有様であった。

> 国民春闘の名の下に弱者救済がうたわれた今年の春闘において、一般労働者の賃上げは平均月額三万円という史上最高の額を獲得することができた。これは年額になおすと三六万円、更にボーナス分を含めれば相当な額にのぼる。これにひきかえ救済されるはずだった弱者に与えられたものはインフレ手当の一時金二千円と、生活保護費のほんのわずかな増額であった。
>
> これは初めの春闘共闘委員会の意気込みからいっても、あまりにも少なすぎる額であることはもちろんのことであるが、客観的にみていっても一般労働者と障害者をはじめとする生活困窮者

の所得のひらきはますます拡大したわけで、これでは「弱者救済」どころか「弱者つきおとし」である。（同：148）

障害者たちは、こうして様々な場面で労働者と対立的に向き合わざるをえなかった。直接的に抑圧されたこともあれば、間接的に無視されたこともある。また利用されるだけされて見捨てられたこともある。障害者は労働者との関係においては悔しいこと、憎いことの連続なのである。そして施設で施設職員に抑圧された経験のある障害者は、介護者に対して大きな怖れ、恐怖心も抱いている（健常者からのいじめ経験をほとんどの障害者はもっている）。

3　介護保障における労働問題

以上のようなことを抜きにして介助・介護における「労働」の問題を語ることはできない。では、こうしたことを踏まえた上で、なおかついかにして介助者・介護者が労働問題を取り上げることができるのだろうか。

この問題はきわめて悩ましい。筆者自身も日々悩んでいる。簡単に言えば、介助者が労働問題について声を上げるようになれば、障害者の生活が制限されるおそれが多分にあるからだ。

考えてみればいい。労働者が仕事時間を安定させたい、夜間勤務もなしにしたいと考える。土日正月も休みたいと考える。そしてできれば現場介助は減らしたいと考える。そうしたら、たちまちに重度障害者の地域生活はたちゆかなくなってしまうだろう。たとえばデイサービスは勤務時間が昼に限定で、わりと安定しているから、給料は安いけれど働く人たちにはそれなりに人気がある。しかし、では夜間の介助はだれがやるのだろうか。

あるいは、介助者の給料をあげてほしいと考える。しかしもし予算が一定だとすれば、介助者の給料をあげることは障害者の介護利用時間を制限することにつながる。想像上で簡単な計算をしてみる。一月一〇〇万の予算があったとして、介助者に時給二〇〇〇円払ったら、一月五〇〇時間の介助時間数であり、一〇〇〇円払ったら一〇〇〇時間の介助時間数である。障害者側から見たら、介助者の時給が低い方が、介助時間数が増えるのである（ちなみに、かりん燈が二〇〇六年にできて最初にやったのは介護報酬単価引き上げの要求である。介助者たちが辞めていき、介助現場が崩壊していくのを食い止めるにはこれしかない、と思っていた。それでも悩みながら活動していたのだが、当時横山さんの論文で、介助保障には二つの意味がある、一つは障害者の自立生活の保障としての介助保障であり、もう一つは介助者の生活保障であるという考えを知り、直接横山さんに会いにいった。横山さんは、障害者は介助利用の時間数で運動するべきであり、介助者は単価で運動するべきである、という趣旨のことをおっしゃっていた。単価引き上げの運動をやる上で、力を得た思いだった)。

いわば、障害者の自由と介助者の自由はトレードオフの関係にある。障害者がその生活の融通をきかせようとすればするほど、介助者の生活は制限されてくる。逆に介助者が生活を安定させたいと考えれば障害者の生活は制限されてくる。

お互いにとってどこらへんが安心して満足のいく体制になるのか、今後いろいろと話し合っていかなければいけない。もちろん障害者のニーズが最優先だが、それで介助者がみんなつぶれてしまっては話にならない。介助者の中には、つぶれそうな人たち、心を病んで辞める人たち、腰を痛めて転職する人たち、あるいは障害者を嫌いになって二度と介助なんかやらない、という人たちもいる。その一端は、第1章で示した介助者の声からも窺いしれるだろう。介助者はいわば消耗品であり、いたわらなければ、そのうち壊れ故障してしまう。あたり前のことだ。壊れないように働いてもらうにはどうすればいいか、障害者たちも考えていかないといけない。

介助者が労働の問題を提起する場合、障害当事者たちと腹をわって詰めて話し合っていかないといけないと思う。お互いに折り合いをつけてやっていかねばならない。しかし障害者と介助者は、対等な関係というよりもむしろ非対称な関係である。お互いに相手の立場を理解するなどということは中々できることではない。それでも丁寧に話し合いを重ねていかない限りその先はないだろう。新田勲は次のように述べている。

> 相手との対等な関係ということは、弱者と関わるとき、誰しもがみな思うことですが、こういう思いそのものが、白々しく、関わる人のうぬぼれなのです。例えば脳性マヒ者は、障害による緊張で顔の筋肉が強ばって、どう見ても普通の人とは見られないし、また、トイレも好きなときにいけません。
>
> そういうところで、いくら対等といっても、ありえないことです。対等というより、そこでは、両者の立場の違いを、はっきりと双方が自覚した上で、そこは両者の思いやりのなかで、深く理解し合っていくしかないのです。［略］対等な関係というのは、双方の関係のなかで話あっていく努力をして、それぞれの立場の違いを自覚した上で、双方がお互いの生活をみあっていくという関係が無いかぎり、お互いに認め合った関係とは言えないのです。（新田 2008：346）

さて以上の指摘をしたうえで、現在の介助者から見た介護保障の課題を具体的に挙げてみる。以下に挙げる課題は、すべてを直接すぐに解決するべき、というものではない。しかし問題となっており、少しずつでもこれから取り組んでいかないといけない課題である（これは二〇一〇年春に「障害者の地域生活確立の実現を求める全国大行動実行委員会」の世話人会議の席上で提起したものだ。具体的な動きにすぐ結びつかないにしても、介助者から見てこうした課題があることは認識していった方がいいだろう）。

自立支援法後の介護保障について——介助者・介護者の生活保障の観点からの論点整理

（かりん燈——万人の所得保障を目指す介助者の会　2010.3.9）

以下、介助者・介護者の生活保障の観点から、現在の介護保障における課題をまとめた。

ただし、現状では、まだまだ障害者の介護保障が整備されていない、とりわけ多くの市町村では二四時間介護が認められていないし、知的・精神の介護保障も整っていないので、早急に労働者側の要求を通すことは障害者介護保障の後退につながる可能性があり、あくまでこれから論じるべき「課題」としてとらえるのがいいと考えられる。

大きな争点としては、現状の介護保障の実態と労基法に定められているルールとの整合性いかんの問題がある。労基法の側をごり押ししたら、障害者の生活の制限につながるおそれは十分にあり、どのへんで折り合いをつけていくのか、今後の大きな論点だと思われる。

現状の課題

・過重労働問題

二〇〇八年の介助者アンケートでは、四八％の人が月二〇〇時間以上の労働。過労死認定の基準になる二四〇時間以上の人は一六・六％。

日・祝・正月・お盆、朝昼晩泊り関係なく、二四時間三六五日の勤務形態。定時で働く労働者よりも、生活が不規則で不安定。また、休暇中にも緊急介助依頼の対応があったり、介助と介助の間の空き時間が多く、実際の勤務時間数以上の拘束感がある。

・精神的ストレスの問題

一対一という仕事の性質上、そして守秘義務の関係から、介助者が精神的ストレスをためこんだとき、それを解消できる時間や場所が現在はあまりない。一人で抱え込み、うつになって介助を続けられなくなる介助者もいる。

・困難ケースの対応

暴言・暴力などのある困難ケースにおいても、介助者が自己責任で対応しなければならないことがある。しんどくなって介助そのものをやめてしまうこともある。

・腰痛問題

若いうちは長時間働けても、年をとるごとに、だんだん働けなくなる。腰を痛めたら仕事の継続はムリ。腰痛等の不安は今のところ自己責任でカバーしなければならない。

・給与（人件費）

介助者の生活費（月収・年収）は、どの程度が妥当か？　現在の平均は一〇万後半。

報酬単価の中で、人件費比率をどう考えるか。適切な給与を確保できる単価設定が必要。

・昇給

昇給は正規職員もあまりない。基本的に初任給しかないような給与体系。二、三年して、先が見えなくなってやめていく人も多い。

昇給は何によって評価するのか。実務経験年数？

その評価基準と単価のあり方の関係（今は資格による変動がある。身体や家事での減額）。

・キャリアパス

介助者のキャリアパスはありうるのか。あるとしたらいかなるものか。

「福祉人材確保指針」（平成一九年厚労省）との関連。

・社会保険（健康保険、厚生年金、雇用保険、労災保険）

どの程度の介助者が加入しているのか。どの範囲まで事業所でカバーするのか。

・「訪問介護労働者の法定労働条件の確保」（平成一六年厚労省労働基準局）との関連

障害福祉課の中に、労働者保護の観点がどれほどあるのか。

現行の単価設定においては、どこまでこの通達が顧慮されているのか。

移動時間・ミーティング・報告書作成等にかかる給与が支払われているかどうか。
労働条件・就業規則の明示について。

・休業手当

キャンセル時の休業手当。利用者の入院・旅行時の休業手当。切られた場合の休業手当。代替業務の検討。

・長時間介助の際の労働時間上限、休憩時間の問題

六時間以上の連続労働は禁止、原則一日八時間までといった労基法上のルールをどう考えていくか。厳密に適用するなら、当事者の生活が制限される。

・運動と労働の関連

運動への参加が自発的になされているのかどうか?
非自発的な場合の給与保障。
どこまでが「仲間」「同志」であり、どこまでが「労働者」、単なる「介助者」なのか

・資格

介護福祉士六〇〇時間研修の今後の動向。
重度訪問介護の研修時間。
知的・精神の資格のあり方。

・知的・精神の介護保障

現在は、移動介護・家事援助など単発細切ればかり。時間数保障もなく、介護者の生活保障もない。

・身体介護・家事援助等の分類

介助内容に制約が多くなる。単価の差が理解しがたい。

・研修

当事者主体の研修になっているかどうか？

研修中の給与保障。

・休暇

有給休暇がとれるかどうか。

とれるだけの余裕のある人員配置があるかどうか。

・期限付き雇用

「有期労働契約の締結、更新及び雇止めに関する基準について」（厚労省平成二〇年一部改正）などとの関連。継続雇用、期待権の発生

・登録介助者の保障

特に複数かけもちの人の保障の仕方。

・労働の質による賃金の差

医療的ケア従事の場合等の加算

その他、利用者の状態像や介助内容による賃金の格差はありうるか。

・サービス提供責任者の確保

サービス提供責任者が本来の業務をこなせるように、人手とお金の確保。

・待機要員の確保

緊急時の対応のため、介助者の休暇やゆとりの保障のため、待機要員の確保が必要。待機者がいるくらいのゆとりがあれば、さまざまな介助依頼、緊急依頼などに対応できる。コーディネーターの負担を減らせる。休暇中の介助者に依頼をしなくてもすむようになる。先駆的な事業所ではやりはじめている。

これらについては今後の課題ということもあり、中身を詳しく説明することはここではしない。物事には段階があるので、まず労働問題の認識よりも障害者問題の認識を深く持ってほしいからだ。そうでなく、労働問題だけが一人歩きすると変な方向にいってしまうおそれがある。

二点だけ確認しておく。一点目は労基法とのからみについて。

まず、「訪問介護労働者の法定労働条件の確保について」に書かれている移動時間や休業保障、有給休暇については、事業者は認識しておくべきだ。それらが障害者の生活を脅かすことはないのだから。単価が低くて払えないというのだったら、国に訴えるべき。

けれど、障害者のニーズに適切に応えて介護派遣をする際に、介助者の働き方が労基法にひっかかってしまうおそれが多分にある。たとえば夜間泊りや外出時の長時間介助は、労働時間的に見たら、かなりやばい。多くの人にとって、そのあたりのことはあまり指摘されたくないことだと思うが、しかし丁寧な話し合いの中で何らかの解決策も見つかっていくのではないだろうか。新規参入の事業所などは、そういう場合、一律に障害者の生活を規制しようとするだろう。しかしもし本当に障害者の生活のことを考えて事業を行うのであれば、一律に制限する前になんとか解決策を考えていってほしい。

たとえばデンマークでパーソナルアシスタンス制度を創始したことで有名なクローさんの二四時間介護の勤務体制を見てみる。勤務体制は雇用主とヘルパーの話し合いで決められ、四人の介助者が二四時間ぶっ通しの勤務を月七回ずつ受け持つ方式だそうだ。この形態でどうやら労働基準法に抵触してないようなのだ。介助者の労働条件などについては一般の労働者と同じ権利が保障されているらしい（ちなみに介助者には年に五週間の有給休暇がつくらしい。給与は二〇年ほど前の話だが額面で二八万円。所得税が高いので手取りはたいしたことないらしいが）。

北欧の例で明らかなように、労働運動が強いからといって障害者の自立生活が困難になるとは一概には言えない。障害者であれ、労働者であれ、すべての人の社会権が保障されるべきだと社会的に合意されているかどうか、そこが彼我の大きな違いなのだろう。

4　資格、専門性について

ヘルパーの資格、専門性の問題についてごく簡単に触れる。

現在、介護職の専門職化、資格の強化を推進する動きが国政において強くある。たとえば、将来的にはヘルパー1級や2級が廃止され、より上位の「介護職員基礎研修」や「介護福祉士」に統合されていく予定になっている（さらにその上に「認定介護福祉士」（仮称）が想定されている）。介助・介護の仕事を介護福祉士の業務独占としようという声もある。

「介護職員基礎研修」は五〇〇時間課程の研修が必要である。また「介護福祉士」は二〇一二年度から一八〇〇時間課程か、三年の実務を経た後の六〇〇時間課程の研修が必要となる。そうした研修を受けた人でないと、介助・介護をできなくさせようとする動向だ。

介護福祉士になるには、現在では養成施設ルート、福祉系高校ルート、そして実務経験ルートの三つがある。この実務経験ルートは、三年の実務経験と国家試験のクリアが条件である。

二〇一二年度から三年の実務経験に加えて六〇〇時間の研修が義務付けられることになっている（見直しの議論あり。本書一三四ページ追記参照）。すでに働いている人が、さらに六〇〇時間の研修を受けなければならないということで、多くの現場のヘルパーからも反対意見が相次いだ。ほとんどの人は六〇〇時間も研修を受けている経済的余裕、時間的余裕などない。これによって得をするのは学校関係者だけだろう。

一応このように介護職の資格を強化していく方向だが、現在のところ資格取得のメリットが介護者にとっても事業所にとってもほとんどないので、少しずつ介護福祉士取得が事業所のメリットとなる仕組みがとられるようになっている。たとえば事業所への補助金を出すか出さないかの基準として介護福祉士取得者の割合などが用いられるようになってきている。

資格の強化、専門性の強化には、いろいろな問題がある。

まず、障害者の自立生活運動は資格をもたない人たちの介助・介護によって成立してきた。現在でも障害者の自立生活は資格保有者がいるから成り立っている、というわけではない。重度訪問介護は二〇時間の研修ですむ。前から介助に入っている人は、研修も受けなくてすんでいた。そうした人たちによって現に、重度訪問介護を利用するような重度の障害者の長時間介護が成立している。現在の障害者の自立生活のあり方においては介護福祉士の資格は不要である。まずそういったことが、一切現在の資格についての議論では参照されていない（高齢者の施設生活と障害者の自立生活とでは、どちらが人間の生活としてふさわしいだろうか。人間の生活としてふさわしい方のやり方が参照されるべきではないだろうか）。

一体それは、だれのための、何のための資格だろうか。少なくとも、障害者の自立生活のための資格ではない。それだけは確かに言える（ヘルパーの誇りのための資格と言えるかもしれない。それならそれで自分の誇りのために資格が必要だとはっきり言うべきだ。しかしたとえそうであっても障害者の自立生活のための資格ではない。混同しないように）。

最重度の障害者の医療的ケアについても、地域で生活している障害者の場合、重度訪問介護のヘルパーが対応する。現場で在宅医療に関心のある医師や看護師に教えてもらいながら習得する。労働強化を嫌ってろくに来てくれない訪問看護師よりも、そうしたヘルパーの方が重度障害者のいのちを救うだろう。資格の壁を高めたら、そうして地域で生活している障害者は死ぬだろう。そのことも資格議論ではなかなか参照されていない。

医療面で総合的に専門的な知識を学びたいならば、看護師を目指すべきだ。その知識は障害者にとっても役立つだろう。けれど、必要なときだけでいい。日常の介助の中ではその知識はいらない。障害者から見れば、看護師になってどこか遠くに行くよりも、介助者になって身近にいてほしい。

障害者の介助をするにあたって、たいていの場合、学校で教えてもらうような専門的知識はいらない。それよりもその人とちゃんと向き合い、その人の話が聞けるかどうか、そしてその人から信頼されるかどうか、そちらの方が重要である。分からないことがあったら、その都度本人かだれかに聞いて試行錯誤すればいい。そのうち落ち着く。

あたり前だが、学校で習得されるような専門的知識を身につけなくても、介助者の生活は保障されるべきだ。介助は重度障害者の自立生活にとって必要な仕事である。専門性の有無に関わらず、障害者の日常を支える人の生活が保障されなければいけない。

介助者・介護者に何らかの研修が必要だとしたら、それは、障害者の地域自立生活の保障のための研修だろう。現在のところ介護福祉士の講師陣には地域自立生活の保障に関わっている人はほとんどいない。研修課程の中にも地域自立生活のことはほとんど含まれていない。

私たちに必要なのは、現在地域生活が難しいとされる重度の知的障害者、身体障害者、難病者、精神障害者などが、いかに地域生活を実現・継続していけるか、についての研修だろう。あるいは、そのうち施設送りになりそうな障害者、高齢者がいかに地域で暮らし続けていけるか、それを学んでいくことが必要だろう。施設で研修して、施設でのケアを学び、そして施設を守るための研修だったら、それはいらない。

補論　ゴリラHさんの生き様

補論となるが、この章の最後にゴリラHさんの生き様を紹介しておく。ゴリラHさんは七〇年代半ばよりグループゴリラに入り、自立障害者の介護をはじめる。「緊急あぴいる」（本書一八五ページ～）の混乱期以降、大阪で障害者とともに運動の立て直しを図り、それに尽力する。その後も、大阪の障害者運動の中心におり続け、現在も運動の重要なポジションで活動している。現在介護現場の一線からは退いているが、無償介護二万時間の世界記録（自称）をもつ。

障害者の自立生活を支えてきたのは、決して既存の労働者ではなかった。既存の労働者たちは障害者にとっては抑圧的な存在とならざるをえなかった。グループゴリラにおいても、「勤労者」の障害者運動への関わりが一つの大きな課題となっていたようだ。

ゴリラに集まった人間てのは、それぞれいろんなのがいます。郵便屋、教師、会社員、ＯＬ等々（そして、無職てえのもいる）、これが勤労者ゴリラ。一方、学生さんでありまず学生ゴリラ。［略］学生の層の力というのは、現在のわたしたちの日常活動にとってなくてはならないものですが、実は、友人運動を担うという意味で、今のところ一人一人に最もきつく介護や送迎活動が提起されているのが勤労者ゴリラです。当然、現実に障害者を排除した上で成り立っている社会で、一定の仕事をし、自分の生活を維持して行こうとすれば、障害者と付き合ったり活動したりする時間がないのは当たり前のことだし、仕組まれたことでもあります。勤労者は、土曜、日曜、祭日、平日の夜、に活動することになります。実際そうなると、勤労者ゴリラは、従来の障害者を全く知らない生活ではなく、障害者と付き合って行くための生活パターンを個人個人がまず工夫して創り出すことが課せられます。わたしたちの友人運動が、社会的には、具体的現実的にどうあるべきかを未来に向けて創り出す現在での突出部分、それが勤労者ゴリラであると思います。(グループゴリラのパンフレットより［山下 2008：209-210］)

ここに述べられているように、学生よりもむしろ勤労者こそが、障害者を排除している社会の矛盾に直面せざるをえない。学生時分には学生運動の一環で介助に入るけど、卒業したら就職して障害者とさようなら、なんてパターンは山ほどあったわけだ。勤労者(あるいは学生でもない無職者)にこそ、この社会の中で障害者と付き合っていく上での新しい生活パターンを創り出すことが課せられている。

Hさんは、いちおう大学に入学したが、大学にはいっていないらしい。九〇分いすに座っているのが苦痛で「登校拒否」だった。七四年からゴリラの活動に参加する。当初はのほほんと気楽に、幸せに介護に入っていた。七七年の「緊急あぴいる」で、運動の上層部が撤退し、突如として運動部分を担うことになり、大阪グループゴリラの事務局長となる。大阪青い芝、大阪ゴリラ、りぼん社の三者共闘での運動の再建における中心人物の一人となり、それ以降大阪における障害者自立生活運動の発展に尽力する。

さて、そんなＨ氏であるが、人柄はとっても腰が低くチャーミングであり、愛されやすいキャラという印象がある。だいぶ年下の新参者の筆者にも何度かとても丁寧に話していただいた。Ｈさんの生活費の推移を教えてくれたことがある。

二〇歳：　〇万・三万
二五歳：　三万・四万
三〇歳：　七万
四〇歳：一五万
五〇歳：二三万
五五歳：二五万

右の上段は運動からもらったお金で、下段はその他バイトで稼いだお金である。
二〇代のときは、親に金を借りたり、先生や友達に金を借りたり、少しバイトをしたりして暮らしていた。当時は無償介護なので運動からはゼロ。バイトで三万とか四万とか稼いでいた。主にドカタのバイトであった。夜ドカタにいき、そして朝に介護に入る、それ自体はかなりしんどかったようだ。「それ終わってから眠たくて、眠たくて。朝七時くらいに帰るやん。障害者の家に入るんやけども、そーっとドアを開ける。起きたらいややから（笑）。中に入らんと土間で寝てた（笑）」。ただそれでも、「毎日毎日おもしろかった」とHさんは楽しそうに語る。「二〇から二五くらいまでは悲惨だった。もっとも悲惨な時期」と貧乏暮しについて語る一方で、貧乏について語るHさんは不思議と明るい。衣食住含めてほとんどすべて障害者と一体となった生活。Hさんのお話はたいていの場合、障害者・健常者かかわらず大勢の中で聞くのだけれども、当時の様子を聞くとみんな何がしかの心当たりがあるようで、笑いが頻繁に起きる。そしてその話にはどこか解放感がある（以下、Hさんのお話は［ゴリラH 2010］）。

事務所で暮らしてました。事務所と障害者の家に暮らしていた。事務所は障害者解放センター。センターというても、文化住宅の一室ですからね、アパートです。もちろんお風呂ありませんからね、そこで炊事場があるんでね、そこでホースを伸ばして水浴びしていたんです。お風呂入るのは、障害者といっしょに入る何曜日と（笑）。あとは夏暑いですからね、［ドアの］鍵閉めて頭からざぁっと水かぶってたんです。下駄をおくところありますやん。あそこでじゃぁっと水浴びしてたんです、みんなで。

パンツはね、破れるもんなんですよ（笑）。繊維というのは弱いな、というのが実感としてあって。そしたらね、よくね、障害者の人のブリーフようはいてましたもん。施設から出てきた人のやから、ここに○○って書いてある（笑）。

お金ないからね。［運動で川崎とかに］バスでいくんですよ。リボン社の人が運転するバスで。そんでね、覚えてるけど、生活保護もらってる人はさ、インターでうどんとか定食とか食べてるんですよ（笑）。おれらゴリラだから、食べられへんのよ。トーストを頼んで。コーヒーとかなくて、トーストと水。水で流し込む。生活保護、あこがれだったなぁ（笑）。

二〇代半ばから三万円を運動からもらうようになり、三〇歳になって、バイトなしで運動から七万円をもらうようになる。ちょうどそのとき、マイコプラズマで肺をやられてドカタの仕事ができなくなったそうだ。そして運動の専従となる（当時運動のお金のもとは、街頭カンパ、バザー、行政から大阪青い芝の会への団体助成金など。街頭カンパで天王寺に頻繁に立っていたり、バザーもよくやっていたそうだ)。

ちなみに、その七万円というのは、「それまではぼくらは専従費という言い方で、運動のための活動費という位置づけやったからね。七万円。こんとき介護入ったからお金をもらうという仕組みじゃなかった」。つまり、介護保障でいう介護料とは別ものであり、介護の対価としてのお金ではなかった。ともかくこの七万円で当時一番の高給取りだったらしい。「当時は目指せ一〇万円（笑）」だった。

貧乏だったけど、それでもみんな楽しく暮らしてましたよ。他のみなさんよりは楽しかったよな。みなさんが二〇代を今生きてるとすればさ、二〇代のときはもっと野放図に生きてて、毎日あはははは、笑ってましたもん。おれの弟がサラリーマンやから見ててさ、こいつみたいな生き方おれようせんもん、と思ってさ。おれの四倍稼いでますからね。おれ二〇〇万円のときに八〇〇万。こいつなんやねん。ほんでね、［弟は］毎日ぶーぶー言うて、おれはいやや、おれはこんだけ苦労してるんねん、とか言って。そんな人生よりも毎日あははは笑いながら二〇〇万円で暮らしてる方がどんな楽なことかぁ。全然幸せで幸せで。目指せ一〇万円でしたからね。そこへいったらガンダーラみたいな、幸せがまってるみたいな。（笑）

さて、しかしながら一方でHさんはこうした生活の限界にも気づくようになる。

ぼくはそういう時代、そういう感覚でずっとやってきたんだけど、自分自身、やっぱあかんな、というふうに思うことあってね、それはやっぱし、「緊急あぴいる」のあととかね、そのあと、やっぱし一つの大きな路線として、制度改革というか制度づくりというところをやるべきやと思った。つまり一〇年くらいはやれるんですよ、ぼくらでも。もう一〇年おれもがんばれると思ったけども、おれもマイコプラズマで肺もやられて。だってドカタを一日やってさ、あとずっと介護入ってる、それをどんだけ続けられるかというのがあって。ぼくの後の人が出てくるかいうたら出てこおへんやん、変わり者しかやる人いないし。続かへんわ、それは。

しんどいけど幸せな日々である一方で、自分らの運動のやり方に限界があること、広がりがないことにもHさんは、気づくようになっていく。この運動や生活は自分らのような変わり者だけしかやらないのではないか、自分らの体が壊れたら終わりではないか、そこに運動の広がりはないのではないか、そうしたことに気づいていく。大阪青い芝の会も「緊急あぴいる」以降は制度づくりの方へと運動の方向性を位置づけていく。よりたくさんの障害者が自立するというテーマを設定し、そのために障害者と健常者が一体となった運動を進めていく。

そのとき青い芝の会ごとにいろんな議論があったんだけども、よりたくさんの人が自立するというテーマを設定したわけです、大阪青い芝は。より多くの障害が自立するには行政闘争をして制度をつくっていかないといかんという考え方。それ以外の青い芝は個としてのつきあいというのをやらなあかんと。対立するものやないのやな。個としての人間関係というものを見つめるということも大事だけど、同時にいわゆる制度というものをつくる、この二つは本来両輪なわけやん。制度さえこうだああだしていけば自立できるなんて、そんなことないやん。ただ制度というものを否定して、いわゆる個と個の関係だけの単純再生産をしたらね、それが運動になるなんて間違いだろう。その人たちは自立生活を維持するのにやるかもしれないけど、全然他の障害者の人たちはおいてけぼりだもん。

こうして運動が展開された結果、大阪は現在の日本でおそらく一番、障害者の自立生活運動が土着的に根づいた地域となっている。運動における動員力も大阪が全国で一番だろう。作業所やグループホームなどのともに生きる場所、拠点をつくりながら、チーム一丸となって生活し、運動する、というスタイルが大阪にはあるように思う（東京の運動はグループホームに否定的だが、大阪には一人暮らししても仲間がいなかったら意味ないじゃん、というノリがある）。

さて、現在の若い人に対しては、Hさんは次のようなことを思っている。今こうしてつくってきた場所が、現在の若い人たちにとっても自分の役割を見つけられる場所なのかどうか、自分が役に立っていると思える場なのかどうか、自分の自己実現が可能であるような場なのかどうか、そうしたことが気になるところであり、そしてそこには自分の責任もあると感じている。

ぼくが入ったときにさ、自分が何かをできるんちゃうかなと思わしてくれた状態やったん。ごちゃごちゃだったし、これでいいのかとか、抑圧されたりとかいろんなことあったけど、自分は何かできる、というかちょっと役に立つという自分の位置がある場所やったんや。[今は] みんなにとって自分のポジショニングというのを感じてもらえてるんかな。みんな日々頑張ってるやん。日々頑張ってるんけれども、自分は何かを実現していくための主体としてこの運動に参加してもらえるか、言われるままに動くんかと言ったら全然ちゃうやん。自分が何か、おれでもできるかなと思えるかみたいな。昨日の自分と明日の自分のズレみたいなのを感じ取れるかやねん。

そうした思いはひょっとしたら多くの若い人たちはもてないかもしれない。制度がある程度整ってきて、おもしろみや意外性は減ってきているかもしれない。けど、もうすでにこの現場が完成していると思うのは大間違い。まだまだ可能性はいっぱいある。いっぱい工夫するところがある。そうしたものを発見していけるかどうか、これからの世代にとってとても重要な課題だろう。

ぼくが経験して、ぼくがもっている技術を伝えるということはある意味あるのかもしれないけど、みなさんは誤解していることが一つあって、それは、もうすでに完成しているという意味で、勘違いしてはるね、障害者の制度や自分たちの取り組みについて、いっぱい工夫するところがあると思う。すごくある。途上だよ、ほんとに途上だよ。……それこそ、作業所［や事業所］の中で火をともしてな、障害者も健常者もいっしょにさ、もっと努力をして考えていったら、もっと可能性はいっぱいあると思う。うん。

［文献］

ゴリラH（2010）渡邉による二〇一〇年三月、四月、八月のインタビュー記録

在宅障害者の保障を考える会（1985）「重度者の自立と介護保障〈その経過と現状そしてこれからの問題〉」

新田勲（2008）『足文字は叫ぶ！』全国公的介護保障要求組合

三井絹子（1996）『私のいた施設の実態』第二版（初版は1978）ライフステーション「ワンステップかたつむり」

山下幸子（2008）『「健常」であることを見つめる』生活書院

横山晃久（2004）「公的責任の追求――障害者の介助保障とは何か」『季刊福祉労働』第一〇四号

横塚晃一（2007）『母よ！殺すな』生活書院

第6章

障害者自立生活の現在的諸相

介護者・介助者との関わりのあり方から見て

障害者の自立生活は近年大きく進展した。第3、4章で見たように、九〇年代以降の時代の流れが自立生活の量的進展に大きく影響している。八〇年代の終わりには、全国公的介護保障要求者組合や自立生活センターなどがすでに成立し、介護保障運動の骨格はこの時点でほぼできあがっている。その後、社会福祉基礎構造改革などの時代の流れにも棹をさし、介護料や利用時間数、そして介助者の数などが大きく伸びていった。そうした制度的保障の上に、自立生活をする障害者の数も増えていった。特に二〇〇三年支援費以降は、自立生活センターなど当事者団体の運営する居宅介護事業所を通じた介助者派遣の仕組みも定着し、長時間介護が保障されていく中で障害者の自立生活も定着していった（もちろん、そうした自立生活が定着している地域は、全国的に見たらごくわずかである。今後も各地域で障害当事者による運動が確実に必要である）。

そして、自立生活のための制度的保障が整いつつあり、自立生活が一般化・大衆化しつつある中で、そこに見られる自立生活の様相もかつて障害者運動の中で言われていたものから変化、変質ないし進化していかざるをえないだろう。また、これまではさしあたり施設や親元を出ることが自立生活運動の一つの目的であったが、これからは自立後の社会生活のあり方もいろいろと議論に上ってくるであろう。そうした意味では、障害者の自立生活運動も一つの転換点にきているように思われる。

障害者の自立生活は、第3、4章で見たように運動の立場によりさまざまである。そこにおける健全者・介助者・介護者と言われる人々の立場もさまざまである。立場や考え方により障害者の自立生活のあり方や様相は変わってくる。歴史的に見ても、それは絶えず変化してきている。

現在、障害者の自立生活と言えば、自立生活センターを通して、そこを中心として営まれる自立生活のあり方がもっとも代表的なものだろう。自立生活センターが障害者自立生活運動において切り開いてきた地平はきわめて広大である。しかし、現在においても障害者の自立生活は自立生活センターを土台としたものだけに限らない。障害者の自立生活の様相は様々である。同じ自立生活センターという名前をもつ組織でも、その団体のルーツや特徴によって、障害者の自立のあり方、そして健常者・介助者・介護者のあり方には相違がある。

筆者は日本でもっとも古い自立生活センター（京都の日本自立生活センター）で活動しており、またたまたまかりん燈の活動を通して、様々な障害者の自立の運動や自立生活センター、そして個々の障害当事者たちに接してきた。その筆者の目から感じるのは、障害者の自立生活のあり方は決して一つのタイプに収束されるものではない、ということだ。ピアカンや自立生活プログラムの講座を土台とした自立生活もあれば、そうした講座からは距離をおく自立生活もある。障害当事者が事業所に頼まずに自分で介護者の確保・育成を行う自立生活もあれば、自立生活センターの運営する事業所に介助派遣を託したかたちでの自立生活もある。センターという組織・集団を大事にする自立生活もあれば、個々人の意向をより強く重視する自立生活もある。介助者を大事にする自立生活もあれば、介助者を大事にしない自立生活もある。

今そのどれが正しくてどれが正しくないという意見を述べたいわけではない。一方には他方に欠けているものがあり、どれか一つが正しいという決めつけは、かえって自立生活の豊かさや多様性を細らせていくだろう。

けれども、障害当事者も健常者もそうした自立生活の多様性に触れる機会はあまりない。自分の属している組織や自分の接している目の前の障害者や介助者だけを見て、障害者の自立生活を評価・判断してしまいがちである。

九〇年代以降主として自立生活センターを通して障害者の自立生活が社会に広まっていったが、自立生活の多様性についての議論がなされることはあまりない。けれども、社会の時代状況や障害の特性、あるいはそれぞれの地域の特性、また個々人の思想や考え方などによって、自立生活のありかたも様変わりするのは当然のことだ（もちろん、大きな意味で自立生活運動の発想の根本は守らなければならないと筆者は思う。たとえば施設の中でも自立生活はありうるという考え方には筆者は反対である）。

以下、この章では、筆者が目にし耳にした限りでの障害者の自立生活の諸相を、特に介助者・介護者との関わりのあり方という視点から、見ていきたい。第3、4章で見たようなこれまでの運動の歴史を踏まえた上で、また現在の運動の実践を筆者が見聞した範囲で、障害者の自立生活にどのようなあり方・タイプがあるのかを筆者なりに整理してみる。言ってみればこれは、大文字の自立生活運動（ＩＬ運動）を、諸々の自立生活（independent livings）のタイプへと複数化、多様化していく試みでもある。

障害者の自立・自立生活は歴史的に様々な変遷をたどってきた。障害者の自立・自立生活はその都度進化している。今新しい転換点にわたしたちがたっているとしたら、次の時代を考えていく上で、以下の議論が参考になればいいと思う。

なお、現在のところ、障害者の自立生活運動に対する右のような観点からの考察はあまり前例がない。筆者も手探り状態で書いたあくまで試論であり、視野も限られているし、検証も不十分である。その点ご寛恕いただきたい。

1　障害者の自立生活と介助者・介護者の位置

障害者の自立生活のあり方によって介助者のあり方も変化する。運動の立場によって介助者・介護者・健全者のあり方に変化があることは、第3、4章で見た。今現在、障害者の自立生活は主としてどのような理念のもとにあり、また介助者はどのような立場におかれているだろうか。

まず、第3、4章で見た運動における介護保障のあり方、介助者・介護者の位置を大雑把に整理してみる。

a　介助者に極力頼らず、できるだけ福祉機器等を活用して自立生活を営む方向性（東京青い芝の会など）

b　健全者すべてが介護者であるとし、特定の介護者に介護を任せる方向はとらない考え方（神奈川青い芝の会など）

c　健全者は友人であると同時に、健全者＝差別者という自覚にたって障害者の手足となるという考え方、障害者解放運動（全国青い芝の会、ゴリラなど）

d　障害者の介護保障＝介護者の生活保障というところで障害者と介護者の双方が双方の生活を看合い、そのために行政に介護料を保障させるやり方（要求者組合など）

e　介助を有償パートタイム労働と見なし、障害者が直接介助者に金銭を支払い、その時間分の介助を介助者に責任もって行なわせる考え方（かつてのヒューマンケア協会など）

f　障害当事者がホームヘルプ事業を運営し、正職員の健常者スタッフと複数の登録介助者とを

労働者（ないし有償ボランティア）として雇い、個々の利用者に介助者派遣を行うという考え方（現在の多くの自立生活センター）

（g　行政から障害者に介護料が直接支給され、障害者自身が雇用主としての責務を負いながら介助者を直接雇用するダイレクトペイメント［デンマークのオーフス方式など］）

このうち、ａとｂは今現役の介助者には直接関わりはないかもしれないが、少なくとも理念的にはその考え方をおさえておきたい。ｃはかつての障害者解放運動の姿であり、現在でもこの理念のもとに生きている障害者、健全者は少なからずいる。ただ、高齢化とともに、解放運動の理念のもと無償介護で暮らす障害者は年々減っている。その理念と生きる姿はここでもきちんととりあげるべきだが、以下の記述では、筆者の経験の限界と論述の都合により割愛せざるをえない。ご寛恕いただきたい。

さてｃまでは無償だがｄ以降は有償である。ｄはかつて障害者介護保障運動の中心であったが、今は人間関係の行き詰まりや狭さ（逃げられなさ）により、勢力を落としている。ただし東京都の多摩地区ではこの考え方を受け継いだ自立生活センターが大きな力をもっており、特に知的障害者の自立生活を強力に進めている。ｅは現在の登録介助者たちのはしりでもあるだろうが、施設入所者等でボランティアが見つからない人がこの自費による有料介助システムを利用している場合もある。fの事業所方式は現在の介護保障の基本的なかたちだろう。今、介助者たちはどこかの事業所に属して働いているし、利用者たちはどこかの事業所と契約して介助派遣を受けている（gは現在の日本では採用されていないシステムであるが、欧米各国の自立生活運動では介護保障の一つの目標的なあり方である）。

現在の日本では、（少なくとも介護保障の面で見る限り）ヘルパー事業所が障害者の自立生活の母体である。だからfのあり方が基本である。その際、dのように介護者の生活保障を大切にするかeのようにパート中心でやっていくのか、どちらのあり方を重視するかで事業所ごとに違いがあると思う（第4章でみたように、自立生活センターも、ILP・ピアカン派か介護保障派かによってその性格が異なる）。そして障害者の自立生活のあり方も、介助者のあり方もこの事業所の理念や考え方に規定される。かつて事業所などがない時代は、まさしくガチの人間関係やつきあいによって自立生活が成り立っていた。そこには人間関係をとりもつ上での苦労等があったが、今は事業所にそうしたことを仕事としてやってもらえるようになった。事業所が介助・介護についてどのような考え方をもっているかによって、ヘルパーの働き方や利用者の生活もそれなりに規定されていく。

現在の自立生活運動においてその代表的存在となっているのは自立生活センターである。確かにその実績と実力は日本一である。近年では二四時間介護保障はほとんどの場合、自立生活センターを中心にして達成されているだろう。ある程度力の強い自立生活センターがある地域は介護保障が充実している地域である。逆に言えば、自立生活センターのない地域は介護保障がきわめて弱い。自立生活センターの力が弱い地域も介護保障が薄い。ＡＬＳなどの最重度の障害者の地域生活も自立生活センターとの連携が大きな頼りである。

そしてその自立生活センターはたいていの場合ホームヘルプ事業をその運営の基盤としている。もちろん自立生活センターは介護派遣だけをやるところではない。むしろ介護派遣より以前に、自立生活プログラムやピアカウンセリングの提供、あるいは障害者のための各種イベントなど、ともかく障害者のエンパワメントにつながる企画を行い、そして障害者の自立生活へとつなげていき、継続的に自立生活をサポートしていくのが重要な使命である。その一環としてヘルパー派遣があるにすぎない。けれども、財政的にはホームヘルプ事業が大きな支えとなっている。

特に二〇〇三年以降、そのやり方が定着した。新たに自立生活センターを立ち上げる場合は、ともかく法人資格をとってホームヘルプ事業をやるのが通例である。しかし自立生活センターにおいてホームヘルプ事業が前面に出てくるとしたら、それは自立生活センターの本来の姿ではないかもしれない。世界的に見れば、自立生活センター（ＣＩＬ）はホームヘルプ事業にあまり手をそめないように思われる。アメリカ等の自立生活センターでは、介助者（アテンダント）の紹介は行うが、派遣事業は行わないところが主流である。ＣＩＬで理想とされる介護保障の形態は基本的には、事業所を通しての介護保障（事業所方式）ではなく、むしろパーソナルアシスタンス・ダイレクトペイメント方式である。このパーソナルアシスタンスやダイレクトペイメントについては後で述べる。

2　自立生活のあり方と介助者・介護者との関係性との相関図

まずここでは、障害者の自立生活と介護保障の関係をめぐって一枚の図を提示したい。すでに述べたように、障害者の自立生活における介助者との関係は決して一枚岩ではない。ヘルパーを使って自立生活している人もいれば、ボランティアを使って自立生活している人もいる。そのヘルパーも、自分専用のヘルパーの場合もあれば、団体内で共有のヘルパーの場合もある。また自立生活においてヘルパーと親密な関係をとり結んでいる人もいれば、ヘルパーをあくまで自立生活の手段とみなしている人もいる。介助者と利用者の関係がどのようなものであるかは、事業所の考え方によって大きく規定される。

そして、自立生活の形態は何も事業所方式と限ったわけではない。現在の日本ではほとんど

自立生活のあり方（たて軸）と介助者・介護者との関係（横軸）

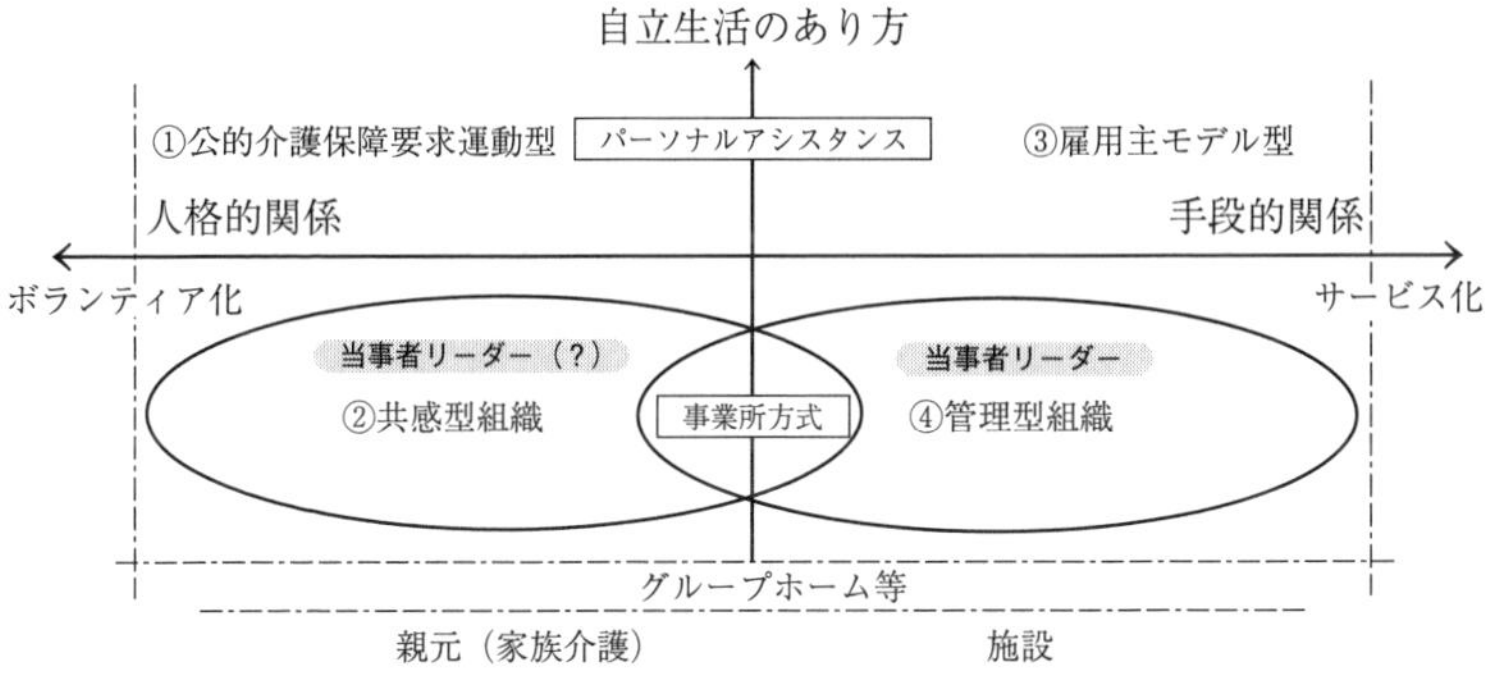

見られないが、欧米ではパーソナルアシスタンス・ダイレクトペイメント制度による自立生活が一つの基本である。かつては日本でもパーソナルアシスタンス・ダイレクトペイメントのシステムが採用されていた。介護料要求運動における介護保障のあり方はそのシステムであった。全身性介護人派遣事業、生活保護他人介護加算、自薦ヘルパー方式（介護券による換金）はどれも障害者と介護者相互の関係において行政から介護料が支給される仕組みであった。その場合、障害者個人が介護料を差配することができた。現在では代理受領という名のもとに事業所にお金がおりるようになってしまったので、お金のやりくりをできるのは事業所経営者だけである。今のところ日本ではダイレクトペイメントの議論はいったん棚上げされてしまっている。

さて、自立生活のあり方（縦軸）と介助者との関係（横軸）を図のように見てみる。自立生活は、事業所方式によってある程度介護保障に関する部分を事業所にまかせて成り立っているか（事業所方式）、あるいは介護保障の責任を介護料の差配から介護者の確保・育成まで含めてやるパーソナルアシスタンスシステムによって成り立っているかで、その幅がある。通常は、上にいくほど自立していると見なされる。また横軸の介助者との関係について言えば、双方が双方の存在を大切に考える人間関係重視型から、金で割り切った関係、ただの仕事上での関係という、手段的（非人格的）関係までの幅がある。自立生活センター（ＣＩＬ）は、介助者との関係において有償サービスや契約関係を前面に出すため、基本的には金で割り切る手段的関係の方に傾斜している。

事業所方式の右側に管理型組織、左側に共感型組織と書いて大きな楕円を描いた。両者はもちろんかぶっている部分があり、厳密にどっちがどっちと分けられるものではない。ある種の理念系であり、完全に共感型の組織も完全に管理型の組織もないだろうが、組織内での障害者と介助者との関係について、あくまで介助者を手段とみなすか、あるいは介助者を共に生きる同志とみなすかで大きな違いがある。

現在日本の自立生活センターで多くみられる形は、図の右側の管理型組織だと思う。障害者の自立生活も多くの場合そこに属するかもしれない。しかし、昔ながらの運動の伝統の強かった団体や地域では、左側の共感型組織が多く見られるように思う。

そして、介助者から見れば、どの自立生活に関わっているかによって、事業所や利用者から求められるものが異なってくる。共に生きたいと強く願っている人からすれば、右側のセンターにいったら肩すかしをくらうだろう。お金がもらえたらそれでいいと思っている人からすれば、左側の組織で要求される人間関係は重たいものであろう。

利用者から見ても同様のことが言える。介助者との人間関係を大切にしている人は左側の組織に属していた方がいいだろう。介助者との人間関係をうざいと思っている人は右側の組織に属した方がいいだろう。

さて次に、図の四つの領域の自立生活のあり方についてもう少し詳しく見ていきたい（なお、図の①、②、③、④の領域と、先に見たａ、ｂ、ｃ……の整理は必ずしも一致しない。図の枠内はいちおう有償介護を基本としている。テーマ設定としては、従来よりよく言われた「金か人間関係か」ではない。むしろ、金が支払われる中で、いかなる人間関係［介助関係］がとられうるか、である。それは、健全者・介護者・介助者の立ち位置にも関わるし、また、介護、介助という仕事［労働］の意味にも関わる。以下の論述ではそのことを念頭においていただきたい。ちなみに①はｄの介護料要求運動、③はｇのデンマーク・オーフス方式がモデルとなっており、また②と④はｆの事業所方式であるが、②はｄ→ｆという流れを、④はｅ→ｆという流れを主としてイメージしている。ただし、この図は現在の自立生活における介護保障のあり方と介助者との人間関係の理念型であって、必ずしもそうした歴史の流れにはとらわれなくてもよい)。

3 それぞれの自立生活と介助者・介護者のあり方の特徴

(1) 公的介護保障要求運動型自立生活

ここでイメージされるのは、かつての介護料要求運動で見られた新田勲の言う自立生活のあり方である。新田は介助・介護について「サービス」という言葉を使わない。新田にとっては、有償介助サービスで見られるような、お金をいくら払うから、その分の介助をやってくれ、という感覚はない。障害者と介護者の関係はお金を介しての契約関係ではなく、いのちを守るという点で結びついた関係である。だから介護者は障害者のいのちを守り、また障害者も介護者の生活を守るために介護料を支払う。介護者との人間関係は障害者にとってはいのちと自立の基礎であり、新田の言う「自立生活とは、障害者と介護者双方がお互いを思いやる関係のなかでつくられていくもの」である。(新田 2009:11)

介護者が不足すれば、障害者とその介護者とで介護者を探していく。[略] そのやり方のほうが、介護者がいないと生活やいのちそのものがなくなるので、障害者自身が真剣に介護者探しをするなか、人との関係も広がり、そういうところでは真剣に介護者の身分保障を考え、［略］双方が理解し合っていくという関係ができてくるのです。（同：169）

そこでは自立したからと言って、さびしいからと言って、酒におぼれたり、テレビに明け暮れたりしている時間なんてまったくないのです。自分の生活である以上、自分の介護者は自分で探して擁して、生活も介護料のお金も自分で管理して、自分で判断して使い、介護料も介護人も、その自分の生き方に沿った使い方をしていくのが、介護保障なのです。（同：169）

これが新田の言う「自立生活」である。介護者に自分のいのちを看てもらう代わりに、新田も全力で介護者の身分保障を考え、そして自分の介護体制について考える。そしてその場合「自立生活を支えるために行政が障害者に対して直接、介護料を支給する仕組みが大前提になります」。そしてこの仕組みが、新田の言う「パーソナル・アシスタンス／ダイレクト・ペイメント」である。（同：11）

だから介護料は、障害者が自らの生き方を自らが選び取る自立生活の保障である。新田にとってはこのダイレクト・ペイメントのやり方こそが自立生活である。

ところが、支援費制度以降事業所方式の普及の中でこの新田のやり方は採用されがたくなっている。介護保障が原則事業所を通じてなされることになり、介護料も障害者のところにではなく、事業所に代理受領というかたちでおりるようになったのである。

「措置から契約」と、さも障害者の人権を尊重したかのように、謳い文句にしてつくったはずですが、それならなぜ、介護料の支払いを行政→事業所→ヘルパーへと障害者の目にも触れず、処理されていく仕組みをつくったのか。このことは障害者のいのちや自立生活の尊厳を無視した行政の法則に過ぎません。介護料という保障は、障害者自身のその手足を動かして生活していく保障イコール介護者の生活保障です。それなのになぜ、介護料だけが障害者の目の届かないやり方で、障害者の目の前を素通りするような仕組みなのか。このことは介護保険でも言えることです。介護を行政や事業所で決めた枠しか、ヘルパーが来てもやれない仕組みこそがそもそも間違っているのです。誰が生活していくのですか。動きの取れない障害者なのです。（同：234）

このように新田は介護保障の事業所方式には批判的である。またこの事業所方式によってそれまで大切にしていた介護者との人間関係も蔑ろにされるようになったと言っている。

介護にあたるヘルパーとの関係においても、その介護料は行政から事業所に下りて、障害当事者とは関係のないところで、事業所がその介護料を勝手に使います。そういうところで、自立障害者に事業所からヘルパーが派遣される関係のなかでは、ヘルパーと少し雰囲気が悪かったり気に入らなかったりすると、事業所にヘルパーの交代を申し出て、次々と自分に都合のいいヘルパーに依存するという、自立とは名ばかりの「自立」生活になっているのが今の事業所の現状だと思います。（同：11）

これまで自身が責任をもって自身の介護者を探して擁して、介護料の支払い等もすべて自分の考えで行なってきた新田の立場からすれば、現在の事業所方式の自立生活は名ばかり自立生活である。新田は利用者がヘルパーをとっかえひっかえするようになったこと、そしてヘルパーもサービス業として割り切るようになったことに憤っている。

派遣された介護者のほうも、時間給いくらという契約ですので、そこに介護に行って、その介護を契約どおりにこなして、時間どおりに帰っていく、このような介護料と障害者の関係では、障害者の福祉に理解をもたせていくこと自体、不可能なのです。（同：173）

さて、新田の自立生活のやり方が運動としては行き詰まりを見せたことも第4章でふれた。狭い人間関係の中で専従介護者ときつい人間関係を乗り越えていかねばならないため、高橋修等の障害者自身も精神的に参ってしまっていた。だから、センターをつくって介助者を確保する仕組みが求められた。「高橋さんもその当時立川で在障会とかをやってたんだけど、すごい介護者とのやりとりに消耗していて疲れたというのがあって、で、このまま一対一の介護者をやっていたらそれこそ自分の身がもたないし、そういうことができるのは一部の障害者にしかできないから、なかなかこの過酷な介護関係というのを標準化できない。だからその代理をできるセンターが必要だろうということで、高橋さんなんかはそこからセンターに傾斜していった」。（本書二七一ページ）

だが、このやり方の中に日本の介護保障運動の原点があることも忘れてはならないと思う。そして新田ら要求者組合は現在でもパーソナル・アシスタンス制度の創設を訴えている。

(2) 共感型組織での自立生活

東京の自立生活センターに二種類の流れがあることはすでに述べた。すなわち中西正司らのＩＬＰやピアカンを重視するタイプのＣＩＬと、世田谷や立川、田無などでできた介護保障派のＣＩＬの二つの流れである。同様のことをかつてのＪＩＬ代表の樋口恵子も次のように述べている。

ヒューマンケア協会をモデルとして、新しく仲間を募り、サービス提供型の自立生活センターをスタートさせた当事者組織、また、これまでヘルパーや介護料闘争など、行政に対して介護保障の交渉を続けてきた運動体、あるいは生きる場・作業所として運営してきた当事者団体が、自立生活センターへと変化してきた組織として分類されます。（樋口 2001：17）

ここで「生きる場・作業所」をつくってきた当事者団体というのは、主に大阪の運動体を指していると思われる。大阪の運動は、七七年の「緊急あぴいる」以降、障害者・健常者が協力して組織的によりたくさんの障害者の自立を目指していこうとするものであった。その過程で、地域で生きていくための拠点として「生きる場・作業所」が設けられていき、また重度身体障害者のためのグループホームも、自立生活へのステップとして設立された。大阪の自立生活センターは、新しいところもあるが、古くからのそうした運動母体の上につくられたところが多い。筆者の実感だが、大阪の運動は、障害者と健常者が一緒にチーム（団体）をつくり、運動をもりあげていく、という印象が強い。少人数であれ集団生活となるグループホームについては、東京の自立生活運動などでは否定されてきたが、大阪では障害者相互の仲間作りの場として積極的に肯定されてきた。イメージ的には東京の方が個人主義を重視するのに対して、大阪の方が共同体主義を重視するように感じる。そうした意味で、大阪の自立生活センターは左側よりの共感型組織が多いようにも思われる。

さて、介護保障派の自立生活センターということで、ここで具体的に筆者がイメージしているのは、多摩地区にある自立生活センターグッドライフや、自立生活企画などである（日本の二四時間介護保障発祥の地）。障害者と介助者の関係の作り方において、明らかにヒューマンケア型の作り方とは一線を画する。CILはもともとアメリカ由来の消費者主義的発想をもっており、その意味ではヒューマンケア型のCILの方がより本流に近いとは言えるだろう。介護保障派は介護者との関係を先に述べた新田の作り方から学んでおり、介助に関して金で割り切るとか、時間で割り切るという関わり方をせず、その点でCILの考え方には適合しない。

しかしながら、全国の自立生活センターにおいて、知的障害者（重度の行動障害の知的障害者も含めて）の自立生活を展開しているのは、このタイプの自立生活センターにおいてだけなのである。その点は重視しなければならないだろう。介護保障の規模も並はずれている。財政規模、派遣時間数などで言えば、グッドライフおよびその関連団体（ピープルファースト東久留米や連携している周辺事業所など）の総規模は全国の当事者団体の中でも一、二を競う（通所やショートステイ、ケアホーム等も含む）。JILや全国障害者介護保障協議会も知的の自立生活支援のあり方に関しては基本的にこちらのセンターに預けている。

その関係の特徴や介助者のあり方を少し詳しく見ていく。まず介助における責任の所在について。

通常の自立生活センターにおいては、介助の責任を当事者にもたせていく。それによって当事者管理を遂行できるからだ。介助者の側に責任をもたせることは、当事者の生活の束縛を招くと考える。自分の責任で介助者に指示を出し、行動する。介助者にイニシアチブを取らせない方法である。世間のヘルパーにはなかなか理解できないし、施設の職員にはまったく理解できないあり方だろう。施設の場合は、障害者はまったく責任のとれない存在とされ、常に問われるのは施設の管理責任となる。それが施設の役目だし、障害者の生活を適切に管理するのが職員の仕事だから仕方がないわけだが、それによって障害者の生活は施設においては著しく制限される。それを脱するためには当事者が自らイニシアチブをとって、自分の生活と行動に責任をもっていかねばならない。通常の自立生活センターの介助者ならばそこまでは理解できる。

しかし知的障害者の介助に入るときは、それでは通用しない。当事者にすべての責任をもってもらい当事者の指示に従って介助をするというのでは、行動障害のある障害者は生きていけないだろう。駅のホームに設置してある警報機を鳴らさないと気がすまない人の介助に入るとき、どうしたってその人の行動を制限することになる。糖尿病のおそれのある人の介助に入るとき、止めないと命にかかわることになる。そういうとき、当事者にすべて責任をとってもらうというわけにはいかない。けれど、当事者にだって何らかの責任はあるだろう。当事者の責任はどのくらいで、介助者の責任はどのくらいか。

こういう場合、ちょっと考えると五〇対五〇くらいかな、と思うかもしれない。けれど、彼らの考えでは、障害者の責任と介護者の責任は一〇〇対一〇〇だと言う。どちらもちゃんと責任もって事にあたらないといけないという。「利用者にはもともと常に人としての責任、生活の主体者としての責任があり、介護者には仕事として介護をする上での責任があるのです」（末永 2008：209）。「どんな場面でも利用者やそのまわりの状況に対して、一〇〇％自分ができる限りの責任を果たしていく、それが介護者としての基本姿勢だと思います」（同：210）。

つまり介護者は利用者の主体性や責任、利用者の人としての存在を一〇〇％認めながら、同時に自分も責任もって判断しながら相手と関わり介護に入らないといけない。だからこの場合、お互いに人間としての存在そのものが認められながら介護にあたる、ということになる。その際に当然ながら「介護者の自立」ということもここでは言われている。

自分の責任できちんと判断ができる介護者を育てていくという意味でも、障害者の自立を進めていく事業所は、同時に介護者の自立も進めていかなければ成り立ちません。ここで言う介護者の自立というのは一つには親元からの自立であることはもちろんですが、もう一つには考え方の部分で経験を積んで、利用者の意向も事業所の意向も十分に理解しながら、そのどちらの意向に従うのでもなく常に自分自身で判断ができる介護者、これこそが自立した介護者のイメージです。

（同：211）

介護において介護者の自立と責任もきちんと果たしていかねばならないとしたら、こうしたセンターでの介護は、単なる「利用者の指示に基づく介護」ではない。そこでは「利用者と介護者の関係に基づく介護」と呼ばれる。こうした介護は双方が相手の存在を認め合った上でないと成り立たないだろう。さらに介護者には利用者の生活をトータルに見て支援をする、ということも必要となる。

非常に興味深いのは、こうした支援をする介助者に望まれるのは、管理型組織において介助者に望まれるものとまったく異なるという点だ。ここではすべて書けないので、『良い支援？』第６章「当事者に聞いてはいけない――介護者の立ち位置について」を機会があったら読んでみてほしい。とりわけ、当事者主体の組織で働いている介助者たちにとってそこに書かれていることは新鮮だろう。当事者主体の組織では、介助者は「利用者の指示」を聞いて介助をする、ということが徹底されるし、遅刻などは厳しく戒められる。しかし、ここで末永が述べているのは、「当事者に聞いてはいけない」とか「遅刻しない介護者にいい介護者はいない」という法則についてなのである。

介助をやりはじめのころは、確かに当事者に聞く、遅刻を絶対しない、ということを徹底して守る。しかし、実は長く介助・介護に入っていると、長続きする人間関係というのはそういうもんでもないんだなぁ、と多くの介助者は内心気付いていく。そこに気付けないタイプの介助者はだんだん介助がしんどくなっていくことが多い。これは管理型組織の介助者にも何ほどかあてはまる。だからといって時間にルーズになっていいとか、当事者の言うことを聞かなくていいと言っているわけでは決してない。けれども、介助・介護を長くやっている人にこの話をすると、なるほどなぁ、とほくそえまれることがけっこう多い。表立っては語られないけど、こうしたところには言葉にされにくい介助者としての秘訣があるのだと思う。

また、介護者の働かせ方の点でも「時給制では良い介護者は育たない」ということが言われる。つまりある程度利用者の生活をトータルに見て支援するということが必要となってくるため、介助が必要なこの時間だけ介助してください、というパートタイム的な介助サービスにはならない。たとえ週一回でも、毎週同じ曜日同じ時間に介護に入ってもらい、月給制で支払うことにしている。つまり長いスパンで相手の生活を責任もって看ていき、そして介護者もその分の生活費が確実に保障されるという関係性に主眼がおかれる。

この考え方は、日本の障害者の介護制度を形作ってきた新田勲氏などが、自立生活センターができる以前から個人で行ってきた「専従介護」方式に習っています。［略］この方式の基本的な考え方は、障害者と専従介護者がお互いに相手の生活に責任を負うというものです。この考え方はその後全国的に広がった自立生活センターが採用している消費者主義の思想とは大きく異なっています。自立生活センターでは、介護制度という金銭を媒介として、利用者である障害者が事業所や介護者を選択していくという考え方から、利用者が必要に応じて時間で介護者を雇っていくという時給制が採られています。その中で利用者はある介護者が気に入らなければ人を替える、逆に介護者もある利用者の介護が大変だと思えば別の利用者に移る、そのように双方がお金を媒介として選んでいくという現象が進行していきました。（同：216）

おそらくある程度部分的な介助で自立生活を営んでいける人々には時給制の介助者でいいだろうが、しかし生活全般にわたってトータルに支援が必要な人の場合はなかなかそうはいかない。ＩＬＰやピアカンを通じて個人の自立生活能力を高めていくのは大切なことだが、そこにも限界がある（知的障害の人だけでなく、身体障害の人たちも、それまでの生育環境や教育環境によっては生活設計に対して多くの支援を必要とする）。そのとき時給制の介助者ばかりでは生活していけなくなってしまうだろう。

さて、こうした介護者との関係性に基づく介護のあり方にもある種の限界がある。人間関係に基づく介護に多くの場合伴う人間関係の行き詰まりの問題が、やはりそこにも見られる。「当事者が同じ場所や支援者としか関わることができないと、息苦しさが極限まで達してしまう危険があります」（ピープルファースト東久留米 2010：132）。そうした中で、最悪の事態が生じる恐れもある。

このスタイルの自立生活には、どこかに理想的な解決モデルがあるわけではない。障害者、健常者ともに双方が日々混沌と喧騒の中にいる。むしろそうした混沌と喧騒を積極的に肯定し、その中を歩んでいくところが、このスタイルの特徴とも思う。きれい事の答えを求めず、日々右往左往するのが好きな人々、せざるをえない人々は、次第にこうしたスタイルへと傾斜していくのであろう。

（3）ダイレクトペイメントシステムによる自立生活

自立生活センターの介助者は、障害者に対して被雇用者の立場に立つ。当事者と介助者をめぐるこの力関係は、重要な意味をもっている。（中西・上野 2003：137）

ボランティアに頼ることはやめて、有料の介助者を使うことにしよう。資本主義社会の論理を逆手にとって、障害者が雇用主になって、介助者の雇用と解雇権をもつ。そこではじめて、毎回遅刻してくるボランティア気分の介助者に、障害者自身の口から苦情を言うことができる。（同：137-138）

中西正司がこう述べているように、自立生活センターの考え方においては、障害者は「雇用主」の立場に立つ。そして介助者の雇用と解雇権をもつ。それは一般に「雇用主モデル」とも呼ばれ、そのあり方が自立生活センターでは推奨されている。

この「雇用主モデル」はしかし、単純な意味での「利用者主体」とは違う。往々にして一緒くたに考えられており、多くの人がそこの区別をあいまいにしたままにしているが、この二つはわけて考えるべきだ。雇用主モデルには介助者を雇うということの責任が伴う（責任が伴うため雇用主になるためにはそれなりに教育や訓練も必要）。しかし、単なる利用者の立場では、介助者に苦情を言うことはできるが、介助者を雇う権利もくびにする権利もない。

ファミレスやコンビニの従業員に対して、客がいくらくびだといってもくびにできないのと同じである。近年の自立生活センターにおいても、そのあたりの区別を厳密に考えてこなかったように思われる（自立生活プログラムにおいて、障害者は介助者の社長であると説かれるが、実際には社長ではない。社長になるとすれば日本の今の制度においてはみずから起業し事業所を運営する場合である）。

この雇用主モデルは、パーソナルアシスタンスとダイレクトペイメント制度によって成立する。これは欧米の自立生活運動の中で推奨され確立されてきたシステムである。障害者権利条約においても「障害のある人が、地域社会における生活及びインクルージョンを支援するために並びに地域社会からの孤立及び隔離を防止するために必要な在宅サービス、居住サービスその他の地域社会支援サービス（パーソナル・アシスタンスを含む）にアクセスすること」（第19条）と述べられているように、パーソナルアシスタンスが明示されている（ただし、ここで言われているパーソナルアシスタンスは以下述べるような狭義のパーソナルアシスタンスではなく、より幅広い意味で捉えるべきという解釈もある［崔 2008: 203］）。

パーソナルアシスタンスとだけ言うと、わりと幅広い概念である。その意味を広くとって、「個人支援」「個別支援」とでも訳せば、ごく当たり前に今どきは施設でも言われるような考え方である。狭義にとれば、パーソナルアシスタンスは、ダイレクトペイメントのシステムを伴って、障害者個人が求人募集をして自分専用の介助者を雇い、育成し、確保するシステムのことを指す（介助者を雇うための金銭が行政より障害者に直接給付される）。通常のホームヘルプシステムでは事業所に金がおりて、事業所が介助者を雇い、そこから各利用者のもとに派遣されるが、このパーソナルアシスタンスはそうした介助者管理を障害者個人が行うシステムである。さきほど、自立生活センターでは障害者は介助者の雇用主となる、という言葉を紹介したが、厳密な意味ではこのパーソナルアシスタンス／ダイレクトペイメントのシステムが導入されてはじめてそれが言えるようになる。日本ではまだこのシステムが導入されていないので、自立生活センターでは利用者が介助者の雇い主となる、という言葉は今のところは不正確である（それが言えるのは今のところ事業所を経営している経営者としての障害当事者だけであろう）。もっとも、支援費制度がはじまる以前は、全身性介護人派遣事業や生活保護他人介護加算、そして自薦登録ヘルパー方式の活用によって、多くの人が介護者管理を含めて自分でやっていたので、かなりパーソナルアシスタンス／ダイレクトペイメントのシステムに近かった（ただし、障害者と介助者の関係は雇用契約ではなかった）。現在では重度訪問介護がそれらの制度の延長にあるので、一番パーソナルアシスタンスに近いサービス類型である。

さて、自立生活運動においては、パーソナルアシスタンス／ダイレクトペイメントによる雇用主モデルの自立生活が一つの目標である。しかしこのシステムを利用するには障害者自身にそれなりに高いハードルが課せられる。つまり、今は事業所に頼めば介助者は派遣されてくるが、介助者の確保、育成から給料の支払い、そして介助者の労働時間の管理や休暇の確保などを自分の責任でやらなければいけない。たとえばデンマークでパーソナルアシスタンス制度を利用する条件は次のようなものである。（片岡 2006）

①雇用主として介助者の人事管理ができる者。
②教育・就労・ボランティア活動など、何らかの社会的な活動を行っていること。
③常に介助者が必要なほど重度な障害があること。
④一八歳以上、六七歳未満であること。

あるいは、スウェーデンでは次のような利用者教育が自立生活協同組合（ＳＴＩＬ）においてなされている。

［ＳＴＩＬでは］利用者が介助者のスーパーバイザーとなれるよう、介助者管理力を獲得できるよう一〇日間の教育プログラムを実施している。たとえば、自らのニーズの評価力や、介助手当を申請し、支給を獲得するための主張力、自らの生活の質を高めるために介助者を活用していく力、具体的かつ全体的に介助者を管理する力などを高めるためのプログラムである。介助者の雇用主としての責任能力を高めるための訓練（労働組合との合意や労働法に規定された介助者の雇用状況、雇用の場での安全性と健康に関連した法的知識の習得など）もなされている。（定藤 1997）

もっとも、同じ北欧でも厳密に雇用主モデルを採用しているのはデンマークであり、スウェーデンにおいては若干責任の度合いが緩められている。

デンマークの場合は、雇用主として介助者の人事管理責任は当事者に課されていますが、スウェーデンの場合は、希望すれば、後見人や当事者の協同組合が運営するヘルパー派遣会社、民間会社、市当局などに人事管理などの責任をすべて委託することができます。（片岡 2006）

［スウェーデンにおいては］介助者の「雇用主」は当事者のみではなく、市当局に認定された派遣団体である「事業主」でもよく、その場合は、当事者は「職場リーダー」の役割として、おもに「仕事の指示」機能に専念することになり、人事や給料管理は介助者の派遣団体が一括して担うことになる。（片岡 2007）

デンマークのやり方はオーフス方式と呼ばれ、もっとも当事者の責任と能力が重く問われるシステムであり、人事管理能力を遂行できない人々、たとえば知的障害のある人などにとってはこの制度を利用することは困難だが、スウェーデンでは条件がゆるめられているため、知的障害者等もこの制度を利用可能である。

いずれにしても北欧では日本の当事者団体においては考えられないくらい労働者保護規制にシビアである。

さて、こうした責任や条件を伴ってまで、なぜ自立生活運動においてはパーソナルアシスタンス／ダイレクトペイメントが求められたのであろうか。そこには、通常のホームヘルプ制度の限界という問題がある。通常のホームヘルプ制度では、利用者は介助者を選ぶことができない。そして介助者は事業所のルールに従って動く。日本では特に介護保険の事業所に典型であろうが、各事業所にヘルプの禁止事項一覧が存在する。そこではお酒等の嗜好品を買ってはならない、庭の草むしりはしてはならないなどといった決まりがある。これと同じ事情がスウェーデンの障害者ホームヘルプでもあるそうだ。「付き添い介助者は対象者にアルコール飲料を買ってあげてはならない」「規則一覧表によって、アシスタントが当事者の家でしてよいさまざまな仕事が決められている。たとえば、ストックホルムでは、アシスタントが掃除することになっているのは、当事者の寝室、浴室、台所、そして居間だけであり、他の場所では含まれていない。リンネル製品とカーペットは洗濯してはいけない。二階以上の窓は、安全のため洗わなくてもよいことになっている」。（ラツカ 1991：61-62）

スウェーデンの自立生活運動の先駆者であるアドルフ・ラツカはこうしたホームヘルプ制度を「移動施設」「動く施設」とみなしている。「『移動』施設には注意せよ。施設は煉瓦とモルタルでできている必要はない」。（同：104）

ラツカは施設の定義として次のような項目を上げている。

・他に選択肢がない。
・誰がどんな任務をもって私たちを介助しようとしているのか、私たちには選べない。
・利用者は自らのニーズを全体の計画のニーズにあわせなくてはならない。
・アシスタンスを規制する成文・不成文の規則があり、利用者が管理できない規則となっている。
・アシスタンスが一定の時間、活動、場所に限られている――すなわち、ある特定の住宅に住まなくてはならず、どこにでも住めるというのではない。
・アシスタンスを提供している職員を、数人の利用者が共有している。
・階層があり、利用者はピラミッドの底辺に位置している。（同：116）

これを厳密に見れば、現在の日本では介助を利用するほとんどの障害者が、地域生活を送っている者たちでも、「移動施設」の中にいるということになる。あるいは欧米でパーソナルアシスタンス制度を自立生活の基本と見なす人の立場から見たら、今の日本の多くの自立障害者はまだ自立していない、ということになる。

いずれにしても、雇用主モデルの自立は厳密にいったら今のところ日本では見られていないものだ。そしてこの制度の利用にはそれ相応の条件が課せられる。確かにこの雇用主モデルをとれば自分で自分の介助者を選べるとか事業所ごとの規則に介助内容を制約されないなどといった面で自由を得られる。しかし今日本ではパーソナルアシスタンス／ダイレクトペイメントの議論があまり活発ではない。九〇年代には自立生活運動の界隈でかなり盛んだったが、現在ではその議論が影をひそめている。筆者の見聞きする限り、自らこの責任をおって雇用主モデルの自立を目指そうとする障害当事者は、自立生活センター関係の人たちにおいても現在のところあまり数多くないようである。それは以下で見るように、ホームヘルプ事業を活動の基礎にする日本の自立生活センターの特徴にも起因している。

（4）管理型組織での自立生活

障害者の生活はほっとけば必ず健常者によって制限される。自立生活というのは何らかのかたちで健常者をコントロールしなければ成り立たない。その意味では、自立生活運動はすべて、いかに健常者によって管理されるのではなく、逆にいかに健常者を管理していけるか、という運動とも言える。歴史的に見ても、それは明らかだ。健常者の協力を得て自立生活が可能となっても、いつの間にか健常者にイニシアチブを取られてしまい、障害者自身の意向が通らなくなる、だから健常者を突き放し、たとえば手足になりきるべし、と言う。けれどもその反省にたってまた健常者と協力して運動を築きあげていこうとする動きもある。そうした駆け引きの中で自立生活運動は成立してきた。先の図で介助者との関係を人格的関係ー手段的関係と分けたとしても、あるいは共感型－管理型と分けたとしても、何らかの形で障害者の意向によって健常者をコントロールするという点では変わりない。ただ、そのコントロールの仕方が、障害者と健常者の相互承認に基づくものなのか、あるいは仕事上の指示に基づくものなのか、その違いはあるだろう。大きな意味では、自立生活センターの形態をとってホームヘルプ事業をやっている組織はすべて管理型組織だとも考えられる。

日本の自立生活センターにおける介助者管理の特徴は、障害当事者であるリーダーがホームヘルプ事業の事業主となり、複数の介助者の使用者となり、そして介助者をコントロールするという点である。利用者と介助者間についても確かに雇用主－被雇用者の関係にあると言われるが、それはあくまで疑似的である。そこから先はセンターによって異なる。つまりリーダー（あるいはスタッフ）がいかなる考え方をもつか、あるいはいかなるリーダーシップをとるかにより、組織のあり方は共感型にも管理型にもなりうる。また、同様にリーダー（あるいはスタッフ）の考え方次第により、利用者と介助者の関係も規定される。

管理型組織（狭義の）は通常、「リーダー」というにふさわしいやり手の人がトップに立つ場合が多い。一方、共感型組織では、「リーダー（?）」という感じの人がトップに立っていたとしても、みんなで団体をもりあげていくという方向性が強いように思われる。

基本的には、今日本で新しくできている自立生活センターは、管理型組織のタイプだろう。

新しいセンターは、「ヒューマンケア協会をモデルとして、新しく仲間を募り、サービス提供型の自立生活センターをスタートさせた当事者組織」（樋口 2001）と言えるだろうが、ヒューマンケア協会自体は、第4章に述べたように、旧来の運動体の泥臭さをなくして事業として割り切りをつけるというやり方を採用したところである。事業所は九時～五時であり、それ以降は相談を受け付けない。介助は運動というよりむしろパートタイムの有償サービスである。介助者と障害者の間では基本的に仕事以上の人間関係は持ち込まれないことになっている。介助者はあえて障害者のトータルな生活を見ようとはしない。仕事とプライバシーを分ける組織であり、共感型の組織ではない。共感型組織にふさわしい介助者はこちらではまったく通用しないだろうし、またこちらにふさわしい介助者は共感型組織のやり方にあわないだろう。

新しく自立生活センターの組織を立ち上げようとすれば、たいていの場合、障害当事者（及び支援者）はＪＩＬや全国障害者介護保障協議会の支援を受け、そしてそこでもろもろの研修を受けることになる（いわばフランチャイズ方式に近い）。組織運営のやり方等は東京からのトップダウン型で伝えていくことができる。しかしボトムアップ部分での組織内の人間関係づくりあるいは地域での人間関係づくりは、東京からは支援することができない。そこから先は、各事業所のスタッフたちでそれぞれの地域なりに考えていくしかない。

全国的には今日本に自立生活センターは一二〇ほどある。そのうち東京が二三、大阪が一七など、大都市部にかなり集中している（二〇一〇年現在）。また自立生活センターを立ち上げたのはいいものの、運営に行き詰まり、結局当事者管理を手ばなしたセンターもそれなりに存在する。全国を広く見渡したら、自立生活センターの数は多いとはまったく言えない。自立生活センターのない地域は介護保障等の障害者の地域での生活資源がきわめて弱い地域である。たとえば、京都府内を見ても、京都市以外に自立生活センターはなく、京都市以外では重度障害者の地域自立生活は不可能である。京都市で二四時間介護保障が成立したのは、明らかに自立生活センターの力と重度障害者自身の訴えによるものである。京都市内では人によっては月当たり八〇〇時間以上の時間数も出ているが、京都市外では二〇〇時間程度が上限である。せめて京都府内の各自治体に一つは自立生活センター（あるいはそれに類似の組織）ができていかなくてはいけない。そのためには、トップダウン型であれフランチャイズ方式であれ、当事者管理の組織が成立していかなくてはならない。

さて、管理型組織においては、介助は「利用者の指示に基づく介助」である。自立生活センターでは、ＩＬＰやピアカンによって介助者に適切な指示を出し介助者をコントロールする力を身につけることが推奨され、そして確かにセンターを通じてのピアサポートによって多くの障害者がエンパワメントされていく。けれども、実際現場では、なかなかすべての利用者が適切な指示を出すわけではない。事業主になるような障害者は、介助者コントロールのいろいろなスキルを身につけているだろう。しかし事業所と契約している利用者が常に適切な指示を出して介助者をコントロールできるとは限らない。現場では共感型の介助が望まれたり必要だったりすることも多い。そんなときリーダーがそうしたなあなあの介助を見て、利用者と介助者にダメ出しをするか、あるいは時間をかけて利用者と介助者の人間関係を育てていくか、リーダーの力量が試される。

介護保障の事業所方式によって、日本では、欧米型の自立生活運動においては自立生活スキルがまだないと見なされるような人たちの自立生活も可能となっている。それを自立生活でないと呼ぶことも可能かもしれないが、しかしそうやっていろんな人たちの自立生活を育んでいくこともとても大切なことだろう。日本の自立生活センターにおける事業所方式は世界的にはそれなりに独特なやり方である。

当事者リーダーたちが事業主となっている場合は、事業所の方で余計な規則や禁止事項をつくらないことが多い。リーダーも当事者だから、自分の生活にされて嫌なことを利用者にも押し付けないからだ。その意味で、パーソナルアシスタンスでなくても、さほど不自由のないやり方が日本の当事者管理の事業所ではとられている。日本のやり方の成功している部分とも言える。

なお、最後に管理型組織のもつ課題について述べておく。管理型組織においては、介助者は障害者の生活のための手段である。もし単なる手段であるならば適正な賃金を介助者に支払えばそれでいい。しかしその上に、しばしば当事者主体の理念のもとに介助者（ないし健常者スタッフ）が酷使されることもある。あるいは当事者主体の名のもとに、介助派遣先で介助者が利用者から人格否定的なことを言われても黙って辛抱し続けなければならないことがある。当事者主体の管理型組織においては介助者は自分の意見を言ってよい存在とされてないことが多いので、そのまましんどくなって辞めていく場合もある。もし介助が仕事であるならば、事業主は介助者に適切な賃金を払い、そして適正な労働環境を守っていけるように配慮するべきであろう。介助がもし仕事だけでなく運動でもあるとしたら、きちんと介助者にも自分の考えを述べる場が保障されなくてはならない。

補論１　ヘルパーによってお膳立てされる自立生活

障害者の自立生活は、何も自立生活センターによってのみ可能となるわけではない。制度がない時代は運動とともに自立生活はあったが、制度が整ってくれば、一般の民間事業所から介助派遣を受けて自立生活が可能となってくる。自立生活センターでは、利用者はセンターの会員としてＩＬＰやピアカンを受け、そしてある程度センターの運営等にも協力していかねばならないが、それを嫌がって普通に介助者だけを派遣してくれる民間事業所を選ぶ人たちもいる。そういう事業所では、障害者のことを「ご利用者様」「お客様」として扱ってくれる。そういう場合、障害者自身がしっかりしていればいいが、そうでないとどこか珍妙な自立生活が出現することになる。自分の意志によって成立するのではなく、ヘルパーのサービス精神によって自立生活が成立してしまうのだ。

九〇年代にはじまった社会福祉基礎構造改革において、自立や自立支援とならび「利用者本位」とか「利用者主体」といった言葉も声高に叫ばれるようになった。「措置から契約へ」と介護保険や支援費制度においてうたわれ、これからは、障害者は措置の対象として一方的に好きでもないものを与えられるだけの対象ではなくて、自分でサービスを選ぶ主体となるということが標榜された。さらに自立支援法で応益負担が導入された時は、障害者にとってサービスを「買う権利」がしばしば宣伝された。そうした中で、介助がサービス業化しつつあり、一般の事業所では、障害者は「お客様」「ご利用者様」と呼ばれ、またヘルパーもサービス業、接待業の感覚で介助に入るようにもなりつつある。その際、どういった点が課題としてあげられるだろうか。

まず、自立や自己決定がごまかしのものとなる可能性がある。言うまでもなく、サービス業においてはすべてお客様を等しく尊重して扱わないといけない。相手が老若男女問わずだ。そしてそのこと自体は、これまで入店拒否にあったり変な目で見られたりして差別を受けてきた障害者にとっては好ましいことである。今でも、一人前のお客として扱われずに不当な差別を受けることは街中でしばしばある。そういう意味で相手の属性を問わないお金の透明性に基づく消費者優位の社会は、障害をもつ人たちにとってそれなりに生きやすく、負担の少ない社会であろう。

しかし他方で生活の多くの部分に介助をいれている人が、そうしたサービスを毎日のように受けることはきわめて特殊な体験である。生活のほとんどの時間で、お客様として扱われているようなものである。そして社会的に活発に活動する障害者ならいざしらず、外であまり人間関係の多くない障害者にとってはそうした介助者とのやりとりが人間関係の大きな部分を占めることになってくる。

介助をサービス業だと言いきる羽田さんの意見をもう一度紹介しよう。彼は利用者との間でホスト的な意味で疑似友達的関係をつくる、と言っていた。（第1章参照）

> ちょっと疑似の友達に近い感じになっていくんですけど、それをぼくはわりと意図的にしてしまうところもあるんですけど、ただそれは、もしかしたら利用者さんにとって、ちょっといいな

とかちょっと楽しいなとか、こいつがいたらラクでいいなみたいな時間かもしれないんですけど、本質を言うと、利用者さんの社会性とか社交性をそいでしまっていることになるのかな、と思うようなときもある。友達ではないんでね。こっちが意図的にそうやって錯覚させてるだけで。

別にこうしたホスト的な部分を全否定するわけではない。多かれ少なかれ、人間関係にはそうした部分はあると思う。しかし、もし介助者がサービス業という意識のもとで、障害者を常によいしょして持ち上げていたとしたら、障害者はほぼ二四時間錯覚の中で生活することになる。これはある意味で恐怖ではないだろうか。はたして、障害者をお客様としてもてなす多くの事業主や介助者たちはそうしたことにどれだけ意識をもっているだろうか。

「本質を言うと、利用者さんの社会性とか社交性をそいでしまっていることになるのかな」と羽田さんは言う。お客様としての主体というのは、結局のところ錯覚でしかない。たとえ丁重に扱われているかに見えても、それは労働者からすれば労働の作法でしかない。そこでの障害者の自立や自己決定、主体性の感情は、介助者のサービス労働によって作り出されたものである。

そうした中、介助・介護に関わる行為が、障害者の側の問題ではなく、全面的に提供者側の問題となりつつある。障害者がかばんに財布を入れ忘れたとする。普通なら自分でかばんの中のものをチェックしないのが悪いだろう。しかし、なぜかヘルパーのせいにしてしまう人もいる。なんでもかんでもヘルパーがやってしまわなければならないとしたら、だんだん施設みたいになっていくだろう。

さらにこのお客様化の中での自己決定・自己選択の尊重は、障害者の自立や自己決定にとって大きな落とし穴があるように思われる。

内田樹が現在の子どもたち、若者たちに見られる「学びからの逃走、労働からの逃走」を主題とする本の中で指摘するように、現在の多くの子ども・若者たちは「生活主体」、「労働主体」となる以前にすでに学校に行く前から「消費主体として自己を確立している」（内田 2007：37）。そして「消費主体」というのは、すでに商品の価値を知っている存在である。「買い手はあたかも自分が買う商品の価値を熟知しているかのようにふるまう」（同：44）。

つまり消費主体としての自己はすでに自分にとって何が必要で何が必要でないかをわきまえた存在である。自立生活運動においても介助において「何が必要かは私に聞いて」と言われ、また介助者も「障害者本人に聞けば何をすればよいかはわかる」と教育される。それはそれで正しいが、しかし、当たり前のことだが、自分の障害はどういう状態なのか、自分にとってどのような介助が必要なのか、そして自分の生活をどのように組み立てているのか、自分の持ち金はいくらなのか、そうしたことをおおよそ把握していない限り、本来的に自分にとって何が必要であり何が必要でないかを判断することはできないはずである（その場だけの判断ならできるにしても)。そしてそうしたことを把握するのには人はかなりの時間と経験を要する。だから、自立生活センターなどでは時間をかけて自立生活プログラムや生活訓練を行うわけだが、現在のシステムではすべての障害者はまず消費主体として、そうした障害者としての社会経験や学習を抜きに、介助者たちから扱われることになる。

結局その際、社会経験を積む以前の段階で、障害者は自分のもっている経験や知識の中から何かを選ばなくてはいけないことになる。あるいは何もわからなければ、介助者にすべてをまかせる、ということになる。何かを調理するということを知らなければ、毎日外食かカップラーメンしかない、という生活になるだろうし、あるいはすべてを介助者にまる投げして出てくる料理を待つ他ないだろう。自己決定の尊重という考え方だけでは、人は新しい社会的経験を積むということには至らない。経験を積まなくても消費主体として(買い手として)大切に扱われるし、またすでに自分に必要なものは自分でわかっている存在として扱われるので、さらに成長する必要もないからだ。

むろん現実には、人は介助を利用しながら、ああだこうだとうまくいかないことを重ねながら、日々成長していくのだろう。それは人との出会いの積み重ねによって育まれていくものだ。かつて横塚は「障害者の主体性といった場合、[略]これは決して自分から殻を硬くするということではない、まして、おりの中で粋がっているということでもないはずである」(横塚

2007：291）と述べたが、消費主体としての自己の確立は、そこだけを見れば「おりの中で粋がっている」という姿に矮小化されても仕方がない。そこでは「昔、施設は花園のようなイメージのベールで［略］もう一つ障害者を管理していく場が設けられたにすぎない」（本書一九五〜一九六ページ）という遠い過去の時代の声が現代でもこだましているようにも感じられる。お客様化が進展していく中で、もう一度障害者も事業所も介助者も自立や自己決定ということについて考えたらいいいと思う。

補論2　混合型進化系自立生活センター

ここで紹介するのは兵庫県西宮市にあるメインストリーム協会[1]である。おそらく今日本で

1　メインストリーム協会は九〇年代初期からある老舗の自立生活センターの一つ。もともと八〇年代の後半に廉田氏（代表）がアメリカを一人旅行でぶらぶらしており、そのときにご当地の自立生活センターを手伝っていたらしい。八九年に西宮で「第9回車いす市民全国集会」が行なわれ、その勢いでメインストリームも立ち上げられた。TRY（東京・大阪間などを練り歩く企画）や障害者甲子園といったイベントを企画してきたところであり、メンバー全員、ともかく「おもろいこと」が好き。障害の重度・軽度関わらず、旅行にばっかり行っている。

最も元気で楽しい自立生活センターであろう。障害者スタッフ、健常者スタッフ問わずみな無茶苦茶フランク、気さくで、事務所にはとても開放的な気分がただよっている。また、運動もやるときはやる、ということで組織的に一丸となって行動する強さがある。当事者リーダーたちも陣容がそろっており（副代表の玉木さんはNHK「きらっといきる」にレギュラー出演しておりお茶の間をにぎわしている）、当事者管理が完璧に行きとどいたセンターである。なのに、みなあんまり仕事をせず自由気ままにやっている。いつ働いているんだか、よく分からない。事務所にはいわゆる職場という雰囲気はあまりなく、むしろたまり場という感じである。どうやら仕事中の人もいれば、休日なのに遊びに来ている人、また外から遊びに来ている人もいるようだ。そのみながわきあいあいやっている。

そうしたメインストリーム協会のうわさを聞いていたため、筆者はある日知り合いのつてでその事務所を訪れた。その訪問の顚末を述べるとだいたいの雰囲気やセンターのあり方が伝わると思うので、以下に紹介する。

事務所はJR西宮駅すぐ近く。最近建てたかなり大きくて広い三階建ての建物。その一階が広々としたたまり場スペース（職場）になっている。お昼にいったら、何とセンター内で自前のラジオ放送をやっていた。担当は日替わりで昼食時に自前のラジオ放送を流すらしい。いちおう昼間は、生活介護（デイ）をやっているので、障害者と健常者がなにか作業をしていた。

今度行くデモの看板をつくっているらしい。それなりに粛々としていたが、いすに座っていると、入れ替わり立ち替わり障害者やら健常者やらが声をかけてきてくれた。

夕方になると、どうやらその日はつけ麺パーティをやるらしい。メインストリームではそうしたパーティをかなり頻繁にやるようだ。「メインのことは夜までいないとわかんないよ」と事務局長も述べていたのでパーティに参加させてもらうことにした。昼間はわりと閑散としていたが、夕方になると、どこからともなく人が増えてきた。なぜか何名かが事務所内で体操して、マラソンの準備をしていた。これからマラソンにいくという。メインストリームの中に数多くあるサークルの一つ、マラソン部らしい。

そして事務所の二階でつけ麺パーティ。趣旨もよくわからないが、障害者、健常者入り混ってうじゃうじゃやっている。何名かと話しながら、時間をすごしていた。夜、つけ麺を食べ終わり、ある程度酒も飲み、人もだいぶ引けたあたりで、一階におりていった。そしたら、みんな帰っておらず、一階でたむろしていた。そのままぼくもずるずると居残る。せっかくなので、代表の廉田さんに話を聞いたりしていた。

さて、そうこうしているうちに終電間際となってきたのだけど、話がつきない。いろいろときさくに質問に応えてくれる。まわりの人もいろいろと話にのってくれる。そしたら普通に三階の体験室に泊まっていったらいいと言ってくれたので、ありがたく泊めてもらうことにした。

そして話はここからである。

夜の一二時あたりから、なぜか居残っていた人たちの間で、クイズ・ヘキサゴンがはじまる。この時点でも十数名のメンバーが残っている。みんなでクイズ大会がはじまった。そして途中から、アホアホテスト（？）がはじまる。アホで通っている三人のうち、だれが一番アホかのテストである。選抜メンバーは障害名で言えば、知的Ｂ１（もと発達障害）、ＣＰ、障害なしの天然、である。世間的には差別的かもしれないが、ここではアホが力強く（？）肯定されている。

問題「相撲で力士が引退する時に行われる……」

回答「体力の限界です！」

というようなやりとりが行われる。正解はもちろん「断髪式」なのだが。

こうしたクイズが二時すぎまで続く。その時間になるとそろそろ人も引き上げるようになっていった。しかし、なぜかその時間に事務所に入ってくる者もいる。毎日、事務所は二時や三時まであいているのだ。二時や三時に、飲み屋の帰り道などでふらっと入ってきてよもやま話をしてまた帰っていくのだ。ものすごく開放的な空間である。地域住民なんかでも入ってくる人もいるという。この開放性こそが、自立生活センターの役割であり狙いだと廉田さんは考えているみたいだ。

さて、その日は二時ごろに多くの人が帰っていったのだが、代表の廉田氏とぼくと知的Ｂ１

の彼がまだ残っていた。この機会だから、いろんなことを聞きたいと思い、歴史のこと、組織のこと、人間関係のこと、いろいろ話を聞いていた。そして廉田氏は若輩のぼくにずっと付き合ってくれた。気付いたら夜が白みはじめ、明け方になっていた。廉田氏が家に帰ったのは六時。そして筆者が三階に上がり仮眠をとったのもその時間。その日事務所はようやくその時間で閉まった。ちょっと寝て、一〇時前に一階におりた。事務所が開く時間だった。朝礼めいたものをやっていた。廉田氏はその少し後に事務所に現れたそうである。

以上がある日のメインストリーム訪問記である。別にこの日が特別に夜遅くまでやっていたわけではない。前日も普通に三時ごろまで開いていたという。

ここにはこれまでの自立生活センターにはない新しさがあるような気がする。自立生活センターの基本は管理型組織である。そしてメインストリームも数名の力あるリーダーによる当事者管理が職員のすみずみまでいきわたっている。しかし、職員たちは決していやいや命令に従っているわけではない。むしろ自発的にそこにいることを楽しんでいる。のびのびやっている。みんながのびのびやっている理由を廉田氏に聞いてみた。

ここで働いとってよかったなと思えてるかどうかが一つだけど、どんなことで思うかと言ったら、特に自立センターは障害者が主体の組織だから健常者のやることとか口出すこととか、ほんま極度に少ないところだと思う。それでいくとうちはね、けっこう健常者の意見も［言えるようにしてる］。いいかどうかわからんよ、長い目で見た時に。今の時点では一緒に社会をかえていこうという運動する仲間と思ってるから、できる限り情報とか話す場とか会議なんかでも意見言ったりとかする場はもうけてるから、その辺は他より自由なんちゃうかな。

職員は、「一緒に社会をかえていこうという運動する仲間である」。だから健常者職員にもできるだけ情報提供をし、そして発言の機会を与えている。

メインストリームのメンバーはみな運動の同志なので、障害者・健常者関係なくスタッフ相互の信頼関係の構築が目指されている。おうおうにして当事者団体というのは、障害者と健常者の間での腹のさぐりあいみたいなことが行われる。しかし、そういった陰険な部分をなくして、一緒に社会を変えていく仲間になるという意識で組織が立てられている。

こういう組織って一人一人が信頼関係をもつことが大事やってほんま思ってるんですよ。でそれができると思ってるんですよ。それぞれが意識さえすれば。大事にすれば。たかだか五〇人くらいやったらお互い何でも話せるような関係できると思う。目指してるのはそれ。

そしてそうした関係をつくるために、九時～五時だけでなくて、いろんな時間に出会い話をすることの方が大切だと考えている。夜中までつきあい、笑い、そしていろんなことで話し込む。

運動する団体というのはやっぱり一丸になったりお互いにコミュニケーションとって信頼しあったりするというのは九時～五時だけの話ではないよね。その枠外の方が実は［大切］。みんなと一緒にコスタリカにいったりしたときに、ホテルで泊っててどうでもいい話してるなかでわかりあうとか、言いにくかったことが言えるとか、実は内緒の話やけどなとか、いろんなことがでてきますよね。そんなんも実は大きい意味では仕事の一環かなみたいな。

事務所が深夜まで開かれ、メンバーたちがおふざけ、お笑いを含みつつ、気さくにいつまでも話し続けている環境となっているのも、大きな意味で社会を変えるという意識によってなされているのであろう（他方、ある意味では厳しいとうつる面もある。たとえば、健常者職員がバリアのある車いすで入れない住居に住むと、減給される。多少高くついても、バリアフリーの住まいを借りないといけない、それが運動の一環である、ということだ）。

メインストリーム協会は、管理型組織でありながら同時に共感型組織である。その二つがうまく結び付いている。職員たちの給与は月給制を飛び越えて年棒制。年棒制の中で、残業とかもあまり気にせずに事務所にいて空いた時間に働く。お客さんがきたら必ず話しかける。「お客が来てもじっとパソコン画面に向って背中見せてるなんてみっともないことをするな。それがお前らの仕事でないだろ。話をするのがお前らの仕事だろ」とそうしたことを職員に教えるらしい。

こういうスタイルが苦手な人、無理な人もいるだろう。メインストリームでは、職員、スタッフとなるときに、まずその志を問われるという。「うちは志を問いますからね」。ライフワークとしてメインの活動に参加していけるかどうか。ある意味で、自分の生活を犠牲にしないといけない面もある。もちろんしんどいときもあるけど、一緒に信頼しあえる関係、おもしろい社会、のびのび生きていける社会をつくっていけるかどうか。そうした部分で賛同できる人は、メインのスタッフとなってのびのびと活動する。それに合わない人は、ここには居づらいだろう。プライベートについて、「少しぐらいはだれでも必要と思うけど、そのことすごい重んじる人はここはむいてないかもしれへん。さっき言うたみたいに、おもろいんが好きな人は合うけど、仕事とプライベートと分けたい人はここに合わないかもしれないですね。他でやった方がもっと活躍できるかもわからへん」。

メインストリームの雰囲気について体育会系のノリだ、という声もしばしば聞く。彼らは、遊びも社会運動も、仲間づくりも本気で取り組む（けれど、そうしたノリの裏表として、そこに近付き難い人、そこから距離をおく人は確かに出てくる。また、遊びにしろ社会運動にしろ、男性社会的な体育会系のノリが前面に出ているという印象がぬぐいきれないのも確かだ)。

メインストリームは海外支援を積極的に行っている自立生活センターである。海外からも多くの障害者が来訪する。そして海外にも積極的にいく。別に金がどこかから出るからいくのではなく、「友達」だから応援にいくのだという。そういう人間関係を彼らはつくっている。海外から障害者がきたら、決して一人で食事をさせない。必ず一緒に食べにいく。そして毎晩のようにパーティをする。そうして一緒に楽しんで、お互いの信頼関係をつくる。ある意味で、もっとも強力なエンパワメントである。

ここは破格の自立生活センターのようにも思える。けど、廉田さんはこうも言っていた。

　結局いくら自立しても個人主義的なままだったら人間関係がどんどん希薄になっていくじゃないですか。だから新しいつながりをつくるこういう組織が必要だと思うんですよ。

メインストリームは、ある方面からは「前近代的」だと言われているらしいが、廉田氏が言うにはこれは「未来」だとのことだ。つまり「近代」の人々が自立したとしても、仲間がいなければ孤立する。人々が新しくつながる場が必要で、それがメインストリームの姿なんだという。メインストリームは進化系の自立生活センターだろう。廉田氏はしばしば「自立は進化する」、「自立生活センターは進化する」と口にしていた。障害者の自立も、組織としての自立生活センターも年々進化し続けている。わたしたちも様々な自立生活センターの展開に関わっていきたいと思う。

4　まとめ

この章では、障害者の自立生活の諸相とそこにおける介助者の位置関係を見た。自立生活のあり方によって介助者の立ち位置や関わり方も大きく異なってくる。また、事業所方式による自立生活の場合は、事業所やセンターのあり方が自立生活と介助者のあり方に大きな影響を及ぼしていた。

今現在どこかの自立生活センターに所属している人は自分のセンターがどのようなタイプなのか考えてみればいいと思う。ほとんどはその混合タイプである。うまくいっているところもあればうまくいっていないところもあるだろう。障害者がワンマンなところもあれば、障害者の力がなくて健常者が悩んでいるところもあるだろう。けれども、そこからどのように作っていくのか、それがとても大切なんだと思う。どれか一つが確実に正しいあり方だというわけではない。

パーソナルアシスタンス制度というのも、かつての、そしてこれからの自立生活のあり方としてイメージしてみることはとても大事だと思う。現在の日本の自立生活は事業所にかなり頼っており、その分、事業所を超えた社会一般での広がりに乏しいようにも思われる。事業所を一つのたまり場、居場所にするやり方は確かにある。しかし、障害者がそこに閉じこもるのではなく、より広く社会に出ていくということも必要であろう。

介助者との関係だが、人格的関係と手段的関係で見たとき、確かに手段的関係の方が当事者コントロールがなされているかのようにも思う。しかしその際、介助者の心まで見ないですむと思ったら間違いだろう。ある程度、介助者への気遣いもした方が、長い目で見たら、自立生活も安定するだろう。

今現在、一般的な自立生活センターでは対応できない重度の障害者は確かに存在する。そうした人たちの自立生活のきっかけをつくるのも確かに自立生活センターの役目である。そうした重度障害者の介助者たちは、かなり相手の生活や意向に介入していかないと支援が成り立たないので、当事者主体というところで、大きく悩む。しかし、運動の歴史を見れば、そうした介助者が地域生活を引っ張ってきた側面も確かにある。それが最終的にはいきすぎと取られる可能性もあるが、当事者主体という理念に引きずられすぎずに、今その人にとって本当に何が必要か、そして自分たちは何ができるか、それを真剣に介助者・介護者として考えていく姿勢も大切だろう。

障害者の自立生活は、まだまだ途上である。

【文献】

内田樹（2007）『下流志向』講談社
片岡豊（2006）「デンマークにおける障害者の『自立』――スウェーデンとの比較から考える」ゆき．えにしネット（http://www.yuki-enishi.com/）より
――（2007）「パーソナルアシスタント制度とダイレクトペイメント」エグモントネットワーク（http://egmont.jp/archives/27/332）より
崔栄繁（2008）「自立生活」長瀬・東・川島編『障害者の権利条約と日本』生活書院
定藤丈弘（1997）「スウェーデンの身体障害者の自立と介助」『ノーマライゼーション　障害者の福祉』一九九七年三月号通巻一八八号
末永弘（2008）「当事者に聞いてはいけない――介護者の立ち位置について」寺本晃久・岡部耕典・末永弘・岩橋誠治『良い支援？』生活書院
中西正司・上野千鶴子（2003）『当事者主権』岩波新書
新田勲（2009）『足文字は叫ぶ！』現代書館
樋口恵子（2001）「日本の自立生活運動史」全国自立生活センター協議会編『自立生活運動と障害文化』全国自立生活センター協議会
ピープルファースト東久留米（2010）『知的障害者が入所施設ではなく地域で生きていくための本』生活書院
横塚晃一（2007）『母よ！殺すな』生活書院
ラツカ・A（1991）『スウェーデンにおける自立生活とパーソナル・アシスタンス』河東田博他訳、現代書館

あとがきにかえて――介助者たちは、どう生きていくのか

本書のタイトル『介助者たちは、どう生きていくのか』は、二〇〇九年に東京と大阪で行われた、かりん燈特別企画のテーマであった。本書のタイトルにも同じものを引き継いだのは、そのテーマが引き続き未解決のままにぼくの中にあるからだ。ここには安易に答えを出しかねる課題がある。特別企画のときのチラシには、冒頭で次のように書いた。

あなたは正規職員を望みますか？　登録介助者としてそこそこ生きていきますか？　ケアマネ資格をとって、キャリアアップの道を目指しますか？
体を痛めたら、仕事どうしますか？　それとも介助の仕事は次の仕事が見つかるまでの腰かけですか？　あなたは介助をこれからも続けていきますか？

本書で繰り返し述べているように、介助が仕事となり、一般化したのは二〇〇〇年代に入ってからのことだ。しかし、仕事として定着しているのかといえば、まだまだ不安定な要素は多い。もともと生まれたばかりの仕事であり、障害者施策の方向性がころっと変われば、またな

くなる仕事かもしれない。現に国の定める介護報酬単価によって現場は右往左往させられている。そうした制度・政策的に起因する不安定さを常に抱えている。

正規職員として働く道も確かにあると思う。けれど、九〇年代に自立生活センターの冊子の中で言われていたように介助をフルタイムで一生の仕事とする必要は必ずしもない（本書二六二ページ）。多くの人が、介助に関わり、そして障害者の地域自立生活に触れていくということはとても大切なことだ。介助を一生の仕事とする人だけで、障害者介助が支えられていたら、障害者の生活もけっこう息苦しくなるだろうし、開放感がなくなっていくだろう。

それと同じで、障害者の地域自立生活に関わっている介助者の多くは、福祉の道でキャリアアップを目指す必要をそれほど感じていない。わたしたちがケアマネ資格をとらなくても、障害者たちは生きていけるし、そうした専門家にならなくても、障害者の生活を支えていくことができる。あたり前だけど、ケアマネが何人いても実際に現場に入る介助者がいなければ障害者の生活は一切まわらない。そして多くの人の生活は、そうした専門家に指示されなくてもゆるやかにまわっていく。

登録介助者としてそこそこ生きていく、という道も確かにある。時給一〇〇〇円ちょいの仕事だから、月一〇〇時間以上働けば手取り一〇万はあると思うので、なんとか生活はしていける。けれど、この仕事は障害者との人間関係がものをいう部分があり、そこがうまくいかなかったら、いっぺんに給料が激減してしまうかもしれない。また障害者（利用者）が旅行にいったり入院したりしても、仕事がなくなってしまうので、生活費に困ってしまう可能性がある。臨時対応や事業所の都合で介助シフトが変わることもあるので、毎月の仕事時間、給料の変動は大きい。

そもそも、わたしたちの体は消耗品だ。腰を壊したら、たぶんこの仕事は続けられない。じゃあ、どうしたらいいんだろう。

事業所としても、休業補償なり、いろいろと対応してくれる場合もある。そのときは対応してくれたら助かるけど、長くその先を考えていったら、少し暗くなってくる。

介助には、多くの面で、メリット・デメリットがコインの裏表としてある。障害者（利用者）、介助者双方の共感は望ましいけど、共感だけではやっていけないし、危険である。

介助には仕事上の関係というわりきりがけっこう必要だけど、お互いの関係をすべてそうした関係だけでわりきるのは難しい。

介助者が障害者（利用者）の生活を最後まで責任もって看ることもときに必要だ。でもいつも常にその責任をもっていたら燃え尽きてしまうこともあるし、また障害者（利用者）からしても介助者に対して仕事上の関係だけでさばさばとわりきってほしいこともよくある。

介助という人間関係は双方ががまんしなければならないこともある。簡単に互いを切ってしまってはいけないだろう。けれど関係がこじれてしまった場合、一度離れて冷却期間をおくことも有効である。

たくさんの人が人生の一時でも介助を経験して、介助という営みが社会に広まり浸透していくのはいいことだ。でも、介助をライフワークとして責任もって中心的に働く人も必要だ。

専門性はあえて要らないことも多い。それが邪魔になり、かえって障害者の声を聞けなくなることもあるからだ。けれど、何らかの専門性がいることもある。自分の判断力が問われることもある。専門性はいらない、といってすませられる問題ではない。

障害者（利用者）に対して変な気遣いはいらない。でも、何も気を遣わなくていいというわけでもない。

障害者（利用者）の指示に基づいて介助すればいい、というのは正しい。何が必要かは障害者（利用者）が知っている、というのも正しい。けど、ただ指示を待っていればいいわけでない。そして本人が自分のしたいことやするべきことがわからないこともしばしばある。そして、そこで本人はわからない、といって決めつけていいわけでもない。

右のようなこうしたことどもは、決してどちらとも一概に言えるものではない。現場の中でその都度判断したり、あるいは人と相談したりしながらやっていくしかない。

「介助者たちは、どう生きていくのか」、という問いに対しても、一直線の答えがあるわけではない。右に左に揺れながら、そして時には道草をくいながら、あるいは脇道にそれながら、進んでいくしかない。その道程の中で、どのような人と出会えるか、気に入る人と出会うこともあるだろうし、気に入らない人と出会うこともあるだろう。気に入らない人と出会ってその道を外れてしまうこともあるかもしれないし、立ち止まってしまうこともあるかもしれない。あるいは人生の同行者と出会うことがあるかもしれない。

第1章は、二〇〇九年度に現役介助者たちに行ったインタビューに基づいて構成した。生活書院編集者の髙橋さんから本の話をもちかけられたのが、二〇〇九年のはじめごろ。それからあれこれ準備したり、失敗を繰り返しながら、ようやくその年の終わりごろにこの1章が完成した。これが完成してから、ゆっくりと一年くらいかけて残りの章もできていった。

この章で登場する高尾さん、塩野さん、羽田さん、木本さんたち（みな仮名）は、みなそこそこ中堅どころの介助者たちである。介助を昔からやっているわけでもなく、最近はじめたばっかりというわけでもない。介助をはじめてから三年くらいたって、いい経験、悪い経験重ねながら現場にも慣れてきて、これ以上新しいことはあまりないな、ということもわかってきて、ちょうどいろんなことを考えはじめる時期だ。世代的には二〇代半ばから三〇代半ばで、ちょうど世間的にはロストジェネレーションと呼ばれる世代の人々だ。

インタビューから一年以上たっているが、彼らの間にもいろんなことが起きている。

高尾さんは、ときどき精神の調子を崩し、あまり人前に姿を現さなくなることがある。もともと持病があり、それとつきあいながら仕事をしている。それでも介助にはわりと安定的に入っており、あまり休んだことはない。

塩野さんは、一度夏ごろに介助の仕事を辞めようと思ったという。事務所の人との話し合いの中で、一ヶ月の長期休暇をとることになった。その後も介助には入っているが、かなり時間数を減らし、臨時の依頼とかもあまり受けずに自分の時間を守るようになった。そうして、自分なりの落としどころで、介助に今も入っている。

羽田さんは、利用者に人気はあるけど、ときどき何かに憑かれたように一切連絡がとれなくなり、一日の仕事を総キャンセルしてしまうことがある。本人いわく、自分では何の記憶もないそうだ。先日のある日は、深夜介助中にぎっくり腰になり、ぶったおれながら明け方四時に事務所に電話、なんてこともあった。もともと介助は、働いた分だけ稼げる仕事、と思っているところもあり、これから介助だけで食っていこうと思っているわけでもない。

木本さんは、昨年冬に結核にかかり、入院。体力は落ちて、ときどき体調悪く介助を休む。基本的に先のことはまったく考えずに生活しているようだけど、今は月一二〇時間ほど介助に入り、残りの時間は、自主映画製作に熱中している。一本目の作品がようやく完成するようで、とても楽しそうな時間を過ごしている。

当たり前だけど、どの人の人生も決して順風満帆ではない。それぞれ多くの弱さや揺らぎを抱えながら生きている。

おそらく、いい会社に勤めて、いい相手と結婚して、マイホームをもって、いいお父さん、お母さんになるというのがひと昔前の健常者のイメージとしたら、彼らにとってはそのようなイメージはあまり縁がないだろう。もちろんそうした家庭を築き、仕事あるいは家事、育児をこなしていく人々は今でも一定数存在するけど、もはやマジョリティではなくなっているようにも思う。

わたしたちは、弱さや揺らぎを抱えた個々人の多様な生き方をもっと肯定していってよいのではないだろうか。運動や政策的には、ある程度標準的な生き方を前面に押し出していく必要があるかもしれない。けれど、障害者の生き方の多様性を肯定していくと同時に、健常者らしからぬ介助者たちの多様な生き方を肯定していく道筋があった方が、世の中と、そして人生が楽しくなっていくだろう。

第2章では現行制度の説明をした。基本的には、ぼくが障害者運動に関わる中で、「障害者の地域生活確立の実現を求める全国大行動」の情報や話し合い、勉強会などから学んだものを叙述した。ぼくにとってはわりと身についていることがらなので、あまり苦労なく書いたが、一般的には、こうした制度のことはあまり知られていない。情報もなかなか提示されないし、勉強する機会もない。制度は、わたしたちの働き方や給料に直結するので、ある程度は知っておいた方がいい。サービス類型のこともそうだが、介護報酬単価や処遇改善事業助成金のことも知っておかないと、なんで給料が上がったり下がったりしているのかわからないだろう。今のところ、かみくだいて説明した書籍はないので、ここに書き記した。

なお、現在内閣府で障がい者制度改革推進会議が続行中である。障害者自立支援法に代わるとされる「障害者総合福祉法」は二〇一一年に下案が作成され、二〇一二年に法案が国会に提出、そして二〇一三年の八月までには施行される予定である。今制度改革の渦中にある。

第3章、第4章は、もとは一章分の予定で、もっと分量も少ないはずであった。しかし、書きはじめたら雪だるま式にどんどん増えていった。これでも若干分量をしぼった。

「障害者介護保障運動史」という視点で障害者運動の一側面を描いた文章はこれまでほとんど存在しない。一つ、『生の技法』での立岩真也氏は圧巻であり、読み開くごとに新事実に気付かされる。ただし、彼がぼやかして書いていて、通常ぼくらに伝わっていなかったことも、ここではわりとはっきり書いた。自立生活運動は決して一枚岩の運動ではない。運動の諸潮流が集合離散を繰り返している。そして今もその対立はなんらか残っている。対立することは決して悪いことではなく、それは生産性の証である。運動が一枚岩になったら、それこそその運動は衰退していくだろう。

いろんな人と出会ったり、いろいろ調べていくうちに、これまでの障害者運動史にはいくつかの誤解があることに気がついた。

関西の健全者組織ゴリラにまつわる物語はこれまで適切に伝えられていなかったように思う。介護保障制度をつくりあげてきた公的介護保障要求運動は歴史の影に隠されてしまっていた。自立生活センターには様々な由来があることも多くの人には伝わっていない。健全者・介護者・介助者たちの立場、役割についてもほとんど知られてこなかった。

現在障害学等の研究者の中でこうしたことがらをトータルに把握して、論述している人がほとんど存在しないのは、遺憾である。ある運動の御用学者になるのではなく、自分の目で確かめ判断し、そしていろんな人と出会いながら研究を続けていってほしい。

この章を書くにあたっては、山下幸子氏と廣野俊輔氏に、資料その他（夜間電話）などの面で大変お世話になった。お二人の先行研究や知識、そして気前良さがなければこの章は完成しなかった。ここでお礼を述べたい。

第5章では、障害者運動において労働問題を立てることの難しさを描いた。ぼく自身日々の実践の中でリアルに感じていることがらであり、同様の趣旨の文章は何度か発表している。最近は反貧困ネットワークに見られるように、これまで分断されてきた様々な領域（障害者、失業者、女性、野宿者等々）のつながりを新たにつくる運動が広まりつつある。筆者も、その運動には積極的に賛同し、そして活動してきた。かりん燈という活動も、根っこではいかに障害者と介助者が連帯をとりうるのかという困難な課題に直面しつつ行っている。そうした領域横断の活動は、理念や運動論としては正論であろうけれども、しかし現実の人間たちの背負ってきた過去はそう簡単に乗り越えられるものではない。それでも、乗り越えるのは無理と片付けるのではなく、いかにつながりをつくっていけるのか、いかに共に生きる社会をつくっていけるのか、その模索の作業はぼくの終生の課題である。その基礎作業として、この論考はある。もちろん、介助現場で労働問題を感じた介助者たちにも読んでほしい。そして、この論考を乗り越えていってほしい。

第6章は、かなり抽象論であり、ぎこちなさが残っている。この章は相当に苦労した。何度もアタックしつつ挫折した。論考としては十分ではないが、試みの提示としてみなさんに受け止めてほしい。「自立は進化する」、という廉田さんの言葉にぼくも全面賛成である。自立も、自立生活センターも、多様である。そして、進化、変化していく。運動論としては、ある程度一枚岩の「自立」を押し出していかないといけないかもしれない。けど、それがいきすぎて、人々の生きる上での関係の多様性をなくしてしまわないようにしないと。

おそらく、自立生活運動は今分岐点に来ている。これまで自立生活、当事者主権ということで、運動が強く推進されてきたけど、現場では、むしろポスト自立の問題がテーマとなっている。施設や親元を出る、それは確かに自立である。けれど、その先に何が待っているのか、どのような人間関係、そして社会が待っているのか。現在、「無縁社会」、「孤立」が社会問題となっている時代である（さらに手のかかる患者などは病院から在宅への追い出しがはじまっている）。人とのつながりをいかにつくっていくかが新しい時代のテーマだろう。

自立は、「～出る」ということだけが至上の価値ではない。やはり「出てその先～」を求めて出るのである。その先の関係こそが自立の内実を決めていく。

「自立」には二つの側面があって、その人自身がどうしたいか、ということがちゃんと実現され、保障される、という側面も大切なわけですが、もう一つの側面として、「自立」って社会的なものであって、どんな人でもその他の廻りの人との関係の中で、そこにいることに意味があるということ、そういうことが認め合えるということが「自立」じゃないか、と僕は思っています。以前の運動では「障害者」が施設に隔離されて、まさに自由を奪われ切り捨てられてきた。そういうことのアンチとして、介助者は「障害者」の手足になればいいんだ、ということでやってきた。だから手足となる介助者さえつけば、後は勝手にやってくださいということだった。（小佐野1998：79-80）

これはすでに今から一〇年以上前に書かれた文章だが、自己決定というだけではない自立の社会的な側面にこそ、これからますます注目していかなければならないのではないだろうか。第6章の図の中で、自立の左と右に共感型と管理型と書いた（本書三五九ページ）。これは組織にだけに言えるのではなく、自立の中身についても言える。新しい他者との出会いを求めていく自立か、他者の意向をできるだけ排斥していく自立か、である。これはある意味でコインの両面である。

少なくとも、二〇〇〇年代初期の新自由主義の席捲の中では、他者の意向を排除する自立、他者を選別する自立が幅を利かしていた。それは関係の断絶や孤立、自己責任と通じる自立である（自立支援法の「自立」もその意味であろう）。

この意味での自立はあかんと言っているわけでは決してない。例えばこれまでの運動の歴史を見ても、施設、家族、健全者への依存を徹底的に拒んでいく自立の姿があった。他方で、新しい出会いを求め相互変革していく自立や双方の思いやりを徹底させた自立もあった（第3章、第4章の運動の展開を参照。特に関西の運動における健全者組織との相克のドラマを。横塚晃一ひとりの中にも健全者手足論から、晩年に「介護者との結びつき」を表現した「心の共同体」［横塚 2007：266］まで大きなダイナミズムがある）。

わたしたちは、その両者のダイナミズムの中に生きている。そのダイナミズムをまるごと見る必要がある。

健全者・介護者・介助者という立場も、徹底的に排斥される立場にもなりうるし、また求められる立場にもなりうる。「介助」と「ケア」という言葉では、その行為が外見的には同じに見えても、おそらく他者に対する意味合いがまったく変わってくるだろう。「介助者」は自分を消去し他者の手段となる存在である。他方「介護者（ケアラー）」は他者から求められ、他者を助ける存在である。

少なくとも現場では、「介助」と「ケア」のどちらかだけで生きている人などほとんどいない。多くの場合、人はときに他者を手段として用い、またときに他者を目的として見ている。介助者を、できればいてほしくない、信頼できないやつ、と見る見方もあれば、介助者を、自分の生を助けてくれる信頼できるやつ、と見る見方もある。そのどちらによっても生きている人々がいるので、現場感覚からすれば、このどちらか一方だけを強調しすぎるのはとても危険である。

社会学者の見田宗介は、人間にとって「他者」は二つの意味があると言う。

> 他者は第一に、人間にとって、生きるということの意味の感覚と、あらゆる歓びと感動の源泉である。［略］他者は第二に、人間にとって生きるということの不幸と制約の、ほとんどの形態の源泉である。（見田 2006：173）

障害者、介助者ともにそれぞれ相手は「他者」である以上、その相手は好きな人か嫌いな人、一緒にいたい人か一緒にいたくない人かのどちらかである。同じ一人の他者でも、時によって会いたいときと、会うと気まずいときがある。

介助という営みがある意味で必要悪である以上、むしろできれば会いたくない人、という側面が強いであろう。けど、人と人との出会いはそう機能的に片がつくものではない。

介助は、できれば会いたくない人ともつきあっていかないといけないのだから、やはりお互い適正な距離を保つためのルールが必要であろう。たとえば「仕事」という敷居はそのルールの一つである。

けど、その中には「喜び」もある。「他者」はときに応じて苦痛の源泉でもあるし、喜びの源泉でもある。それは介助関係においても変わらない。そうしたゆとりとダイナミズムの中で生きていいたい。

介助は障害者（利用者）と介助者の一対一の関係にのみ収斂されがちであるが、しかしその関係はバックグラウンドにどのような考え方（理念）、組織（事業所）、環境（ピアや同僚、友人、相談相手の存在、安心できる居場所の有無など）があるかによって大きく規定される。その一対一の関係がどのような社会関係の中へと接続するかはとても大きな意味がある。関係が閉じていくのか開かれていくのか、その伸縮も一つのダイナミズムである。

廉田氏が述べていたように、おそらくこれからは自立（孤立）した者たち相互のつながりを作る場、喜びも苦痛も含めて人と人とのつきあいを担保するための場所、中間団体の意義がとても重要になる（本書四〇一ページ）。事務所・事業所がはたして人々にとってどのような場となりうるか。仕事だけの、できれば会いたくない人たちが集まる場になるのか、あるいはけっこう長居したくなる、もっと人と会っていたい場になるのか。さらにその団体・職場がどのような社会関係に接続し、社会経験を積んでいくのか。そこには団体のトップの判断も大きいけれど、わたしたち一人一人が自分にとってどういう場所を求めているかも大きい。場所というのは、うれしいこともつらいこともありながら、ちょっと我慢しながら人々がつくっていくものだろう。

わたしたちはそんなに上手に生きられないし、コミュニケーションだって得意ではない。すぐに新しいことに適応できるわけでもない。それでも、時間をかけてじっくりわたしを認めてほしい。そうしたつながりをゆっくりゆるやかにでもつくっていけたらな。

本書を書くにあたって、はじめに声をかけていただき、さらに何度も京都まで足を運んでいただいた生活書院編集者の髙橋淳さんに感謝。インタビューに快く応じていただいたみなさま、介助者の方々、ゴリラHさん、末永さん、益留さん、廉田さん、他、本書では掲載しきれなかった多くの方々に感謝。日々お付き合いいただいている日本自立生活センターやピープルファースト京都の方々、そして、名前はあげないが、運動の中で出会い、私に大きな影響を与えた方々に感謝。いろいろ文章を書いて、その都度読んで論評していただき、また校正等でもお世話になった松波めぐみさん、高橋慎一さんに感謝。いろいろとサポートしてくれた小泉浩子さんに感謝。日本自立生活センターと立命館大学生存学拠点の資料室にもお世話になりました。執筆に時間をとられ、関係をおろそかにしていたみなさま、すみません。これから向かいます。

二〇一一年一月

渡邉琢

［文献］

小佐野彰（1998）「「障害者」にとって「自立」とは、何か？」現代思想、第二六巻第二号

見田宗介（2006）『社会学入門——人間と社会の未来へ』岩波新書

横塚晃一（2007）『母よ！殺すな』生活書院

◉本書のテキストデータを提供いたします

本書をご購入いただいた方のうち、視覚障害、肢体不自由などの理由で書字へのアクセスが困難な方に本書のテキストデータを提供いたします。希望される方は、以下の方法にしたがってお申し込みください。

◎データの提供形式：CD-R、フロッピーディスク、メールによるファイル添付（メールアドレスをお知らせください）

◎データの提供形式・お名前・ご住所を明記した用紙、返信用封筒、下の引換券（コピー不可）および200円切手（メールによるファイル添付をご希望の場合不要）を同封のうえ弊社までお送りください。

◉本書内容の複製は点訳・音訳データなど視覚障害の方のための利用に限り認めます。内容の改変や流用、転載、その他営利を目的とした利用はお断りします。

◎あて先：
〒160-0008
東京都新宿区三栄町17-2 木原ビル303
生活書院編集部　テキストデータ係

キリトリ線

【引換券】

介助者たちは、
どう生きていくのか

[かりん燈紹介]

かりんとう。正式名称は「かりん燈〜万人の所得保障を目指す介助者の会」。

2006 年秋に渡邉やその仲間たちとで結成された。この年は障害者自立支援法が施行された年で、介護報酬単価も下がり、現場に危機が迫っており、多くの介助者が辞めていき、また倒れていっていた。「倒れる前に立ち上がれ！」ということで、「介助者」としても自分たちの生活のこと、それから障害者の地域生活の現場のことを考え、声を上げていかないといけないと思い、結成された。

「かりん」の花言葉は「可能性のある」。「燈」はともし火。だから、「かりん燈」というのは「可能性のあるともし火」という意味。ちょうど結成時期がよい香りのする「かりん」の実りの頃だったことや、自立支援法制定反対で結集した全国大フォーラムのシンボルマークであるイエローリボンの黄色がイメージとしてあり、名付けられた。

「万人の所得保障を目指す」という部分は、自分たち介助者たちだけのことを考えていてはいけない、自分たちの主張が他の人の生活を制限するものであってはいけない、だから「自己の権利の拡充は同時に他者の権利の拡充であり、また他者の権利の拡充は同時に自己の権利の拡充である、そうした意味での権利保障をめざす」という思いを込めて、付け加えられている。

2006 年度の冬に京都市内でアンケートを実施。（その結果は『足文字は叫ぶ』2008 年・私家版に収録されている。）2007 年夏、厚労省に要望書提出。その頃より、「障害者の地域生活確立の実現を求める全国大行動」に参加し、「介助者」として介助者の生活保障を行政に要求する活動に乗り出す。2008 年、全国レベルで「障害者自立支援法に係る訪問介護労働者の生活・労働アンケート」を行う。障害者の地域生活に関わる介助者たちの生活・労働調査としては初の試み。2008 年度には、厚労省及び財務省に対して障害者介護保障充実のための要望活動を行う。

2009 年の単価改正を受け、要求運動は一段落。お金だけでない、現場での繊細な保障のあり方や人間関係のあり方に目を向けていくようになる。2009 年 5 月 23 日に、かりん燈特別企画「介助者の生き方・働き方を考える集い in 東京（テーマ：「介助者たちは、どう生きていくのか」）」を開き、同年 10 月 24 日に大阪で同様の企画パート 2 を行う。

2010 年度現在、ホットな話題は、「『女性介助（介護）』者の過去・現在・未来」。「女性介助者（介護者）」の当事者の視点から、決して男性稼ぎ手モデルに収斂されない介助者の生き方、保障のあり方を探っている。2010 年 11 月 23 日にそのテーマで小さな集まりをもつ。

日々の活動としては、アンケート調査やイベントなどの企画のときごとに、メンバーで集まり、話し合いをする。実際会えるメンバーは京都が中心。メーリングリストはぽつぽつと全国的に広がっているが、まだ情報共有にとどまる。活動は、日々模索中。ともに考えていく人、募集中です。

なお、2009 年の東京企画をきっかけに、かりん燈関東（仮）が成立。東京方面の介助者が集まり、ときどき高円寺方面で集いを設けている。こちらも模索しながら活動している。

かりん燈ホームページ　http://www.k4.dion.ne.jp/~karintou/index.html
かりん燈ブログ　http://blogs.dion.ne.jp/karintoupossible/
かりん燈メール　karintoukaijo@yahoo.co.jp
（電話、所在地は個人宅になるので、連絡などある方はメールでご一報ください）

かりん燈関東（仮）ホームページ　http://www.geocities.jp/karintou_kanto/
かりん燈関東（仮）メール　karintou_kanto@yahoo.co.jp

[著者紹介]

渡邉 琢（わたなべ・たく）

1975年名古屋生まれ。名古屋大学卒（哲学専攻）。2000年より日本自立生活センター（JCIL・京都）に介助者として登録。2002年〜2003年、AJU（愛知）に介助者として登録（このころ京都と名古屋をいったりきたり）。

2003年度京都大学大学院挫折・修了（西洋近世哲学史）。2004年、日本自立生活センターに就職。ほどなくして運動体の事務局員および介助派遣部門のサービス提供責任者となる。京都市における24時間介護保障の実現に尽力する。

2006年、仲間とともに「かりん燈〜万人の所得保障を目指す介助者の会」を結成。介助者の生活保障を求める活動をはじめる。「障害者の地域生活確立の実現を求める全国大行動実行委員会」などにも参加するようになる。

2006年ごろ知的障害者当事者団体であるピープルファースト京都の支援者となる。2010年第16回ピープルファースト大会in京都の裏方のメインスタッフを務める。また、他方で反貧困ネットワーク京都などにも参加しつつ、様々な立場の運動のつながり、人々のつながりを模索中。現在、自立生活運動の事務局員、介助派遣部門のコーディネーター、ピープルファーストの支援者として、日々葛藤の中にいる。

介助者たちは、どう生きていくのか
——障害者の地域自立生活と介助という営み

発　行——二〇一一年二月二〇日　初版第一刷発行
二〇一四年六月三〇日　初版第二刷発行

著　者——渡邉　琢

発行者——髙橋　淳

発行所——株式会社　生活書院
〒一六〇—〇〇〇八
東京都新宿区三栄町一七—二　木原ビル三〇三
TEL　〇三—三二二六—一二〇三
FAX　〇三—三二二六—一二〇四
振替　〇〇一七〇—〇—六四九七六六
http://www.seikatsushoin.com

印刷・製本——株式会社シナノ

装　幀——糟谷一穂

ISBN 978-4-903690-67-4